Andreas Langer (Hrsg.)

Ich übernehme eine 1. Klasse

Neubearbeitung

Mit Beiträgen von

Andreas Langer
Hannelore Langer
Barbara Mang
Petra Walter

Oldenbourg

PRÖGEL PRAXIS 239

Die Deutsche Bibliothek – CIP-Einheitsaufnahme

Ich übernehme eine 1. Klasse / Andreas Langer ... – Neubearb. – München :
Oldenbourg-Schulbuchverlag, 2002
(Prögel-Praxis ; Bd. 239)
ISBN 3-486-96056-3

© 2002 Oldenbourg Schulbuchverlag GmbH, München
www.oldenbourg-bsv.de

Trotz entsprechender Bemühungen ist es nicht in allen Fällen gelungen, den Rechtsinhaber
einiger Quellen ausfindig zu machen. Gegen Nachweis der Rechte zahlt der Verlag für die
Abdruckerlaubnis die gesetzlich geschuldete Vergütung.

1. Auflage 2002   RE
Druck 06   05   04   03   02
Die letzte Zahl bezeichnet das Jahr des Drucks.

Umschlagkonzept: Mendell & Oberer, München
Umschlaggestaltung: Lutz Siebert-Wendt unter Verwendung einer Fotografie von
                    Michael Seifert
Lektorat: Stefanie Fischer
Moderation: Bruno Stieren
Illustrationen: Kristina Klotz
Herstellung: Fredi Grosser
Satz: Greipel-Offset, Haag/Obb.
Druck und Bindung: Schneider Druck GmbH, Rothenburg ob der Tauber

ISBN 3-486-**96056**-3

Inhaltsverzeichnis

1. Vorwort

Als der Herausgeber bei seinem Dienstantritt in Bayern vom Schulleiter gefragt wurde: „Welche Klassenstufe möchten Sie unterrichten?", antwortete er: „Das ist mir ganz egal - nur keine erste Klasse!" „Aber eine solche werden Sie bekommen", war die Antwort. So stand der Dienstanfänger am nächsten Tag vor seinen 33 Erstklässlern und ihren Eltern, die ihn alle erwartungsvoll anschauten.

Häufig zeigen Lehrkräfte, unabhängig davon, ob sie schon viele Jahre lang andere Klassen unterrichtet haben oder gerade erst anfangen, Angst, eine erste Klasse zu übernehmen. Einige wechseln lieber die Schule, als sich dieser Aufgabe zu stellen.

Sie zeigen mit dieser Scheu, dass sie die Bedeutung und die Problematik des ersten Schuljahres erkannt haben.

In allen anderen Schuljahren sind die Kinder an Sozial- und Arbeitsformen gewöhnt, sie können mit dem Arbeitsmaterial umgehen, beherrschen das Lesen und Schreiben und bringen Erfahrungen mit dem Lebensraum Schule mit.

In der ersten Klasse betreten die Kinder eine Institution, die ihnen zum großen Teil fremd ist. Das Bild von der Schule, das sie mitbringen, ist hoffentlich positiv geprägt von den Schulbesuchen der Kindergartenzeit und den Erzählungen der Eltern, Geschwister und Freunde.

Der Erstklasslehrer weiß, dass er in den ersten Tagen und Wochen die Einstellung dieser Mädchen und Jungen prägt, dass er Weichen stellt für die ganze spätere Schullaufbahn. Das Verhalten zum Banknachbarn, zur Gruppe und zur Klassengemeinschaft entwickelt sich in dieser Zeit. Die Haltung zum Lernen, zum Lösen von Problemen, zum Erobern neuer Erkenntnisse wird in diesem Jahr grundgelegt. Ob ein Kind sich in der Schule wohlfühlt und mit Freude lernt, entscheidet sich im ersten Schuljahr.

Für den Erstklasslehrer leitet sich von dieser immensen Bedeutung seine besondere Verantwortung ab.

Dieses Buch wendet sich an alle Lehrer, die zum ersten Mal eine erste Klasse übernehmen. Es will ihnen Anregungen und praktische Hilfen geben, um sie sicherer und kompetenter für diese Aufgabe zu machen.

Zum Zweiten wendet es sich an den erfahrenen Erstklasslehrer, der schon seit Jahren in dieser Klassenstufe unterrichtet. Er findet Bestätigung für seine erfolgreiche Arbeit und Tipps und Ideen, die ihm Mut machen, Neues zu wagen.

Es spricht zum Dritten den Lehrer an, der noch nie daran dachte, eine erste Klasse zu übernehmen. Es soll ihn anregen, darüber nachzudenken, ob es nicht für jeden Lehrer wichtig ist, das Unterrichten im ersten Schuljahr, das Fundament unserer Arbeit in allen Klassenstufen, kennen zu lernen. Vielleicht bekommt er dann Lust darauf, eine erste Klasse zu übernehmen. Denn diese zweifelsohne sehr schwierige Aufgabe ist zugleich eine sehr schöne Aufgabe. In keinem anderen Jahr kann der Lehrer die Fortschritte seiner Schüler so genau beobachten wie im ersten Schuljahr. Der Zuwachs an Fertigkeiten und Fähigkeiten, an Wissen und Können ist größer als in allen anderen Klassen. Und größer sind sicher auch die Freude und der Stolz des Lehrers am Ende des ersten Schuljahres, der weiß, dass er seine Kinder vorbereitet und stark gemacht hat für die Schule und das Leben.

Die Autoren, die als Erstklasslehrer dieses Gefühl schon oft erleben durften, hoffen, dass dieses Buch allen Lehrern einer ersten Klasse bei ihrer schweren und schönen Aufgabe Hilfestellung leisten wird.

München, im Sommer 1996

Andreas Langer

2. Vorwort

Auch im neuen Jahrtausend freuen sich Kinder auf ihren ersten Schultag. Eltern und Lehrer blicken ihm nach wie vor erwartungsvoll entgegen.
5 Jahre sind seit Erscheinen der ersten Auflage vergangen. Veränderungen in Gesellschaft und Welt führten zu einem neuen Verständnis vom Lernen.

Die Studien TIMSS und PISA sorgten für Aufregung. Die Bedeutung einer stärkeren Individualisierung, eines Freiraumes für eigenverantwortliches Lernen und eines Klimas der Fehlerfreundlichkeit ist deutlicher ins Bewusstsein getreten.

Freiarbeit, Wochenplanarbeit, Stationenlernen und der sinnvolle Einsatz des Computers werden in den Klassenzimmern immer selbstverständlicher.

Verschiedene Bundesländer haben auf diese Weiterentwicklungen reagiert und neue Lehrpläne veröffentlicht. Dies hat die Autoren bewogen, das Buch zu überarbeiten.

München 2002

Andreas Langer

1. Die beteiligten Personen im ersten Schuljahr

Kinder, Eltern und Lehrer bringen verschiedene Voraussetzungen für das erste Schuljahr mit. Die Rollen, die sie dabei spielen, sind ja auch sehr unterschiedlich. Trotzdem haben die drei beteiligten Personen ähnliche Empfindungen. Das Kind, das den vertrauten Kindergarten verlässt, die Eltern, die nun ihre Tochter oder ihren Sohn der Schule anvertrauen, und die Lehrer, die nach mehrjähriger Berufserfahrung in anderen Klassenstufen erstmalig ein erstes Schuljahr übernehmen – sie alle begegnen diesem neuen Lebensabschnitt mit gemischten Gefühlen.

Bei Hermann Hesse finden wir trostreiche Worte dazu:

> Und jedem Anfang
> wohnt ein Zauber inne,
> der uns beschützt,
> und der uns hilft
> zu leben.

1.1 Das Erstklasskind

Besonders gravierend sind die Veränderungen für das Kind, das eingeschult wird. Obwohl nur weniger als 10 % der Fünfjährigen keinen Kindergarten besuchen, stellt der Schulanfang immer noch einen entscheidenden Einschnitt dar. Wenn auch Kindergarten und Schule durch enge Zusammenarbeit, wie sie auch vom Bildungsrat und von den Ministerien empfohlen wird, sich bemühen, diesen Übergang zu erleichtern, so bleiben doch noch erhebliche Unterschiede zwischen den beiden Erziehungsinstitutionen:

- Das Schulgebäude, die Klassenzimmer, der Schulweg, das ganze nur schwer überschaubare Großsystem sind unbekannt und nicht immer kinderfreundlich.
- Die Erstklässler müssen sich auf eine neue, meist größere, altershomogene Gruppe mit fremden Kindern einstellen.
- In der Schule gelten neue Verhaltensregeln, die das Bewegungsbedürfnis einschränken.
- Die Kinder müssen sich emotional von der Familie, der Mutter, ablösen und an der neuen Bezugsperson, der Lehrerin, orientieren.
- Vorgegebene Sozial- und Arbeitsformen und unbekanntes Arbeitsmaterial treten an die Stelle von freigewählten Tätigkeiten und gewohntem Spielmaterial.

Dieser Prozess der Ablösung von Vertrautem und der Übernahme einer neuen, ungewohnten Rolle und Umgebung weckt Erwartungen und Befürchtungen.

1.1.1 Erwartungen und Befürchtungen

Die meisten Kinder freuen sich auf den Schulanfang. Sie sind gespannt und neugierig und bringen der Schule eine positive Erwartungshaltung entgegen. Unbewusst spüren sie die große Bedeutung, die die Erwachsenen, insbesondere die Eltern, der Schule beimessen. Die Kinder verbinden viele Hoffnungen und Wünsche mit dem Schuleintritt. Sie möchten endlich „groß sein" und den begehrten Status „Schulkind" erhalten. Sie wollen lesen, schreiben, rechnen lernen. Die neuen Schulsachen, die ersten Kontakte zur Schule bei der Einschreibung und anderen Besuchen wecken Neugierde und Vorfreude.

Doch die große Bedeutung, die diesem Anfang zugemessen wird, weckt wie jede unbekannte Situation Gefühle der Unsicherheit und Fremdheit, Befürchtungen und Ängste.

Wie wird es in der Schule sein?

Stimmt das, was meine Schwester von der Schule erzählt?

Wird mich meine Lehrerin mögen?

Darf mein Freund Florian neben mir sitzen?

Sind die großen Kinder wirklich so frech, wie meine Freundin Julia erzählt, die jetzt schon in die erste Klasse geht?

Solche und ähnliche Fragen stellt sich das Kind.

Es spürt auch oft sehr genau die Gefühle seiner Eltern. Deren Trennungsängste verstärken unbewusst seine eigenen Befürchtungen. Der sechsjährige Sebastian formulierte ein halbes Jahr vor seinem Schuleintritt sehr treffend: „Meine Mama hat jetzt schon Angst vor der Schule."

Selbstverständlich werden sich die Eltern bemühen, Formulierungen zu vermeiden, die Angst vor der Schule wecken könnten. Doch von Verwandten, Geschwistern und anderen Kindern hört der Sechsjährige sicher Bemerkungen wie:

> „Da musst du dich aber anstrengen."
>
> „Da musst du brav sein."
>
> „Da weht ein anderer Wind."
>
> „Warte nur, bis du zur Schule kommst."

Der Lehrer sollte diese ambivalenten Gefühle kennen und ernstnehmen. Dann wird er sich bei seinen ersten Kontakten bemühen, die positive Erwartungshaltung zu verstärken und vorhandene Befürchtungen abzubauen.

1.1.2 Psychologie des Schulanfängers

In allen Veröffentlichungen der Fachliteratur zum Thema Entwicklungspsychologie ist vom Wandel des Kleinkindes zum Schulkind die Rede. Dieser umfasst stets die gesamte Persönlichkeit und kann nur theoretisch in einzelne Aspekte aufgegliedert werden.

Körperlicher Aspekt

Schenk-Danziger beschreibt die Verschiebung der köperlichen Proportionen zwischen dem 5. und 7. Lebensjahr als „erste Streckung". Zeller nennt diesen Vorgang den „ersten Gestaltwandel". Eine allgemeine Streckung ist zu beobachten. Die Extremitäten wachsen, eine proportionale Verkleinerung des Kopfes im Verhältnis zum Rumpf fällt auf, die hohe Kinderstirn tritt zurück und der walzenförmige Rumpf zeigt allmählich eine Taille. Der kleinkindhafte Körper mit seinen runden Formen entwickelt sich zur Schulkindform. Früher galt es zum Beispiel als Zeichen von Schulreife, wenn ein Kind den Arm über den Kopf legte und mit den Fingern sein Ohr anfassen konnte.

Die Bewegungskoordination verbessert sich. Der Erstklässler gebraucht beim Treppensteigen abwechselnd den linken und rechten Fuß. Er beherrscht seine Feinmuskulatur und übermalt beim Zeichnen keine vorgegebenen Linien. Beim Balancieren und an Turngeräten kann er sich sicher bewegen. Er vermag sich selbst an- und auszuziehen und weiß sich auf der Toilette zu helfen.

Zahlreiche Wissenschaftler nennen die Zahnentwicklung als Merkmal für das Schulkind. Sie sehen einen Zusammenhang zwischen Schulerfolg und Zahnalter. In der Öffentlichkeit galt ja die Zahnlücke als typisches Zeichen für das Erstklasskind.

Sozialer Aspekt

Die Schule besitzt als soziale Gemeinschaft eine eigene soziale Struktur. Um sich darin zurechtzufinden und wohl zu fühlen, braucht das Erstklasskind eine bestimmte soziale, emotionale Reife.

Es benötigt Selbständigkeit und Selbstvertrauen, um sich ohne Schwierigkeiten täglich für mehrere Stunden von der Familie, der Mutter ablösen zu können. Das Interesse des Kindes verlagert sich von seinem Zuhause hin zur Schule. Beziehungen zum Lehrer, der neuen Identifikationsfigur, und zu Klassenkameraden werden aufgenommen.

Ein wichtiges Merkmal dieser sozialen Reife stellt die Ansprechbarkeit in der Gruppe dar. Das Kind fühlt sich auch dann angesprochen, wenn der Lehrer die ganze Klasse anredet. Es geht auf andere zu, vertritt seinen eigenen Standpunkt, kann aber auch schon Kritik vertragen und warten, bis es aufgerufen wird. Vereinbarte Regeln werden eingehalten, auf die Befriedigung individueller Augenblicksbedürfnisse wird verzichtet. Das Erstklasskind kann innerhalb einer Gruppe und im Klassenverband arbeiten und lernen.

Kognitiver Aspekt

Der Aspekt, der von den Eltern oft als der wichtigste angesehen wird, ist der kognitive. Selbstverständlich braucht das Erstklasskind eine bestimmte geistige Reife, doch diese macht nur einen Teil der Gesamtpersönlichkeit aus. In der Literatur werden vor allem folgende Punkte genannt, deren Ausprägung dafür bedeutsam ist.

Das Erstklasskind entwickelt abstrakte Denkfähigkeit und eine zunehmend realistischere Einstellung dem Leben gegenüber. Es beherrscht einfache geistige Operationen des Gliederns, Zusammenfügens, Ordnens und Analysierens. Der Erstklässler kann Ereignisse dem zeitlichen Ablauf zuordnen, Mengen erfassen, mathematische Grundbegriffe im täglichen Umgang richtig anwenden und kennt Grund- und Mischfarben.

Beim Gedächtnis gewinnt nach dem Schuleintritt allmählich das willkürliche Merken die Oberhand. Erstklässler besitzen die Fähigkeit, Formen und Laute zu isolieren, optische und akustische Gestalten zu gliedern und einfache abstrakte Figuren grafisch zu reproduzieren.

Von besonderer Bedeutung ist die Ausprägung der Sprache, das Sprachniveau. Zu Schulbeginn sind die Kinder voll kommunikationsfähig, sie vermögen sich der Situation entsprechend auszudrücken und sprachlich verständlich zu machen, wobei die Unterschiede je nach soziokulturellem Milieu sehr groß sein können.

Anstrengungsbereitschaft, realistische Leistungshaltung und Konzentrationsfähigkeit entwickeln sich.

1.2 Die Eltern des Erstklasskindes

Der Schulanfänger kann niemals isoliert vom Elternhaus gesehen werden. In den für die Entwicklung des Kindes so wichtigen ersten sechs Jahren prägen ihn seine Eltern und das soziale Umfeld entscheidend. Deshalb wird der Lehrer versuchen, darüber möglichst ausführliche Informationen zu erhalten. Die Beantwortung vieler Fragen, die sich mit der Familie beschäftigen, hilft dem Lehrer, ein Kind besser zu verstehen und pädagogisch wirken zu können.
Ist die Familie intakt?
Lebt das Kind in einer Großfamilie oder in einer Teilfamilie?
Hat es Geschwister oder ist es ein Einzelkind?
Sind die Eltern Ausländer und wie lange leben sie schon in Deutschland?

Sind beide Eltern berufstätig?

Ist die Familie von Arbeitslosigkeit betroffen?

Die Antworten auf diese und ähnliche Fragen sind wegen des Datenschutzes oft schwer oder nur auf Umwegen zu erhalten. In Gesprächen, die von gegenseitigem Vertrauen getragen sind, können Eltern leichter auch über schwierige familiäre Situationen sprechen.

1.2.1 Erwartungen und Befürchtungen

Spätestens zur Zeit der Schuleinschreibung beschäftigt viele Eltern der Themenkreis Schule. Beklemmungen aus der eigenen Schulzeit, die lange geruht haben, wachen plötzlich wieder auf. Eigene schlechte Erfahrungen mit der Schule können ein unbefangenes Verhältnis zu Lehrern und Schule unbewusst beeinträchtigen.

Hat der Schulanfänger ältere Geschwister, so sind seine Erwartungen und Befürchtungen stark geprägt von den Erfahrungen, die diese mit der Schule gemacht haben. Eine damals problematische Einschulungsphase wird Befürchtungen wecken, ein gelungener Schulanfang jedoch Hoffnung auf eine positive Grundschulzeit.

Zunächst haben alle Eltern die verständliche Erwartung, dass ihr Kind individuell betreut und gefördert wird und dass es letztlich gern zur Schule gehen wird. Von manchen Eltern wird der Beginn der Schulzeit aber mit der ersten Stufe einer Karriereleiter gleichgesetzt. Mit der Einschulung fängt für sie der „Ernst des Lebens" an. Deshalb versuchen sie ihrem Kind einen Lernvorsprung zu vermitteln, indem sie es Buchstaben lesen und schreiben lassen, mit ihm rechnen und ähnliches mehr.

Ein Teil der Ängste und Befürchtungen bezieht sich auf das Kind selbst.

– Wird mein Kind den Anforderungen der Schule gerecht werden können?
– Ist es überhaupt schulreif?
– Hat es im Kindergarten genügend gelernt?
– Kommen die Freunde in die gleiche Klasse?
– Was können andere Kinder besser als mein Kind?
– Wird es auch scheitern wie sein Bruder?
– Wird es sich durchsetzen können?

Eltern sorgen sich aber auch darum, ob sie ihren Erziehungsauftrag erfüllt haben, ob sie ihrem Kind all das vermittelt haben, was es nun in der Schule braucht, um erfolgreich lernen zu können. Vor allem Mütter beschäftigt oft die Frage, ob sie ihre Berufstätigkeit wieder aufnehmen können oder ob sich die Unterrichtszeit mit der Arbeitszeit abstimmen lässt. Manche Eltern haben auch deutliche Trennungsängste. Sie empfinden es als Verlust, wenn sich das Kind viele Stunden dem Lehrer zuwendet und sich damit einen Schritt weiter von der Familie löst. Die Schule hat hier einen ganz anderen Stellenwert als der Kindergarten. Anträge auf Zurückstellung haben manchmal ihr Ursache in der Trennungsangst der Eltern vom Kind. Eine gewisse Wehmut begleitet oft diesen Einschnitt des kindlichen Lebens. Manche Eltern fühlen sich auch beeinträchtigt, weil sie mit einem Schulkind gezwungen sind, ihren Lebensrhythmus zu ändern. Freizeitgestaltung und Urlaubsreisen müssen mit dem Stundenplan und den Schulferien abgestimmt werden.

Viele besorgte Fragen gelten der Schule selbst.

Welchen Lehrer erhält mein Kind? Ist es ein guter Lehrer?

Wird mein Kind Lehrer X bekommen?

Wie viele Kinder werden in der Klasse sein?

Wie sieht der Stundenplan aus?

Muss/kann ich bei den Hausaufgaben helfen?

Eltern mit all ihren Erwartungen und Ängsten sind aber immer Eltern, die Interesse an ihrem Kind haben und sich für es einsetzen. Die Grundlage für zahlreiche Gespräche und damit zum Aufbau eines Vertrauensverhältnisses zum Wohl des Kindes ist bereits vorhanden. Wesentlich schwieriger gestaltet sich der Kontakt zu Eltern, die sich gegenüber schulischem Lernen gleichgültig zeigen, kein Gespräch suchen oder es gar ängstlich vermeiden.

1.2.2 Möglichkeiten der Zusammenarbeit mit den Eltern

Eltern sind Erziehungsberechtigte. Bis zum Eintritt in den Kindergarten bzw. in die Schule tragen sie die alleinige Verantwortung für die geistige, seelische, sittliche und körperliche Reife ihres Kindes. Mit Kindergarten-/Schulbeginn tragen einen Teil dieser Verantwortung die Erzieher/Lehrer mit.

Der Kontakt mit den Eltern stellt eine Brücke zwischen Elternhaus und Schule dar. Die Eltern erfahren etwas über ihr Kind, die Lehrer über den sozialen Hintergrund des Schülers. Um auf ein Kind angemessen reagieren zu können, ist dieses Wissen über das Kind für die Lehrer von großer Bedeutung.

Ein von gegenseitigem Vertrauen geprägtes Verhältnis zwischen Eltern und Lehrern ist ein Gewinn für die Arbeit mit den Schülern.

In der Grundschulzeit, besonders im 1. Schuljahr (Schulanfänger) und im 4. Schuljahr (Übertritt), suchen erfahrungsgemäß die meisten Eltern den Kontakt zum Klassenlehrer und zeigen Interesse an der schulischen Arbeit. Leider nimmt dieses Interesse der Eltern an der Schule mit zunehmendem Alter ihrer Kinder ab - sei es aus Resignation (Ich kann sowieso nichts ändern), aufgrund negativer Erfahrungen bei Eltern-Lehrergesprächen oder aus Desinteresse am

Jugendlichen. Dem Lehrer muss es ein Anliegen sein, immer wieder an die Eltern heranzutreten, sie zu informieren, sie miteinzubeziehen, die Zusammenarbeit zu suchen – zum Wohle des Kindes.

Formen der Eltern-Lehrer-Kontakte und der Zusammenarbeit:

Der erste Informationsabend (siehe Punkt 2.1.3)

Die Schuleinschreibung

Schon am Einschreibtag bietet sich die erste Möglichkeit der Kontaktaufnahme mit den neuen Schülereltern. Oft ergibt sich ein Gespräch über charakterliche, körperliche oder seelische Eigenarten des Kindes bzw. die Ängste und Unsicherheiten der Eltern. Zu diesem Zeitpunkt kann der Lehrer bereits beratend zur Seite stehen.

Die Schulfähigkeit

Kurz nach der Schuleinschreibung wird bei Kindern, die vorzeitig aufgenommen oder die zurückgestellt werden sollen, die Schulfähigkeit überprüft. Nach Durchführung des Tests suchen die Eltern in der Regel das Gespräch mit der jeweiligen Lehrkraft.

Der zweite Informationsabend

Einige Wochen nach der Schuleinschreibung findet an vielen Schulen der 2. Informationsabend für die Eltern der Schulneulinge statt. Das Vorstellen der benötigten Materialien sowie die Aushändigung der Materialliste, soweit möglich, erweist sich als vorteilhaft.
Der Ablauf des 1. Schultags, die Unterrichtszeiten in den ersten Schulwochen sowie schulinterne Regelungen und Termine sollten hier angesprochen werden. Auf alle Fälle sollte sich der Lehrer Zeit für die Fragen der Eltern nehmen.
Der 2. Informationsabend bietet den Eltern der Schulanfänger die Gelegenheit, einander zu beschnuppern, sich vielleicht schon kennenzulernen. Deshalb ist eine Sitzform, bei der sich die Eltern gegenseitig anschauen können, einer Frontalsitzordnung vorzuziehen.

Liebe(r) _____

Bald bist du ein Schulkind. In ein paar Monaten kommst du in die 1. Klasse. Bestimmt bist du schon ein bisschen aufgeregt, weil du noch gar nicht so richtig weißt, wie es in der Schule zugeht. Eines kann ich dir aber sagen: Angst brauchst du keine zu haben. Die Lehrer sind alle sehr nett, manche Kinder wirst du schon kennen und andere Kinder wirst du kennen lernen. Du lernst lesen, schreiben und rechnen, wir werden aber auch viel singen, malen, turnen und natürlich auch spielen.

Für die Schule brauchst du verschiedene Dinge. Damit du mit deinen Eltern die Schulsachen in Ruhe besorgen kannst, habe ich sie dir auf diesem Zettel aufgeschrieben.

<u>Allgemeines:</u> Bitte diese Dinge mit Namen versehen.

Federmäppchen (ohne Füller), Schere, Kleber, Knetmasse, Wachsmalkreiden, Filzstifte, Malschachtel (Schuhkarton mit abwischbarem Geschenkpapier überzogen), guter Deckfarbenkasten, Lappen, Wasserbecher, 1 Borstenpinsel Nr. 10, 1 Pinsel Nr. 6, gute Holzmalstifte, 1 Lineal 30 cm, 1 Plastikablagekorb, Dosenspitzer, Turnsäckchen, Turnkleidung, Turnschuhe mit rutschfester Sohle, 1 Zeichenblock DIN A3, 1 Tonpapierheft DIN A4, 1 Glanzpapierheft, 1 kleines Mitteilungsheft, 1 Lesekasten (A. Hahn-Oldenbourg), 1 Jurismappe (Pappe) DIN A4.

<u>Für die Fächer :</u> Bitte in alle Hefte und Schnellhefter <u>nur innen</u> mit Bleistift den Namen schreiben. Aus Gründen der Einheitlichkeit möchten wir die Umschläge selber beschriften.

<u>Deutsch:</u> 1 Doppelschreibheft, DIN A4, Lin. 4. Kl. ohne Rand mit rotem Umschlag
1 Doppelschreibheft, DIN A5, Lin. 4. Kl. ohne Rand mit rosa Umschlag
1 Schnellhefter, DIN A4, rot

<u>Mathematik:</u> 1 Rechenheft, DIN A5, Kästchen für die 1. Klasse mit dunkelblauem Umschlag
1 Schnellhefter, DIN A4, blau
1 Rechenblock mit großen Kästchen

<u>Sachkunde:</u> 1 kariertes Doppelheft, DIN A4 ohne Rand, mit kleinen Kästchen
1 Schnellhefter DIN A4, gelb

<u>Selbstverständlich kannst du auch Umweltschutzhefte kaufen.</u>

Wir wünschen dir und deinen Eltern noch eine schöne Zeit und freuen uns auf den 1. Schultag!

Die Lehrer der Klasse 1 a und 1 b

Der erste Schultag

Am ersten Schultag sollten die Eltern die Gelegenheit bekommen, ihr Kind, nachdem es einer Klasse zugewiesen und damit einem Lehrer anvertraut ist, ins Klassenzimmer zu begleiten. Schließlich sollen die Eltern wissen, in welcher Umgebung sich ihr Kind im nächsten Jahr aufhalten wird.

Am Ende des ersten Schultags wird der Lehrer für etwaige Fragen den Eltern zur Verfügung stehen.

Der erste Klassenelternabend

Der erste Klassenelternabend wird schon kurz nach Schulbeginn stattfinden. Er wird vom Schulleiter oder vom Klassenleiter einberufen und geleitet. Der Klassenleiter informiert die Eltern über seine unterrichtlichen und erzieherischen Intentionen. Ziel ist es, nach Möglichkeit alle Eltern für diesen Abend zu motivieren. Deshalb sollte der Lehrer ein für viele Eltern interessantes, ansprechendes Thema anbieten, z. B.:

- Mein Kind ist jetzt ein Schulkind
- Soziales Lernen in der Schule
- Das lernt mein Kind in der 1. Klasse
- Wie wird mein Kind zum Lernen motiviert?
- Eltern und Lehrer ziehen am selben Strang

Beispiel für einen Einladungsbrief:

Liebe Eltern der Schulanfänger,

um miteinander ins Gespräch zu kommen, lade ich Sie herzlich zum

ELTERNABEND

am Donnerstag, den 13. September 2001, um 19.30 Uhr, im Klassenzimmer Ihres Kindes ein.
Worum geht es?
1. Zusammen wollen wir überlegen, wie wir gemeinsam Schule gestalten können, damit sich jeder wohlfühlen kann.
2. Wie werden die ersten Schulwochen ablaufen? Erwartungen, Anregungen und Vorschläge von Eltern und Lehrer wollen wir besprechen.
3. Fragen zu sinnvollem Spiel- und Lernmaterial sowie die Einrichtung einer Spiel- und Leseecke sollen gestellt und beantwortet werden.
4. Ihre persönlichen Fragen und Anliegen können eingebracht und beantwortet werden.

Ich würde mich freuen, wenn Sie vollzählig an diesem Elternabend teilnehmen, da diese Kontaktaufnahme für uns alle wertvoll ist.

Herzliche Grüße

Klassenelternabend: *„Mein Kind ist jetzt ein Schulkind!"*

Was spreche ich an?
  1. Begrüßung der Eltern
  2. Vorstellung des Lehrers
  3. Evtl. Vorstellung der Eltern
  4. Austeilen und Besprechen des Stundenplans
  5. Bekanntgeben der Sprechstunde und deren Organisation
  6. Informationen zu den Inhalten und Methoden des fächerübergreifenden Unterrichts und anderer Fächer:

Erstlesen, Erstschreiben, Rechtschreiben, Sprachgebrauch, Mathematik, Heimat- und Sachunterricht, Sport, Musik und Bewegung, Kunsterziehung, Religion, Förderunterricht

7. Leistungsbeurteilung (keine Noten!)
8. Hausaufgaben (Sinn, Umfang, Dauer, Mithilfe durch Eltern, ...)
9. Pause (Wann?, Pausenverkauf, Pausenbrot, ...)
10. Krankheiten, Krankmeldungen, Unfall, Unfallmeldung
11. Geburtstagsfeier in der Klasse
12. Klassenkasse
13. Hinweis auf Beratungslehrer und Schulpädagogischen Dienst (Name, Aufgabenbereich, Sprechzeiten, ...)
14. Freizeit, Spiel

Wenn es die Räumlichkeit zulässt, ist von einer Frontalsitzordnung abzuraten. Interessant für die Eltern ist es auch, die Mitschüler ihres Kindes kennen zu lernen. Fotos der Schüler, die der Lehrer am ersten Schultag geknipst hat, finden hier bestimmt Anklang.

Die Elternsprechstunde

Einmal wöchentlich hat der Lehrer eine Elternsprechstunde anzubieten. Ort und Zeit werden zu Beginn des Schuljahres bzw. am ersten Klassenelternabend bekanntgegeben. Im übrigen werden Elternsprechstunden nach Bedarf abgehalten.

Als vorteilhaft hat sich erwiesen, wenn die Eltern sich vorher zur Sprechstunde anmelden, z. B. über das Mitteilungsheft des Kindes:
– zu ein- und derselben Sprechstunde finden sich nicht mehrere Eltern ein, was zu Zeitproblemen führen könnte,
– der Lehrer kann sich vorbereiten und die für das Gespräch notwendigen Unterlagen bereithalten.

Einige Tipps für die Elternsprechstunde:
– Gestalten Sie das Sprechzimmer ansprechend und freundlich. Auch ein Blumenstrauß auf dem Tisch trägt sicherlich zu einer behaglichen Atmosphäre bei.
– Ziehen Sie eine Sitzordnung über Eck oder an einem runden Tisch dem strengen Gegenübersitzen vor.
– Nehmen Sie sich Zeit und vermeiden Sie ständiges Auf-die-Uhr-schauen, vor allem dann, wenn Eltern bereit sind, sich zu öffnen.
– Lassen Sie die Eltern ausreden, auch dann, wenn sie Kritik an Ihnen üben.
– Bleiben Sie freundlich, ruhig und sachlich.
– Entwickeln Sie gemeinsam mit den Eltern Lösungsmöglichkeiten für etwaige Probleme.

18

Die Elternsprechstunde ist die beste Möglichkeit, mit den Eltern ins Gespräch zu kommen und sie näher kennen zu lernen. Berufstätige Eltern, die den offiziellen Sprechstundentermin nicht wahrnehmen können, werden dankbar sein, wenn der Lehrer in Absprache einen neuen Termin vereinbart. In dringenden Fällen kann ein Gespräch auch telefonisch erfolgen.

Der Elternsprechtag

Zweimal im Schuljahr wird vom Schulleiter in Absprache mit dem Lehrerkollegium ein Elternsprechtag anberaumt, meist abends. Er wird den Eltern rechtzeitig angekündigt. Der Lehrer sollte durch eine gründliche Vorplanung versuchen, lange Wartezeiten für die Eltern zu vermeiden. Am Elternsprechtag befinden sich alle Lehrer und Fachlehrer im Schulhaus. So haben die Eltern die Möglichkeit, alle ihr Kind unterrichtenden Lehrer zu besuchen. Am Elternsprechtag erhalten die Eltern Zwischeninformationen über Unterricht und Erziehung, über die Entwicklung ihres Kindes.

Der Elternstammtisch

Der Elternstammtisch liegt ganz im Engagement der Eltern, die hier planen, einladen und durchführen. Der Lehrer kann dazu eingeladen werden und es liegt an ihm, ob er der Einladung Folge leistet. Die Teilnahme des Lehrers am Elternstammtisch wird auf jeden Fall das gegenseitige Vertrauen stärken.

Die Elternvertreter

In allen Bundesländern wählen die Eltern jeder Klasse einen Vertreter aus ihrer Mitte. Diese Eltern bilden ein Gremium, das die Belange der Eltern vertritt. Der Klassenelternsprecher wird gleich am Schuljahresanfang von den Erziehungsberechtigten der Schüler einer Klasse für die Dauer eines Schuljahres gewählt, ebenso sein Stellvertreter. An vielen Schulen geschieht dies in Verbindung mit dem ersten Klassenelternabend.

Neben all diesen institutionalisierten Formen der Zusammenarbeit zwischen Schule und Elternhaus wird im Alltag das persönliche Gespräch auf dem Flur, im Pausenhof, bei Wandertagen und Ausflügen oder vor bzw. nach dem Unterricht im Mittelpunkt stehen.

Lehrer sollten diese Gesprächskontakte, trotz vielleicht manchmal unpassenden Zeitpunkts, aufgreifen, denn sie können einer effektiven Zusammenarbeit dienlich sein.

Ein vom Klassenlehrer organisierter Kinder-Elternnachmittag, z. B. zum Basteln von Drachen, Martinslaternen, Adventsschmuck oder Freiarbeitsmaterialien oder zum Suchen von Ostereiern usw. wird das gegenseitige Vertrauen fördern und den Eltern Einblick in die Person und Arbeit des Lehrers geben.

Ebenso bieten Schulfeste, Projekte, Basare ein breites Kommunikationsfeld. Nicht zuletzt kommen auch der gegenseitigen schriftlichen Mitteilung (z. B. über das Mitteilungsheft des Kindes) und dem telefonischen Kontakt ein hoher Stellenwert zu. Auf diese Weise können Informationen rasch ausgetauscht werden.

Schwierigkeiten und Unstimmigkeiten zwischen Schule und Elternhaus werden sich nie ganz vermeiden lassen. Entstandene Probleme sind zu objektivieren und sach- und schülergerecht zu lösen. Das Vertrauensverhältnis zwischen Schule und Elternhaus kann sie verhindern oder beseitigen helfen.

1.3 Der Lehrer des Erstklasskindes

Der Lehrer, der eine erste Klasse übernimmt, weiß meist wenig von den Kindern und Eltern, und umgekehrt ist es genauso. Er kennt vielleicht die Schülerdaten, die er erst den einzelnen Kindern zuordnen muss. Urteile dritter, wie etwa von Kollegen, die bereits die Schülerfamilie kennen, erschweren oft nur eine unvoreingenommene Begegnung.

1.3.1 Erwartungen und Befürchtungen

Eine Reihe von Ängsten, die ein Erstklasslehrer aufbauen kann, resultiert aus unklaren Situationen:

Er kennt die Erwartungen der verschiedenen Kinder nur ungefähr. Er will die freudigen Hoffnungen, die sie hegen, nicht enttäuschen und möchte eventuell vorhandene negative Einstellungen, die von älteren Geschwistern oder Erwachsenen übernommen wurden, abbauen. Die Kinder sollen fröhlich bleiben und sich in der Schule wohl fühlen. Sie haben eine natürliche Neugier, sie wollen etwas Neues erfahren. Diese hohe Lernmotivation und Spontaneität müssen erhalten bleiben und dürfen nicht gebremst werden durch Pflicht- und Ordnungssysteme, auf die jedoch andererseits nicht verzichtet werden kann. Der Lehrer wird auf Kinder treffen, die keine schulspezifischen Fertigkeiten aufweisen. Sie können den Stift nicht richtig halten, haben noch keine Erfahrungen mit einer Schere gemacht, verwechseln links und rechts, finden nach dem Sportunterricht ihre Kleidung nicht mehr und können die Schuhbänder nicht binden. Sie sitzen nicht still, fühlen sich im Klassenverband nicht angesprochen und dergleichen mehr.

Diese eher als belastend gesehenen Situationen müssen jedoch auch von einer anderen Warte aus betrachtet werden: Die Kinder sind noch für alles offen. Dem Lehrer bietet sich die einmalige Möglichkeit, eigene Ideen zu verwirklichen und seine Klasse so zu führen, dass aus seinen Schulanfängern glückliche Schüler werden, die gern in die Schule kommen, die einen neuen, positiv erlebten Lern- und Lebensraum finden. Dies bedeutet auf der einen Seite eine große Chance, aber auch eine große Verpflichtung.

Um diese Chance ergreifen und der Verpflichtung gerecht werden zu können, muss der Lehrer dieser Klassenstufe sein Aufgabenfeld möglichst klar sehen und ganz spezifische Kompetenzen erwerben.

1.3.2 Die Persönlichkeit des Erstklasslehrers

Der Erstklasslehrer muss mehr sein als ein Lehrer mit bestimmtem methodisch-didaktischem Geschick. Er muss sich innerlich vorbereiten, dass Schulanfänger zu „ihrer Lehrerin" - zu „ihrem Lehrer" eine besondere persönliche Beziehung aufbauen wollen. Er muss emotional offen sein, Wärme ausstrahlen und Sensibilität zeigen. An den Schulvormittagen ist er alleinige und vor allem wichtigste Bezugsperson. Bei Sorgen, bei großen und kleinen Kümmernissen muss er Trost und Zuwendung geben und Hilfen bieten. In der Eile oder im Eifer wird er auch oft mit „Du Mama" angesprochen.

„Jedes Kind, dessen Vertrauen nicht zerstört wurde, wird seinen ersten Lehrer oder seine erste Lehrerin lieben und möchte auch von ihm oder ihr geliebt werden. ... Denn der Lehrer ist nun zur neuen Bezugsperson geworden, und aus der Identifikation mit ihm übernimmt das Kind allmählich jenes neue System von Werten und Ordnungen, das das Zusammenleben der Gruppe regelt."[1]

Eltern sehen sich oft mit Äußerungen konfrontiert wie „Frau L. hat aber gesagt, das dürfen wir ...". Und diese Bemerkungen gestatten keine Widerrede. Hier soll auch deutlich auf die Gefahr von Autoritätskonflikten hingewiesen werden. Dies ist sicher ein Punkt, der am 1. Elternabend zu erläutern ist. Der Erstklasslehrer muss sich seiner Leitbildrolle bewusst sein und sie auch bereitwillig übernehmen. Kinder ahmen ihn bis in Detail nach. Mancher Lehrer könnte sich freuen oder würde erschrecken, wenn er erleben könnte, wie er beim nachmittäglichen Schulespiel zu Hause in Gestik, Mimik und Redeweise nachgeahmt wird.

Der Erstklasslehrer muss also immer wieder versuchen, die Erwartungen und Forderungen der Kinder mit seiner Persönlichkeit in Einklang zu bringen.

Außer einer großen Sensibilität für die Psyche des Schulanfängers wird vom Erstklasslehrer auch eine besondere methodisch-didaktische Kompetenz erwartet. Nach der inhaltlichen Klärung (siehe Kapitel 3.2) stellt sich die Frage, wie er den Stoff gezielt und angemessen vermittelt.

---

[1] Schenk-Danziger, L., Entwicklungspsychologie, Wien 1988, S. 247

Wesentliche Überlegungen sind dabei:

> Wie beginne ich den Unterricht? (siehe Kapitel 2.3)
> Wie gewinne ich die Aufmerksamkeit der Kinder?
> Wie gebe ich Arbeitsanweisungen?
> Welche Sozial- und Arbeitsformen setze ich ein?

Immer wieder erfordert der Unterricht, dass die Aufmerksamkeit aller auf einen Sprecher oder auf eine Sache gerichtet wird. Im allgemeinen ist ein schulreifes Kind dazu bereit und fähig. Es muss allerdings auch wissen, dass es nunmehr die Arbeit zu beenden hat. Material, das die Kinder brauchen, räumen sie weg, um Verlockungen zum Spiel mit Buchstabenkärtchen oder Rechenplättchen auszuschalten.

Vereinbarte Zeichen können dazu auffordern:
- eine Spieluhr läuft ab
- das Glockenspiel wird angeschlagen
- der Regenmacherstab wird umgedreht
- der Kasperl oder eine entsprechende Begleitfigur macht die Kinder auf etwas aufmerksam.

Der Lehrer muss unbedingt warten, bis alle Kinder bereit sind, eine neue Aufgabe zu hören, ein neues Ziel zu erfahren. Denn er kann sich auch nicht darauf verlassen, dass Kinder nachfragen, wenn sie etwas nicht verstanden haben. Dass seine Anweisungen nicht klar genug waren, merkt er vielleicht erst an der darauffolgenden Unruhe.

Eine Reihe von Arbeitstechniken, die in der Schule notwendig sind, kennen Schulanfänger nur teilweise oder auch gar nicht. Es spart letztlich Zeit und Nerven, sich und den Kindern zur Einübung Raum und Muße zu geben. Bei manchen wird das Öffnen des Stiftmäppchens schon zum Problem, bei vielen jedoch, darin Ordnung zu halten und alles an seinen Platz zu stecken. Materialien, die zum Erwerb grundlegender mathematischer Fähigkeiten Verwendung finden, sind oft in einem Kasten oder einer Schachtel aufbewahrt. Den Kindern muss gezeigt werden, wie sie geöffnet und wie die Plättchen verwendet werden, wie sie im Kasten wieder zu ordnen sind und wohin der Rechenkasten gelegt wird, wenn die Arbeit beendet ist.

Arbeitsanweisungen erfordern auch eine bestimmte Reihenfolge. Zunächst wird für Ruhe gesorgt und die Neugier auf etwas Neues geweckt. Erst nach der Erklärung der Arbeitstechnik nehmen die Kinder das geforderte Medium zur Hand. Ein Rechenkasten, der schon zu Beginn der Erklärung greifbar ist, fordert viele unwiderstehlich zum Handeln bzw. Spielen auf, und ein Teil der Anweisungen geht in Unruhe und Desinteresse verloren.

22

Mancher Erstklasslehrer ist versucht, alle Fäden straff in der Hand zu halten, das heißt, einen rein lehrerzentrierten Unterricht zu wählen. Aber bereits in der ersten Schulwoche muss auf individuelle Bedürfnisse eingegangen werden. Der Wechsel von Sozialformen (siehe Kapitel 3.1.2) sowie offener Unterricht (siehe Kapitel 3.3.1) lassen individuelle Lernprozesse zu. Aktivität und Eigeninitiative, die die Kinder mitbringen, werden nicht eingeschränkt, sondern auf Möglichkeiten gelenkt, etwas Neues zu lernen. Um verschiedene Lernangebote aber überhaupt sinnvoll nutzen zu können, müssen wiederum gewisse Arbeitstechniken beherrscht und Verhaltensregeln vereinbart und eingeübt werden.

Ist der Unterricht weniger lehrerzentriert, so bietet sich dem Lehrer auch die Möglichkeit, die Kinder schneller und besser kennenzulernen (siehe Kapitel 3.1.1). Durch Beobachtungen, die er über Verhaltensweisen im sozialen Bereich, im Umgang mit frei zugänglichen Arbeitsmaterialien, über Ausdauer und Konzentration, über spontane Ideen der Kinder usw. macht, kann er selbst wieder Anregungen bekommen, wie er seinen Unterricht effektiver gestalten kann.

Für den Erstklasslehrer ist es hilfreich, Kontakt zu vorschulischen Einrichtungen wie Kindergarten oder Vorschule aufzunehmen, die seine Schüler besucht haben. Viele Gespräche helfen ihm, in seiner Auffassung bestätigt oder auch korrigiert zu werden und dadurch Sicherheit zu gewinnen für zukünftiges pädagogisches Handeln.

Die Zusammenarbeit von Kollegen mit einer ähnlichen Zielsetzung ist besonders fruchtbar. Jeder muss seinen eigenen individuellen Stil finden. Doch der Austausch von Ideen, Anregungen und Hilfen ist unbedingt notwendig und erleichtert den schulischen Alltag. Oft wird ein Problem schon klarer, wenn man mit einem Kollegen darüber spricht.

2. Ein guter Anfang ist wichtig

In allen Ländern gibt es Sprichwörter und Lebensweisheiten, die auf die Bedeutung eines guten Anfangs hinweisen. Wie wichtig dieser erste Schritt für den neuen Lebensabschnitt Schule ist, wurde bereits im Kapitel 1 beschrieben.

2.1 Die Zeit vor Schulbeginn

Im Kindergarten zählen unsere zukünftigen Erstklässler seit dem letzten Herbst zu den „Großen". Sie haben erlebt, wie ihre Freunde eingeschult wurden, und sie hören von Eltern und Erzieherinnen, dass sie jetzt bald in die Schule dürfen. Im Normalfall blicken sie der Schule mit einer freudigen Erwartungshaltung entgegen. Diese gilt es bei den ersten Kontakten mit der Schule zu verstärken. Etwa vorhandene Ängste sollten bei diesen Gelegenheiten abgebaut werden. (siehe Kapitel 1)

2.1.1 Die Schuleinschreibung

Eltern und Kinder wissen meist längst, dass in diesem Jahr die Schuleinschreibung ansteht. In der Bundesrepublik beginnt das Schuljahr am 1. August, unabhängig davon, wann der erste Schultag sein wird. Alle Kinder, die bis zum 30. Juni sechs Jahre alt werden, sind schulpflichtig.
Der Anmeldetermin liegt in der Regel zwischen Januar und Mai und wird ortsüblich veröffentlicht. Aus den amtlichen Bekanntmachungen können die Erziehungsberechtigten ersehen, wer schulpflichtig ist, wer vorzeitig aufgenommen werden kann und was zur Einschreibung mitzubringen ist.
Die amtlichen Bestimmungen für die Aufnahme in eine Pflichtschule sind in den Gesetzen und Schulordnungen der einzelnen Bundesländer festgelegt.

Staatliche Grundschulen in Deutschland haben einen hohen Standard, so dass nur wenige Kinder private Grundschulen besuchen. Es gibt religiös oder weltanschaulich geprägte, internationale und nationale Schulen oder Schulen mit einer besonderen Intention, wie z. B. die der Montessoripädagogik. Die meisten Kinder besuchen jedoch eine staatliche Grundschule. In der Regel findet vor der Schuleinschreibung eine Lehrerkonferenz statt, in der die wesentlichen Daten, der Schulsprengel und ähnliches besprochen werden. Meist sind zu diesem Zeitpunkt auch Namen von Kindern bekannt, die beim Schularzt oder im Kindergarten Auffälligkeiten zeigten. Für diese Kinder braucht der einschreibende Lehrer besonders viel Zeit, um ein ausführliches Gespräch mit dem Kind und den Eltern führen zu können. Die Beobachtung muss vor allem darauf zielen, zu eruieren, worin die Schwierigkeiten bestehen und ob das Kind eventuell einer anderen Bildungseinrichtung zugeführt werden muss. Einige Schulen stellen zur Schuleinschreibung Broschüren zusammen. Auf dem Deckblatt ist oft die Schule abgebildet oder eine Kinderzeichnung zu sehen, die von älteren Kindern ausgemalt wurde.

Inhalte können sein:

- Offizielle Merkblätter
- Informationen über den Fremdsprachenunterricht
- Terminpläne - Ferienordnung
- Zeitplan für Eltern
- Adressen für Eltern
- Die Liste mit den Arbeitsmitteln
- Der Schulwegplan
- Die Schulweghelfer stellen sich vor
- Der Elternbeirat stellt sich vor
- Die Lehrer der zukünftigen ersten Klassen stellen sich vor
- Gedanken von Eltern zum Schulanfang
- Anregungen für Hausaufgaben
- Informationen über das richtige Pausebrot
- Kinderseiten
  Rätsel, Bilder zum Ausmalen, Suchbilder, Bastelanleitungen, Brief an die Schulanfänger ....
- Ein Gedicht - ein Lied für Eltern und/oder Kinder

Herzlich Willkommen

    in der

Grundschule Ismaning

Informations-Schrift des Elternbeirats

Die Schuleinschreibung muss in einem Raum stattfinden, dessen Atmosphäre gesprächsfördernd wirkt. Häufig bietet sich ein Klassenzimmer an. Alle Beteiligten sollten auf einer Ebene sitzen.

Wartende Kinder und Eltern werden in einem anderen Raum oder in der Aula von einem Lehrer betreut. Er bietet Spiele, Handpuppen, Baumaterial, Papier, Stifte usw. an. Auch dabei müssen besondere Beobachtungen möglichst umgehend notiert werden, soweit sie für den Schulanfänger relevant sind.

Eltern sind oft dankbar, wenn erforderliches Schulmaterial ausgestellt wird. Es hat sich auch bewährt, einen Flohmarkt zu veranstalten, wo Arbeitsmaterial und Schulutensilien angeboten werden, die von den Kindern teilweise nur im 1. Schuljahr verwendet werden, z. B. Setzkästen. Häufig finden sich auch Vertreter des Elternbeirates ein, erklären ihren Aufgabenbereich und versuchen, Eltern zu aktivieren, eventuell als Klassenelternsprecher zu kandidieren. Hier kann auch die Werbung für Schulweghelfer stattfinden, die vor Unterrichtsbeginn und nach Schulschluß gefährliche Straßenübergänge sichern.

Die Eltern kommen zum festgelegten Zeitpunkt mit ihrem Kind zur Schule. Dieser Besuch bedeutet häufig immer noch den ersten Kontakt mit Schule und Lehrern. Der Einschreibende darf auf keinen Fall unter Zeitdruck stehen, da sich hier eine Gelegenheit bietet, Eltern gemeinsam mit ihrem Kind in einer für alle neuen Situation zu erleben.

Es gibt nun viele Möglichkeiten, wie die Schuleinschreibung selbst gestaltet werden kann.

- Eltern, Kind und Lehrer nehmen nach der Begrüßung an einem Tisch Platz, um das Anmeldeblatt gemeinsam auszufüllen. Beobachtungen, die dabei gemacht werden, können zur Entscheidungsfindung beitragen, ob ein Kind eingeschult werden soll. Viele Schulanfänger kennen ihr Geburtsdatum, die Adresse, ihre Telefonnummer und geben ungehemmt Auskunft, während anderen kein Wort zu entlocken ist. Einige klammern sich ängstlich an die Mutter und diese beantwortet bereitwillig alle Fragen, die an das Kind gerichtet sind.

- Der Konflikt, dass der Lehrer einerseits mit dem Kind und den Eltern ins Gespräch kommen möchte, andererseits das Anmeldeblatt mit seinen nüchternen Daten ausgefüllt werden muss, wird an manchen Schulen dadurch gelöst, dass das Anmeldeblatt nach Hause geschickt wird und die Eltern es dann bearbeitet mitbringen.

Nimmt eine zweite Person mit den Eltern die Formalitäten auf, so bleibt Zeit, mit dem Kind ein ausführliches Gespräch zu führen.

Es bieten sich zahlreiche Themen an:
- Freude auf die Schule
- Ältere Geschwister
- Der Schulweg
- Das Klassenzimmer mit der Tafel, den Bildern und Ausstellungsstücken
- Spielzeug
- Die Begleitfigur (Handpuppe) des Erstlesebuches
- Freunde aus dem Kindergarten
- ...

Das Protokoll eines Gesprächs, bei dem spielerisch ein Bild gestaltet wird, ist in den Empfehlungen zur Aufnahme des Kindes in die Grundschule[1] zu finden. In vielen Anmeldeblättern wird nach Auffälligkeiten des Kindes im physischen oder psychischen Bereich oder besonderen Belastungen in der Familie gefragt. Es ist denkbar, dass die Eltern das Gespräch mit dem Lehrer allein führen oder fortsetzen wollen. Das Kind kann diese Zeit dann in dem Raum mit dem Spiel- und Bastelmaterial verbringen.

Das Elterngespräch ist immer ein Beratungsgespräch. Es muss vermieden werden, dass bei den Eltern das Gefühl einer Prüfungssituation entsteht. Jede vorschnelle Diagnose ist zu unterlassen. Durch aktives Zuhören, das Einfühlen in die Situation und ausreichend Zeit kann ein Dialog entstehen, in dem das Bestmögliche für das Kind gefunden wird.

Bei Zurückstellungswünschen oder Anträgen auf vorzeitige Aufnahme in die Schule muss diese besondere Problematik eingehend behandelt werden.

Ein ausführlicher Leitfaden für ein Elterngespräch, das aber auch im Beisein des Kindes geführt werden kann, sowie Hinweise auf die Gesprächsbewertung sind im Beiheft zum Kieler Einschulungsverfahren zu finden.

Nach der Einschreibung muss sofort mit der Protokollierung des Gesprächs und der Beobachtungen und deren Wertung begonnen werden.

Eine besondere Beachtung müssen Kinder mit nichtdeutscher Muttersprache finden. Spricht ein Schulanfänger kaum oder gar nicht deutsch, sodass er dem Unterricht nicht folgen kann, so hat er meist keinen deutschen Kindergarten besucht. Hier kann es sinnvoll sein, das Kind zurückzustellen und in einen Schulkindergarten zu schicken, damit es dort seine Sprachdefizite beheben kann.

Es gibt auch sogenannte Übergangsklassen, in denen Kinder zusammen unterrichtet werden, die nicht deutsch sprechen. Das Ziel dieser Klassen ist es, diese Schüler bald einer Regelklasse zuzuführen. Einige Bundesländer haben zweisprachige Klassen gebildet, in denen deutsche und z. B. türkische Lehrer

---

[1] Staatsinstitut für Schulpädagogik und Bildungsforschung München, Empfehlungen zur Aufnahme des Kindes in die Grundschule, München 1994

gemeinsam unterrichten. Es gibt auch Versuche von Schulen, in einem sogenannten Vorlaufkurs Benachteiligungen auszugleichen. Noch vor Schulbeginn
werden über einige Monate hinweg den Kindern Hilfen angeboten, damit sie
dann das erste Schuljahr ohne allzu große Sprachprobleme besuchen können.
An vielen Schulen werden Kinder mit nichtdeutscher Muttersprache aber
auch nach der Einschulung hervorragend gefördert. Sie bieten Intensivkurse
oder Förderunterricht zum Erlernen der deutschen Sprache. Es ist auf jeden
Fall sorgfältig abzuwägen, ob eine Zurückstellung sinnvoll ist. Sprachdefizite
allein rechtfertigen sie nicht.

Die Bestrebungen, Behinderte und Nichtbehinderte gemeinsam einzuschulen
und zu unterrichten, bleiben oft auf Schulversuche beschränkt. In den meisten
Bundesländern sind Sonderschulen/Förderschulen für die verschiedenen
Behinderungen vorgesehen und die Kinder werden den entsprechenden Einrichtungen zugewiesen. Damit eine Integration gelingen kann, muss ein eigenes Konzept entwickelt werden.

Wenn der Schularzt und der Kindergarten keine Vorbehalte gegen eine Einschulung äußern und die Anmeldung mit den Gesprächen keine Auffälligkeiten zeigte, sind keine weiteren Schritte nötig. Bestehen jedoch Zweifel an der
Schulfähigkeit oder soll ein schulpflichtiges Kind ohne besonderen Grund
zurückgestellt oder vorzeitig aufgenommen werden, veranlasst die Schule
meist einen Test zur Feststellung der Schulfähigkeit.

Als besonderen Service bieten manche Schulen an, schon vor der Schuleinschreibung Kinder zu testen. Eltern, die von Zweifeln geplagt werden, ob sie
ihr Kind einschulen sollen, kann hier geholfen werden, zur richtigen Entscheidung zu kommen.

Bei Kindern, die vorzeitig eingeschult werden sollen, empfiehlt sich dies auf
jeden Fall. Die Vorschriften der einzelnen Bundesländer weichen stark voneinander ab. Die Spanne reicht von Tests in fraglichen Fällen gleich nach der
Einschreibung bis zur Feststellung der Schulfähigkeit frühestens nach vier
Wochen.

In manchen Bundesländern besteht auch die Möglichkeit, einen sogenannten
Kennenlerntag einzurichten. Zwei Lehrer betreuen eine Gruppe von zehn
Kindern. An diesem Tag stehen das Kennenlernen von Lehrern und Mitschülern und das Neugierigwerden auf die Schule im Zentrum. Die Kinder
können intensiv beobachtet werden, um Störungen oder Schwächen zu erkennen, die einem erfolgreichen Lernen im ersten Schuljahr zuwiderlaufen. Nach
dem Kennenlerntag werden dann die Empfehlungen für die Schullaufbahn
ausgesprochen.

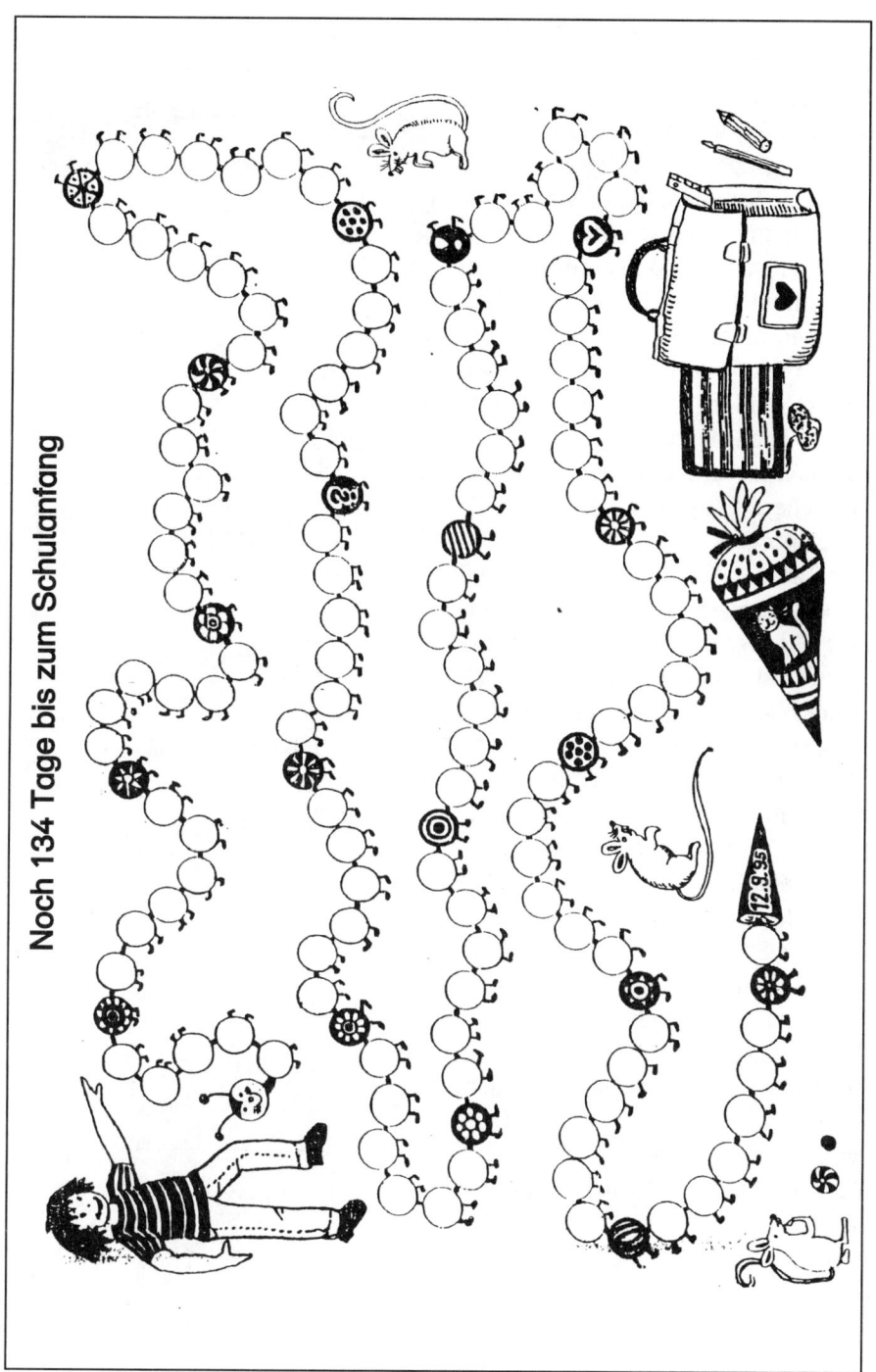

Noch 134 Tage bis zum Schulanfang

Die gesamte Einschulungspraxis ist in manchen Bundesländern in der Diskussion: In Schulversuchen soll die Grundschule durch eine integrative Eingangsstufe weiterentwickelt werden. Schulfähigkeit wird dann nicht mehr vorausgesetzt, sondern durch entsprechende Fördermaßnahmen entwickelt, d. h. Zurückstellungen sind nicht mehr notwendig. Die individuelle Verweildauer in den ersten beiden Jahren der Grundschule kann dann von einem bis zu drei Jahren variieren. Auch die halbjährliche Einschulung wird in Erwägung gezogen.

Der Tag der Schuleinschreibung soll für die Kinder ein kleines Erlebnis sein. Ein Geschenk oder ein Bild, das sie selbst gemalt oder ausgemalt haben, sind eine Erinnerung und werden stolz herumgezeigt.

„Wie lange dauert es noch, bis ich in die Schule komme?", fragen die Schulanfänger oft. Diese Wartezeit kann durch besondere Geschenke überschaubar gemacht werden:

Aus der Schultasche hängt ein Streifen, auf dem alle Tage bis zum ersten Schultag eingezeichnet sind. Die Tage können entweder abgeschnitten oder Tag für Tag ausgemalt werden, oder eine Wäscheklammer rückt langsam nach oben.

Die einzelnen Glieder der Raupe werden ausgemalt, bis endlich der Schwanz – die Schultüte – erreicht ist.

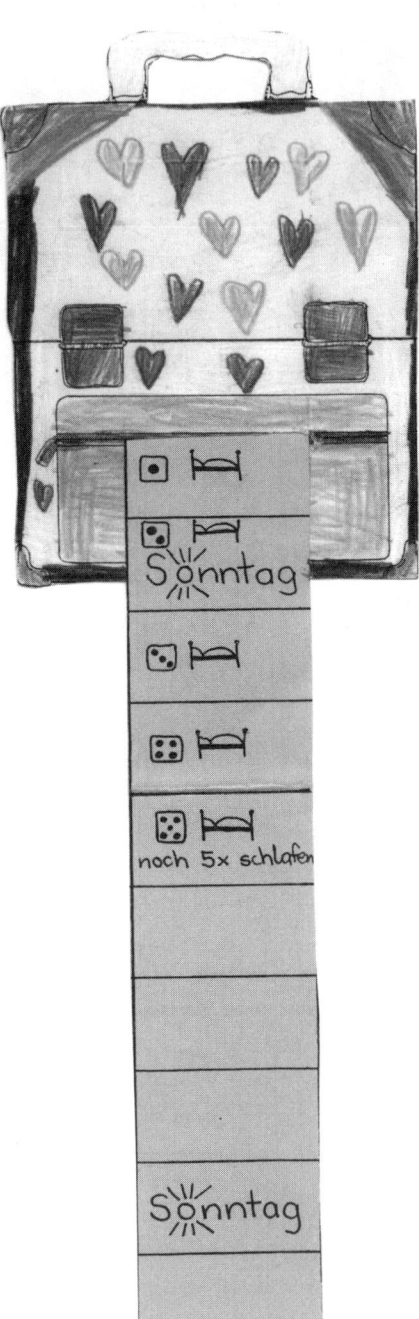

2.1.2 Überprüfen der Schulfähigkeit

Schulreife

Der Begriff Schulreife wird heute im allgemeinen nicht mehr gebraucht. Man hat erkannt, dass es nicht allein ein Reifungsprozess ist, der Kinder befähigt, sich die Kulturtechniken in einer Gruppe von Gleichaltrigen anzueignen. Nun werden die Begriffe Schulfähigkeit und Schulbereitschaft verwendet.

Der Entwicklungsstand eines Kindes ist abhängig von seiner individuellen Begabung, von den bisherigen Lernangeboten seiner Umwelt im Elternhaus oder in vorschulischen Einrichtungen und von der Fähigkeit zur Selbststeuerung. Diese Selbststeuerung beinhaltet wesentliche Aspekte, die für das erfolgreiche schulische Lernen notwendig sind, wie Ausdauer und Konzentration, willkürliche Aufmerksamkeit, Aufgabewilligkeit, Anstrengungs- und Einordnungsbereitschaft. [1]

Schulfähigkeit

Die Schulfähigkeit bedeutet immer die Schulfähigkeit für eine bestimmte Schule, für eine bestimmte Klasse. Diese ist geprägt durch die amtlichen Lehrpläne, durch lokale oder regionale Besonderheiten und durch die Lehrerpersönlichkeit mit ihrem Erziehungsstil. Schulfähigkeit ist also immer ein relativer Begriff, der vom jeweiligen System Schule abhängt.

Welche Hilfen findet nun der Lehrer, diese Schulfähigkeit in fraglichen Fällen zu belegen?

Bereits 1557 wurde versucht, durch eine Prüfung die Schulfähigkeit von Buben herauszufinden. Beim Apfel-Gulden-Test bot man dem Kind in einer Hand einen Apfel, in der anderen einen Gulden. Griff das Kind zum Apfel, wurde es wieder in die Kemenate geschickt und weiter den Frauen anvertraut. Wählte es jedoch das Geldstück, so konnte es männlicher Erziehung zugeführt werden.[2]

Schulordnungen aus dem 16. und 17. Jahrhundert nennen als Bedingungen zur Aufnahme in die Schule das Alter zwischen 5 und 7 Jahren, eine gewisse Vernunft und Sprachtüchtigkeit. Bei Comenius sollen die Beherrschung des Stoffs der „Mutterschul" (bis etwa 6. Lebensjahr), in der das Kind auf elementare Weise den Kosmos erfahren hat, die Fähigkeit zur Beantwortung von Fragen und eine Motivation für sogenannte höhere Unterweisung zur Aufnahme in die „Muttersprachschule" (7. - 12. Lebensjahr) berechtigen.

Nach dem zweiten Weltkrieg brach eine Testeuphorie aus, die sich dann in die völlige Ablehnung von Tests zur Feststellung der Schulfähigkeit umkehrte. Die Handhabung in den einzelnen Bundesländern ist im Moment sehr unterschiedlich.

[1] Rüdiger/Kormann/Peez, Schuleintritt und Schulfähigkeit, München 1976, S. 179
[2] ebenda S. 175

Verschiedene sogenannte Schulreifetests überprüfen Einzelmerkmale, die zwar zum Erlernen der Kulturtechniken wichtig sind, beachten jedoch die Gesamtpersönlichkeit des Kindes nicht oder zu wenig. Die Fehlerquote war bei Kindern, die als nicht schulreif erklärt wurden, besonders hoch.

Schulärztliche Untersuchung

Vor der Einschulung ist eine ärztliche Untersuchung vorgeschrieben. Dabei wird aus schulärztlicher Sicht festgestellt, ob das Kind mit Erfolg am Unterricht teilnehmen kann. Gesundheitliche Schäden sollen erkannt und die Eltern beraten werden.

Das Urteil des Schularztes stützt sich auf die medizinische Untersuchung und berücksichtigt einen wichtigen Bereich der Gesamtpersönlichkeit des Kindes. Genauere Informationen darf der Arzt jedoch nur mit dem Einverständnis der Erziehungsberechtigten an die Schule weitergeben.

Die herkömmlichen Tests zur Überprüfung der Schulfähigkeit bewerten die kognitiven Leistungen besonders hoch. Die Wahrnehmung wie Formauffassung und die Gliederungsfähigkeit werden besonders stark gewichtet.

Kieler Einschulungsverfahren

Eine differenziertere Hilfe bietet das Kieler Einschulungsverfahren.

Im sogenannten Unterrichtsspiel werden folgende Bereiche erfasst:

1. Wahrnehmung
   Gliederungsfähigkeit, Formwiedergabe, Rechts-Links-Orientierung
2. Umgang mit Mengen
   Mengenvergleich, simultanes Mengenerfassen bis 6 und Mengenordnen
3. Denkfähigkeit und Kenntnisse
   Erfassen von Handlungsabläufen einer Bildergeschichte
4. Sprache
   Sprechverhalten sowie Ausdrucksfähigkeit, Sprach- und Anwendungsverständnis
5. Gedächtnis
   Aspekte des figural-anschauungsgebundenen, visuellen, verbalen und akustischen Gedächtnisses
6. Motorik
   Feinmotorik wie Handgeschicklichkeit und allgemeine Motorik
7. Leistungsmotivation
   Anstrengungsbereitschaft, Selbständigkeit, Reaktion auf Erfolg/Misserfolg und Selbsteinschätzung
8. Arbeitsverhalten
   Konzentration und Arbeitstempo

9. Sozialer Bereich
   Kontaktaufnahme zu Kindern und Lehrern und Arbeit in der Gruppe
10. Emotionaler Bereich
   Leistungs- und soziale Angst

Alle diese Punkte können im Elterngespräch, im Unterrichtsspiel und in einer eventuell noch nötigen Einzeluntersuchung erfasst werden. Besonderer Wert wird auf die Beobachtung des Verhaltens des Kindes gelegt. Ein Team von drei Lehrern führt dieses Verfahren in einer Gruppe von maximal sechs Schülern durch. Es wird ein Protokollbogen angeboten. Eine Erweiterung bzw. Arbeitserleichterung dazu ist zu finden in den Empfehlungen zur Aufnahme des Kindes in die Grundschule.[1] Bei der Beurteilung der Schulfähigkeit wurde auf einen Gesamtpunktwert verzichtet.

Münchner Einschulungsverfahren
Im Münchner Modell zur Einschulung[2], das große Gemeinsamkeiten mit dem Kieler Einschulungsverfahren aufweist, wird das Gespräch zwischen Kind, Lehrer und Eltern auf der Grundlage eines Leitfadens geführt. Die Aussagen werden auf einem vorgegebenen Protokollbogen notiert. Außerdem werden durch ein Screening verschiedene Basisfähigkeiten und -fertigkeiten ermittelt. Kinder, die Auffälligkeiten zeigen sowie solche, die vorzeitig eingeschult oder zurückgestellt werden sollen, nehmen an dem Unterrichtsspiel teil. Ist die Entscheidung über die Schulaufnahme in eine Regelklasse immer noch unklar, wird das Kind von einem Schulpsychologen oder qualifizierten Beratungslehrer einzeln untersucht.

Münchner Einschulungsverfahren
Leitfaden zum Eltern-Kind-Lehrer-Gespräch

1. **Sprechverhalten und Sprache des Kindes:**
   z. B. spricht in ganzen Sätzen, artikuliert deutlich, erzählt der Reihe nach, antwortet auf Fragen.

2. **Interaktion zwischen Eltern und Kind**
   Eltern und Kind unterbrechen/ergänzen sich gegenseitig in ihren Antworten; Geduldige Zuhörer.

---

[1] Staatsinstitut für Schulpädagogik und Bildungsforschung München, Empfehlungen zur Aufnahme des Kindes in die Grundschule, München 1994
[2] Schnell, A., Ulbricht, H., Einschulung nach dem Münchner Modell, München 1999, ohne Verlagsangabe, Staatliche Schulberatungsstelle für München

3. Konzentration und Ausdauer

zeigte die ganze Zeit über Interesse, sitzt ruhig auf dem Stuhl.

```
┌─────────────────────────────────────────────────────────────┐
│                                                             │
└─────────────────────────────────────────────────────────────┘
```

4. Kontaktaufnahme zu Erwachsenen

schaut den Ansprechpartner an, hat nicht dauernden Körperkontakt mit der Mutter, begrüßt die Lehrerin mit Handschlag, antwortet direkt auf Fragen.

```
┌─────────────────────────────────────────────────────────────┐
│                                                             │
└─────────────────────────────────────────────────────────────┘
```

5. Frustrationstoleranz

wartet ab, bis es wieder angesprochen wird, ist beim Screening nicht auf übermäßiges Lob aus.

```
┌─────────────────────────────────────────────────────────────┐
│                                                             │
└─────────────────────────────────────────────────────────────┘
```

6. Vorschulische Erfahrung

z. B. Kindergartenbesuch, Erfahrung mit Freunden, soziales Umfeld

```
┌─────────────────────────────────────────────────────────────┐
│                                                             │
└─────────────────────────────────────────────────────────────┘
```

7. Einstellung zur Schule

z. B. Einstellung des Elternhauses, Einstellung des Kindes, Geschwistererfahrungen

```
┌─────────────────────────────────────────────────────────────┐
│                                                             │
└─────────────────────────────────────────────────────────────┘
```

8. Soziale Kompetenz

z. B. Selbstständigkeit, Frustrationstoleranz, Verantwortung, Regeln befolgen, Beziehungen zu Kindern

```
┌─────────────────────────────────────────────────────────────┐
│                                                             │
└─────────────────────────────────────────────────────────────┘
```

9. Motivation und besondere Interessen

z. B. Vorfreude auf die Schule, besondere Hobbys

```
┌─────────────────────────────────────────────────────────────┐
│                                                             │
└─────────────────────────────────────────────────────────────┘
```

Münchner Einschulungsverfahren

Handanweisungen und Protokollbogen zum Screening

Jedes Kind darf sich aus den 2 Vorlagen ein Bild heraussuchen. Anschließend wird gefragt, warum es sich gerade dieses Bild ausgesucht hat, ob es das Märchen kennt usw.

Das Kind sucht sich Farbstifte heraus, benennt die Farben und malt ein Märchenbild aus. Bei Zeitmangel gibt der/die Lehrer/in Einzelanweisungen, z. B. „Male der Gretel braune Haare, dem Hänsel rote Schuhe."

34

Das Puzzle wird auf der Rückseite in 7 Teile geschnitten (an der Linienführung entlang). Die Teile werden vom Kind laut gezählt und aufeinandergelegt. Der/die Lehrer/in bildet mit den Puzzleteilen (alternativ Murmeln o. Ä.) verschiedene Mengen zum Vergleich (höchstens Siebenermengen), z. B. 3 Teile und 4 Teile. Fragestellung „Wo sind mehr Teile, wo sind weniger? Lege zwei gleiche Haufen mit gleich vielen Teilen." Wenn vorhanden, können auch Steckwürfel, Murmeln o. Ä. für die Mengenbestimmung verwendet werden. Zum Schluss setzt das Kind aus den 7 Teilen das Puzzle wieder zusammen. Material: Farbstifte in den Grundfarben, Schere, 2 Märchenbilder zur Auswahl, evtl. Steckwürfel

Name:	Datum:	Lehrer/in:

1. **Sprechverhalten und Sprache des Kindes:**
   z. B. spricht in ganzen Sätzen, artikuliert deutlich, erzählt der Reihe nach, antwortet auf Fragen.

2. **Händigkeit**
   benutzt die linke bzw. rechte Hand beim Greifen, Malen, Schneiden.

3. **Farbprüfung**
   benennt die Farben beim Ausmalen, wählt Stifte mit Farbnamen aus.

4. **Feinmotorik**
   malt nicht verkrampft, hält Begrenzungen ein, hält den Farbstift richtig, kann schneiden, schneidet das Puzzle an den Linien entlang aus.

5. **Umgang mit Mengen**
   benennt die Menge, ohne nachzuzählen; unterscheidet kleinere und größere Menge; findet gleichmächtige Mengen heraus.

6. **Optische Wahrnehmung, Leistungsmotivation, Konzentration**
   setzt das Puzzle richtig zusammen, gibt nicht auf, geht überlegt an die Arbeit (z. B. sortiert die Teile oder sucht das leichteste Teil zuerst heraus usw., lässt sich nicht ablenken).

Bei der Entscheidung, ob ein Kind eingeschult werden soll, helfen:
- Das Abwägen von Stärken und Schwächen in den verschiedenen Fähigkeitsbereichen
- Das Lehrerurteil
- Die Informationen aus dem Elterngespräch
- Die Beobachtungen vorschulischer Einrichtungen
- Die Feststellungen des Schularztes.

Wird die Schulfähigkeit eines Kindes verneint, so müssen auf jeden Fall Fördermaßnahmen aufgezeigt werden.

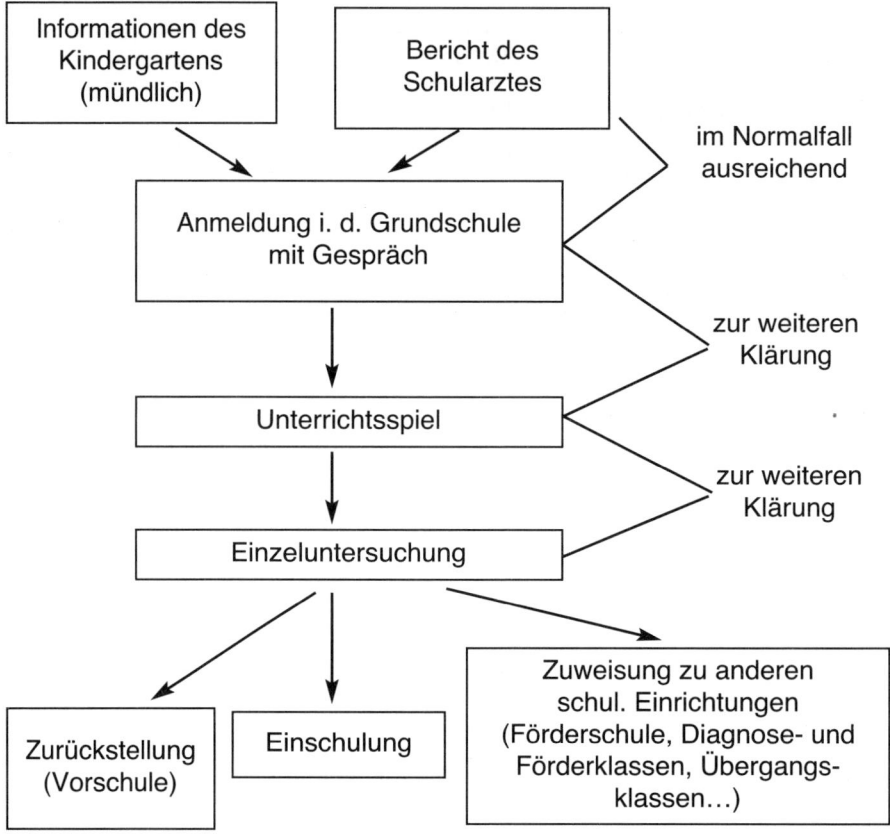

2.1.3 Erstes Kennenlernen

Der erste Informationsabend

Bald nach der Schuleinschreibung findet an vielen Schulen der erste Informationsabend für die Eltern der Schulanfänger statt. Erfahrungsgemäß nehmen die meisten Eltern an diesem Abend teil, denn hier können sie den/die Erstklasslehrer kennenlernen und sich ein Bild von ihm/ihnen machen. In der Regel leitet und gestaltet der Erstklasslehrer den Informationsabend und räumt Redezeiten für den Beratungslehrer, Musikschullehrer, evtl. Französischlehrer (falls Französisch an der Grundschule angeboten wird) ein, die hier ihre Tätigkeit bzw. ihr Fach vorstellen. Es bietet sich auch an, einen Verkehrspolizisten einzuladen, der die Eltern über die Möglichkeiten der Vorbereitung der Kinder auf den Schulweg unterrichtet.

Vorschlag für eine inhaltliche Gestaltung des ersten Informationsabends:

 **Zehn Tipps für einen guten Schulstart**

1. Freuen Sie sich mit Ihrem Kind auf die Schule.
2. Fördern Sie die Selbständigkeit Ihres Kindes.
3. Bereiten Sie Ihr Kind auf den Schulweg vor.
4. Gewöhnen Sie Ihr Kind an einen festen Tagesablauf.
5. Machen Sie aus dem ersten Schultag ein Fest.
6. Gewöhnen Sie Ihr Kind an selbstverständliche Ordnungen.
7. Schränken Sie den Fernsehkonsum ein.
8. Elternabend ist Pflichtfach.
9. Bleiben Sie bei den Hausaufgaben in der Nähe.
10. Fördern Sie die Lust am Lesen.

Ich wünsche Ihnen viel Erfolg.

Tipp 1: Freuen Sie sich mit Ihrem Kind auf die Schule

Grundvoraussetzung für eine erfolgreiche und glückliche Schulzeit ist die Freude des Kindes auf den Schulbeginn.
Sprüche wie:

- „jetzt fängt der Ernst des Lebens an"
- „das wird dir in der Schule schon vergehen"
- „deine Lehrerin wird dir schon Ordnung beibringen"

erzeugen Angst vor der Schule und machen die Kinder unsicher. Diese Sprüche stimmen mit der heutigen Schulrealität nicht überein.
Schule soll für Ihr Kind heißen:

- da erfahre und lerne ich etwas Neues (Rechnen, Schreiben, Lesen)
- da lerne ich neue Freunde kennen
- da wird zwar nicht den ganzen Tag gespielt, trotzdem kann Schule Spaß machen.

Sprechen Sie positiv über die Schule und damit über die Lehrer, so ermuntern Sie Ihr Kind in seiner natürlichen Wissbegier und Bereitschaft zum Lernen.
Z. B. Wie schön wird es sein, wenn du selbst spannende Geschichten lesen oder der Oma einen Brief schreiben kannst!

Tipp 2: Fördern Sie die Selbständigkeit Ihres Kindes

„Hilf mir, es selbst zu tun" – Das ist der Leitsatz der berühmten Pädagogin Maria Montessori. Machen Sie diesen Satz zu Ihrem Erziehungsprinzip. Dann braucht sich ihr Kind nicht vor den Anstrengungen in der Schule zu fürchten.
Das sollte ein Kind können, wenn es zur Schule kommt:
Nicht Lesen und Rechnen. Dafür ist in der Schule Zeit genug. Gut ist es, wenn die Kinder bereits ihren Vornamen schreiben können. Das erspart den Lehrern viel Arbeit.

- *sich selbst an- und ausziehen:* Wählen Sie praktische Kleidung mit wenig Knöpfen und Reißverschlüssen.
- *Schuhe binden:* Praktisch sind auch die Schuhe mit Klettverschluss.
- *sich auf der Toilette selbständig zurechtfinden*
- *mit kleineren Arbeitsmaterialien umgehen,* z. B. Stiften, Buchstabenkärtchen, Schere, Kleber. Schenken Sie Ihrem Kind Farben, Malbücher, Zeichenblock und ermuntern Sie ihr Kind, sich mit diesen Dingen spielerisch zu betätigen. Wichtig sind die Freude am Spiel und die Ausdauer, etwas zu Ende zu bringen.
- *Name, Adresse, evtl. Telefonnummer wissen*

- *sich eine Weile auf ein Spiel konzentrieren und anschließend wieder aufräumen*
- *die wichtigsten Farben unterscheiden: rot, gelb, blau, grün, schwarz, weiß*

Je mehr Sie Ihrem Kind die Möglichkeit einräumen, selbst mit Schwierigkeiten fertig zu werden, umso selbstsicherer wird es. Natürlich ist es meist einfacher und zeitsparender, die Dinge für das Kind selbst zu erledigen. Aber haben Sie Geduld und geben Sie dem Kind die Zeit, die es zur Erfüllung der Aufgaben benötigt. Es zahlt sich aus.

Tipp 3: Bereiten Sie Ihr Kind auf den Schulweg vor

Wählen Sie nicht den kürzesten, sondern den sichersten Weg zur Schule und gehen Sie ihn mehrmals mit Ihrem Kind ab. Dabei sollten Sie Ihr Kind unbedingt auf Gefahrenstellen aufmerksam machen. Lassen Sie sich auch von Ihrem Kind führen, so können Sie testen, ob es sich richtig verhält. Kinder, die ständig aus Angst an der Hand geführt werden, lernen nicht, sich richtig im Verkehr zu verhalten. Beobachten Sie Ihr Kind, wenn es sich allein fühlt! Verhalten Sie sich immer korrekt im Straßenverkehr! Gehen Sie nie bei Rot über die Straße, mit der Entschuldigung, Sie seien in Eile und Sie könnten den Verkehr überblicken. Es darf keine Ausnahme geben. Denn schließlich soll eines Tages Ihr Kind alleine zur Schule und wieder nach Hause gehen. Und das unversehrt!

Tipp 4: Gewöhnen Sie Ihr Kind an einen festen Tagesablauf

Bis jetzt kam es nicht auf die Minute an. Das ändert sich nun mit dem Schulalltag. Im Kindergarten konnte man auch eine Viertelstunde später kommen, die Schule aber beginnt pünktlich um 8 Uhr. Der Tagesablauf muss jetzt regelmäßig werden, und je früher man das probt, umso besser:
– Rechtzeitiges Aufstehen, rechtzeitiges Zubettgehen und Regelmäßigkeit bei den Mahlzeiten.
So wird ein Tag für ein Kind überschaubar und gibt ihm Sicherheit und Ruhe. Schenken Sie Ihrem Kind einen eigenen Wecker, so macht ihm das Aufstehen sicher mehr Spaß! Erzählen oder lesen Sie ihm abends im Bett eine Geschichte vor, dann wird es sich auf diese Zeit freuen und auch pünktlich sein! Ihr Kind sollte zwischen 10 und 12 Stunden schlafen.

Tipp 5: Machen Sie aus dem ersten Schultag ein Fest

Der erste Schultag ist ein besonderer Tag. Schenken Sie Ihrem Kind an diesem Tag noch mehr Aufmerksamkeit als sonst! Am schönsten wäre es, wenn Mama und Papa gemeinsam ihr Kind zur Schule begleiten könnten.

Verbergen Sie Ihr Lampenfieber! Die vielen Eindrücke sind aufregend genug für Ihr Kind. Es ist hübsch gekleidet, damit die Bedeutung des Tages auch sichtbar wird. Eine Modenschau sollte dieser Tag jedoch nicht sein. Ein weiteres äußeres Zeichen ist die Schultüte. Aber nicht so, dass man vor lauter Schultüte den Besitzer nicht mehr sieht. Diesen Brauch sollten Sie Ihrem Kind nicht vorenthalten, auch wenn Sie nichts davon halten. Oft wird die Schultüte schon im Kindergarten gebastelt als Abschieds- oder Erinnerungsgeschenk. Früher hieß es, die Schultüte solle den ersten Schultag versüßen, und damit waren die Süßigkeiten gemeint. Wesentlich sinnvoller ist es, die Schultüte mit kleineren Arbeitsmaterialien, die Ihnen die Lehrerin noch bekannt gibt, zu füllen, z. B. der Dosenspitzer, das Plastilin, Buntstifte, Turnhose und evtl. noch ein kleines Geschenk, wie ein Malbuch oder Bilderbuch. Auch Obst ist besser als Süßigkeiten. Die Arbeitsmaterialien müssen sowieso beschafft werden und sie sind teuer genug. Wenn Sie diese Dinge Ihrem Kind vorher noch nicht zeigen, werden Sie dieselbe Freude beim Kind erzielen wie mit schulfremden Geschenken oder Süßigkeiten.

Tipp 6: Gewöhnen Sie Ihr Kind an selbstverständliche Ordnungen

Kennen Sie das vielleicht? Die Wohnungstür wird geöffnet, herein saust der Kleine. Der Anorak wird in die Ecke gepfeffert, Mütze und Schal gleich dazu. Ein Schuh steht draußen vor der Tür, der andere liegt in der Wohnung. Das Fahrrad liegt unten mitten im Hof. Hier heißt es ansetzen an einer konsequenten Ordnungshaltung, sonst werden die Kinder in der Schule sich schwer tun, mit der Vielzahl der Materialien zurechtzukommen. Arbeitsblätter, Rechenplättchen, Hefte, Bücher, Stifte und Mappen müssen im Schulranzen einen festen Platz bekommen, sonst brauchen die Kinder zu viel Zeit im Auffinden ihrer Schulsachen. Manche Kinder schleppen eine Fülle von verschiedenen Farbstiften mit sich. Die Entscheidung, „welchen Stift soll ich jetzt nehmen", fällt oft sehr schwer, schafft Unruhe und verbraucht viel Zeit. Packen Sie in der ersten Zeit gemeinsam mit Ihrem Kind den Ranzen, so lernt das Kind allmählich, selbst Ordnung zu halten. Das sollte gleich nach Erledigung der Hausaufgaben geschehen und nicht erst am nächsten Morgen kurz vor der Schule. Auch ist es ärgerlich, wenn die neue Mütze, die es zum ersten Mal in der Schule dabei hatte, nicht mehr auffindbar ist. Gewöhnen Sie Ihrem Kind jetzt schon an, dass auch die Kleidungsstücke in der Wohnung einen festen Platz haben, so wie in der Schule die Kleiderhaken oder Garderobenräume.

Tipp 7: Schränken Sie den Fernsehkonsum ein

Live im „Nachtwerk":
450 Fernsehtote flimmern wöchentlich über unseren Bildschirm. Und das nicht erst ab 22 Uhr, sondern zu jeder Tages- und Nachtzeit.
Kinder, die unkontrolliert fernsehen dürfen, werden ständig mit diesen Gewaltakten konfrontiert. Wir Erwachsenen sind die Vorbilder unserer Kinder. Sie ahmen unser Verhalten nach. Welch ein Bild muss ein Kind von den Erwachsenen bekommen, die ihre Probleme mit Mord, Totschlag oder anderen Gewalttaten zu lösen versuchen?
Gewalt kann für Kinder zur Normalität werden. Wir brauchen uns nicht zu wundern, dass die Gewalt in unseren Schulen und in der Öffentlichkeit zunimmt. Das Fernsehen leistet dazu einen wesentlichen Beitrag.
Jeder muss bei sich zu Hause anfangen, der Gewalt entgegenzuwirken.
Ein Schulanfänger sollte so wenig wie möglich fernsehen. Nehmen Sie die Kraftprobe mit diesem Medium auf!
Suchen Sie die Sendungen gezielt aus und schauen Sie sie mit Ihrem Kind gemeinsam an. Sprechen Sie anschließend darüber oder lassen Sie sich zumindest davon erzählen. Fernsehen direkt vor dem Schlafengehen ist zu aufregend. Der Tag soll ruhig und friedlich enden. Statt Fernsehen ein gemeinsames Spiel, Vorlesen oder ein Bilderbuch zusammen anschauen bringen mehr Befriedigung und Freude als Fernsehen.

Tipp 8: Elternabend ist Pflichtfach

Elternabende sind dazu da, den Kontakt zwischen Elternhaus und Schule zu pflegen, die Zusammenarbeit zu fördern. Sie sind wichtig für alle:
Für die Kinder, denn sie merken, dass Schule etwas Wichtiges ist, was auch die Eltern interessiert.
Für die Eltern, denn sie erfahren dabei viel über ihr Kind.
Für die Lehrer, denn sie können ein Kind besser einschätzen, wenn sie die Eltern kennen.
Damit Sie ein Bild vom Schulalltag bekommen, gehen Sie unbedingt zum Elternabend. Machen Sie sich aber bitte klar, dass in der Anfangszeit nicht die Leistungen der Kinder zählen, sondern das Einleben in die Klassengemeinschaft.
Es gibt in den ersten beiden Jahren auch nur Wortbeurteilungen und keine Noten. Zwischenzeugnis und Jahreszeugnis sind Berichte, in denen das Sozial-, Lern- und Arbeitsverhalten sowie die Leistungen des Schülers in Worten beschrieben werden.

Jeder Lehrer hält wöchentlich eine Sprechstunde ab. Die Zeit wird er Ihnen ziemlich am Anfang bekanntgeben. Nützen Sie diese Sprechstunden zu einem persönlichen Gespräch! Sie erleichtern dadurch sich, Ihrem Kind und dem Lehrer die Schulzeit. Sinnvoll ist es, wenn Sie sich vorher zur Sprechstunde anmelden (z. B. über das Mitteilungsheft Ihres Kindes), so vermeiden Sie Wartezeiten. Der Lehrer kann sich dann die Zeit besser einteilen und sich auch vorbereiten.

Elternabende sind auch eine gute Möglichkeit, die anderen Eltern kennenzulernen und mit ihnen ins Gespräch zu kommen.

Tipp 9: Bei den Hausaufgaben in der Nähe sein

Hausaufgaben sind die Brücke zwischen Schule und Elternhaus. Die Eltern sehen, was ihr Kind lernt und wie es arbeitet.

Der Schüler soll selbständig arbeiten und üben. Niemand kann gut arbeiten, wenn jemand neben ihm sitzt und zuschaut, jeden Strich beobachtet. Setzen Sie sich also nicht neben Ihr Kind. Halten Sie sich aber in der Nähe auf. Sollte Ihr Kind nicht zurechtkommen, so kann es gleich nachfragen und Sie können Hilfestellungen geben, aber bitte keine Lösungen. Am Ende der Hausaufgabe kann man sie sich gemeinsam anschauen. Und denken Sie daran: Mit Lob erreicht man mehr.

Eine gute Atmosphäre bei den Hausaufgaben ist das Wichtigste, ob am Küchentisch oder an einem Schülerschreibtisch ist dabei nebensächlich. Wichtig ist Ruhe und keine Ablenkung durch Radio, Fernsehen oder kleinere Geschwister.

Wann die beste Zeit für Hausaufgaben ist, muss man selbst herausfinden. Es kommt darauf an, ob das Kind nach der Schule noch leistungsfähig ist oder eine Pause braucht. Sie sollten jedoch vermeiden, die Hausaufgaben erst nach einem längeren Spielnachmittag machen zu lassen. Die Kinder sind dann meist zu sehr verausgabt und auch zu müde.

Am besten macht Ihr Kind - wenn möglich - immer zur selben Zeit die Hausaufgaben. In der Regel dauern sie zwischen 20 und 40 Minuten für den Erstklässler. Braucht ein Kind länger, dann beobachten Sie es. Oft vertrödeln Kinder die Zeit mit anderen Tätigkeiten zwischendurch, bleiben nicht konzentriert bei der Arbeit oder arbeiten unrationell (Auswahl des Stiftes). In diesem Fall sollten Sie das Kind zum zügigen Arbeiten anhalten.

Ein Gespräch mit der Lehrerin kann auch auftretende Schwierigkeiten aus dem Weg räumen.

Tipp 10: Fördern Sie die Lust am Lesen

Kinder, denen viel vorgelesen wird, freuen sich schon, wenn sie endlich selbst lesen können. Behalten Sie das Vorlesen zunächst bei, da die Lesefertigkeit nur langsam steigt! Wenn Sie den Brauch des Vorlesens noch nicht pflegen, fangen Sie damit an! Auswahl finden Sie in den Stadtbüchereien genug. Sie können Bücher kostenlos ausleihen und sich auch beraten lassen, welches Buch geeignet ist. Lesen ist eines der schönsten Dinge im Leben: Es öffnet einem andere Welten, aber man muss den Kindern helfen, daran Freude zu bekommen. Das Vorlesen und später auch das selbständige Lesen hat aber auch noch andere nützliche Effekte:

- Wer viel liest, liest gut.
- Wer viel liest, erweitert seinen Wortschatz.
- Wer viel liest, wird später gute Aufsätze schreiben.

Grundschule - was dann? fragen sich manchmal Eltern schon, kaum, dass das Kind die 1. Klasse besucht.

Die Grundschule dauert vier Jahre. Denken Sie nicht jetzt schon daran, wie die weitere schulische Laufbahn Ihres Kindes ausschauen könnte! Ein Kind spürt zu hohe, auch unausgesprochene Erwartungen der Eltern und kann dadurch sehr belastet werden. Die Grundschule ist in erster Linie Lern- und Lebensstätte für Ihr Kind. Sie vermittelt alle notwendigen Grundlagen für die weitere Schullaufbahn Ihres Kindes. In der 4. Klasse werden Sie in Informationsabenden ausführlich darüber beraten, welcher schulische Bildungsweg für Ihr Kind der richtige ist. Aber bis dorthin ist noch viel Zeit.

Sehr geehrte Eltern, Ihr Kind wird bald zur Schule gehen, die Anforderungen werden größer. Seien Sie nicht traurig, wenn vielleicht nicht alles so klappt, wie Sie es sich erhoffen. Nicht Leistung allein macht den Menschen aus, sondern vor allem auch sein Charakter und seine Herzensbildung. Es muss unser Ziel sein, unsere Kinder zu klaren, geraden Menschen zu erziehen.

Kinder

Sind so kleine Hände,
winzge Finger dran,
Darf man nie drauf schlagen
die zerbrechen dann.

Sind so kleine Füße
mit so kleinen Zehn.
Darf man nie drauf treten
könn sie sonst nicht gehn.

Sind so kleine Ohren
scharf, und ihr erlaubt.
Darf man nie zerbrüllen
werden davon taub.

Sind so schöne Münder
sprechen alles aus.
Darf man nie verbieten
kommt sonst nichts mehr raus.

Sind so klare Augen
die noch alles sehn.
Darf man nie verbinden
könn sie nichts verstehn.

Sind so kleine Seelen
offen und ganz frei.
Darf man niemals quälen
gehn kaputt dabei.

Ist son kleines Rückgrat
sieht man fast noch nicht.
Darf man niemals beugen
weil es sonst zerbricht.

Grade, klare Menschen
wärn ein schönes Ziel.
Leute ohne Rückgrat
hab'n wir schon zuviel.

Bettina Wegner

Bettina Wegner: Kinder. © Anar-Musikverlag, Berlin.
Aus: B. Wegner: Wenn meine Lieder nicht mehr stimmen

Besuch des Kindergartens

Die meisten Kinder freuen sich auf die Schule, manche können es kaum mehr erwarten, bis es endlich soweit ist, andere wiederum sind ängstlich. Daher ist es sinnvoll, gegen Ende des Schuljahres die künftigen Erstklasskinder, von denen die meisten den Kindergarten besuchen, zu einem Schnuppertag in die Schule einzuladen. Günstig ist der Besuch in einer 1. Klasse, da sich etliche Kinder bereits aus der gemeinsamen Kindergartenzeit kennen und die stofflichen Inhalte der 1. Klasse den Kindergartenkindern am ehesten gerecht werden. In Absprache mit der Kindergärtnerin wird ein Termin vereinbart. Anschließend können die Erstklasskinder den Kindergartenkindern eine Einladung schreiben.

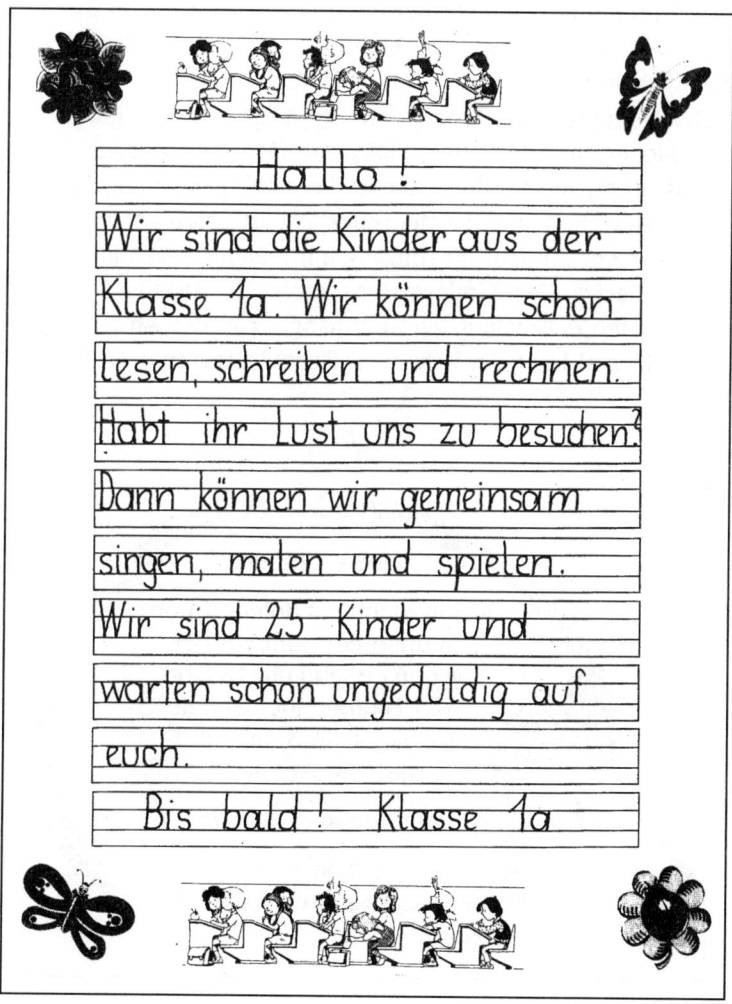

Schnuppertag

Für den Schnuppertag sollte sich der Lehrer ein für alle Kinder passendes Thema überlegen, in dem praktisches Tun im Vordergrund steht, z. B.

> Wir bereiten eine Zitronenlimonade
> Wir packen unsere Badetasche
> Viele Kinder haben ein Haustier
> Die Wiese lebt
>
> ...

Genügend Sitzgelegenheiten in Form von Stühlen oder Sitzkissen sowie Papier und Buntstifte müssen vorbereitet werden. Ebenso wird mit den Schülern das richtige Verhalten und ihre Betreuerfunktion besprochen, auf die die Gastgeber meist sehr stolz sind. Hier kann bereits die Patenschaft für das kommende Schuljahr angebahnt werden.

Am Besuchstag werden die Gäste gebührend begrüßt. Die Kinder singen sich gegenseitig Lieder vor oder singen bekannte Lieder gemeinsam. Wichtig ist, dass der Klasslehrer die Kindergartenkinder ständig miteinbezieht, sei es im Gespräch, in der Arbeit an der Tafel (Bilder, Wortkarten anheften, an Bildern etwas zeigen lassen, ...) oder im Umgang mit realen Gegenständen.

Ein Schnupperbesuch des Kindergartens kann sich über eine oder mehrere Unterrichtsstunden erstrecken. Es ist abhängig von der Absprache zwischen Kindergärtnerin und Lehrerin bzw. dem Durchhaltevermögen der Kindergartenkinder.

Lieber Florian!

Komm doch mit deinen Eltern
zu unserem Sommerfest.
Wann? 3. Juli um 14 Uhr
Wo? Blumenauer Schule
Es gibt viele Spiele und
gute Leckereien.

Ich freue mich auf dich!

Deine Sara

Am Ende des Besuchstages können die kleinen Gäste ihre Eindrücke äußern. Nach einem abschließenden Lied, Spiel oder Tanz werden die Kinder verabschiedet oder, wenn es Zeit und Entfernung zulassen, in den Kindergarten zurückbegleitet.

Eine Einladung zu einem evtl. bevorstehenden Sommerfest an der Schule, die den Kindergartenkindern mitgegeben werden kann, wird sicherlich Anklang finden und die Wartezeit bis Schulbeginn interessanter machen.

2.2 Die Gestaltung des ersten Schultages

Möglichkeiten einer kindgemäßen Gestaltung

Jedes Jahr im Herbst ist es wieder soweit! Unsere jüngsten Schüler machen den bedeutsamen Schritt vom Kindergarten in die Grundschule. Bepackt mit Schulranzen und Schultüte, an der Hand der Eltern, werden sie in den neuen Lebensabschnitt begleitet. Mit großen neugierigen, vielleicht auch ängstlichen Augen harren sie erwartungsvoll der Dinge, die auf sie zukommen werden. Der erste Schultag hinterlässt einen entscheidenden Eindruck beim Schulkind, der prägend sein kann für seine weitere Schullaufbahn. Daher ist es wichtig, diesen Tag als besonderes Ereignis zu gestalten. Es muss unser Ziel sein, die Kinder am Ende dieses Vormittags mit einem Gefühl der Freude und Begeisterung, des Angenommen- und Aufgenommenseins zu entlassen; denn dann ist die Basis geschaffen für eine erfolgreiche Zusammenarbeit. Wie können wir, als verantwortungsbewusste Lehrer, unseren Schulanfängern diesen Schritt erleichtern? Freilich gibt es dafür kein einheitliches Rezept. Die nachfolgenden Gestaltungsvorschläge können lediglich als Anregungen dienen.

2.2.1 Begrüßungsfeier

In der Regel treffen sich die ABC-Schützen in der Turnhalle oder in der Aula und werden vom Schulleiter begrüßt. Anschließend werden die Kinder namentlich aufgerufen und ihren Klassenlehrern zugeteilt. Hier gibt es schon eine Vielzahl von Möglichkeiten, diesen Ablauf kindgemäß zu gestalten:
– der Schulchor oder eine Klasse singt ein Begrüßungslied.

Horcht nur, ich sag euch was

Melodie: W. Menschik
Text: R. Hetzner

Aus: Hetzner/Menschik, Mein Bulldog der macht dog, dog, dog, Don Bosco Verlag, München 1980.

Lied zur Begrüßung der Schulanfänger

1. Hört nur, was ich euch sag,
   heut ist ein großer Tag,
   ihr seid jetzt Schulkinder so wie wir.
   Tra lalala, tra lalala, tra lalala

2. Kommt nur zu uns herein,
   wir wollen fröhlich sein
   und uns einander stets recht gut verstehn.
   Tra lalala, ...

48

3. Freut euch, denn jetzt lernt ihr
   lesen und schreiben hier,
   rechnen und malen, hei, das macht viel Spaß.
   Tra lalala, ...

4. Glück und Erfolg und Freud,
   das wünschen wir euch heut
   in unserer Schule für's kommende Jahr.
   Tra lalala, ...

(Text: Barara Mang)

Herzlich willkommen!

Musik: Detlev Jöcker
Text: Lore Kleikamp

• Den Akkord einmal anspielen und bis zum nächsten ausklingen lassen

49

Refrain: Herzlich willkommen, ihr lieben Leute!
In unsrer Schule begrüßen wir euch heute.

2.   In der Schule lernt ihr eine Menge.
       Schreiben, lesen, turnen, malen,
       rechnen auch, mit vielen Zahlen.
       Jeden Tag ein bisschen mehr.
       Doch kleine Schritte sind nicht schwer.
Refrain: Herzlich willkommen...

3.   In der Schule könnt ihr viel erfahren.
       Hört von Tieren, sammelt Blätter,
       fragt nach Müll und Regenwetter.
       Lernet viel von unsrer Welt
       und wetten, dass es euch gefällt.
Refrain: Herzlich willkommen...

4.   In der Schule gibt es auch die Pausen.
       Auf dem Schulhof könnt ihr laufen,
       springen, schreien, doch nicht raufen.
       Findet Freunde, mehr als zehn.
       Und nun macht's gut! Auf Wiedersehn!
Refrain: Herzlich willkommen...

Aus: *Kleikamp/Jöcker,* Mile male mule, ich gehe in die Schule, Menschenkinder Verlag, Münster

– Schulkinder halten eine kurze Begrüßungsrede

Begrüßung der Schulanfänger

Christoph: Hallo, liebe Erstklasskinder! Ich bin der Christoph und komme jetzt in die 3. Klasse. Ich freue mich, daß ihr an unsere Schule kommt, denn bei uns ist es wirklich schön.

Verena: Ich bin die Verena und komme jetzt auch in die 3. Klasse. Wir Drittklasskinder sind heute da, weil wir es kaum erwarten konnten, euch zu sehen, denn wir möchten uns gerne um euch kümmern.

Christoph: Wenn ihr euch nicht auskennt oder irgendeinen Kummer habt, könnt ihr nicht nur zu euren Lehrerinnen gehen, sondern ihr könnt auch uns fragen. Wir werden euch immer gerne helfen.

Verena: Ja, ihr braucht gar keine Angst zu haben, denn auch wir sind für euch da. Wenn ihr zum ersten Mal in die große Pause geht, werden wir euch begleiten und euch alles zeigen.

Christoph: Wir haben für euch auch ein kleines Geschenk vorbereitet: Einen kleinen Vogel mit einem Zettel im Schnabel, auf dem für euch etwas geschrieben steht.

Verena: Diesen Vogel bekommt ihr dann. Ihr könnt ihn zunächst in eurem Klassenzimmer aufhängen, solange bis euch eure Lehrerin den Zettel vorgelesen hat. Dann dürft ihr euren Vogel selbstverständlich mit nach Hause nehmen.

Christoph: Wir wünschen euch einen schönen Schulanfang

Verena: und viel Spaß an unserer Schule!

– Die Klassenlehrer rufen selbst abwechselnd ihre Kinder auf und begrüßen jedes Kind persönlich mit Handschlag.
– Die Turnhalle oder die Aula ist so hergerichtet, dass z. B. mit Langbänken pro Klasse ein Zug gebildet wird oder mit Stühlen Sitzkreise. Der Lehrer führt jedes aufgerufene Kind an seinen Platz.
– Schüler aus anderen Klassen sind bei der Begrüßung anwesend und übernehmen die „Patenschaft" für die Kleinen. Sie stellen sich namentlich ihrem neuen Patenkind vor und überreichen ihm, zur Erinnerung an diesen Tag, ein selbst gebasteltes Geschenk, z. B. eine Plakette mit der Aufschrift „Hurra, ich bin ein Schulkind". Anschließend führen sie ihre Patenkinder an der Hand ins Klassenzimmer und verabschieden sich.
– Die Eltern wollen wissen, in welchem Raum sich ihr Kind die nächsten zwei Jahre aufhält, daher gehen sie mit ins Klassenzimmer. Sie sollten auch die Möglichkeit haben, ihr Kind zu fotografieren.

Das Klassenzimmer

Der Begriff Schule nimmt für den Schulanfänger mit dem Betreten des Klassenzimmers Vorstellung und Gestalt an. Daher sollte der Raum ansprechend und einladend vorbereitet sein. Er soll Freundlichkeit, Wärme, Geborgenheit und Wohlbefinden ausstrahlen. Blumenschmuck, Kinderzeichnungen, Tierposter, ein liebevoll gestaltetes Tafelbild, eine altersgemäß bestückte Spielecke, Bastelarbeiten früherer Jahrgänge usw. helfen mit, eine behagliche Atmosphäre zu schaffen und das Sozial- und Lernverhalten der Kinder positiv zu beeinflussen. Das Klassenzimmer ist Stätte des Lernens und Arbeitens sowie des Schullebens. Entsprechend sind möglichst verschiedene Aktivitätsbereiche einzurichten. Gut sind eine Kreissitzordnung oder ein offenes Hufeisen, die ermöglichen, dass sich die Kinder anschauen und besser kennenlernen können. Eine Sitzordnung, die nicht von vorneherein bereits festgelegt ist, gibt den Kindern die Gelegenheit, sich anfangs immer wieder einen neuen Banknachbarn auszusuchen und sich an ihn heranzutasten. Ein unverkennbares Türplakat hilft den Schülern in den kommenden Tagen, ihr Klassenzimmer sicher wiederzufinden. Ein sauberes und ordentliches Klassenzimmer setzt bereits erzieherische Akzente.

Kontaktaufnahme

Der zentrale Punkt im Blickfeld des Schulanfängers am ersten Schultag ist sicherlich der Lehrer. Er stellt sich vor und erzählt von sich. Die Kinder erfahren dadurch: Der Lehrer ist ein Mensch mit bestimmten Interessen, Neigungen und Fähigkeiten. Anschließend begrüßt er jeden Schüler nochmal persönlich und erfragt seinen Namen, den er dann auf eine Wortkarte schreibt, die er auf den Tisch des Schülers stellt. So kann er von Anfang an seine Kinder mit Namen ansprechen. Die Aufforderung

an die Kinder, nun auch von sich zu erzählen, z. B. was sie am liebsten tun, was sie sich von der Schule erwarten usw. bietet einen ersten Sprechanlass und hilft, Unsicherheiten und Hemmungen abzubauen.

Die Schultüte

Die Schultüte, die zum ersten Schultag gehört, sollte auch in das Unterrichtsgeschehen miteinbezogen werden. Es ist abzuraten, den Inhalt zu erforschen, denn die Kinder vergleichen und es könnte manchen traurig stimmen. Jedoch lässt sich eine ergiebige Sprechschulung betreiben, indem die Schüler Farbe, Form und Größe beschreiben. Wenn die Schultüte dann auch noch gemalt, bzw. eine auf einem Arbeitsblatt vorgegebene Tüte mit Mustern verziert werden darf, kann das Klassenzimmer sofort mit den eigenen Werken geschmückt werden und erhält somit gleich eine persönliche Note. Auch als Türplakat eignen sich die gemalten Schultüten gut, wenn man sie ausschneidet, auf einen Karton klebt und die Kinder ihren Namen in die Tüte schreiben. Sinnvoll ist es, wenn man die leeren Schultüten am nächsten Tag wieder mitbringen lässt. Sie dienen vorübergehend als Klassenzimmerschmuck, z. B. auf dem Fensterbrett, und lassen sich hervorragend für den Anfangsmathematikunterricht einsetzen (Größe, Farbe, Form).

Das gemeinsame Lied

Ein wesentlicher Bestandteil des ersten Schultages ist das gemeinschaftliche Singen. Dadurch wird das „Wir-Gefühl" angebahnt und die Kinder haben den ersten Lernzuwachs zu verzeichnen. Lieder oder Singspiele, bei denen sich die Schüler die Hände reichen können, fördern das Vertrautwerden miteinander und unterstützen das Gemeinschaftsgefühl. Am besten eignen sich Lieder, deren Melodie bereits vom Kindergarten her bekannt ist und die auf die Situation des Schulanfangs umgetextet werden, z. B.

Melodie: *Ein Männlein steht im Walde ...*

Neuer Text: Wir gehen in die Schule, ja heißa, hurra,
und morgen sind wir alle ganz pünktlich da.
falalala falala, falalala falala, (klatschen)
und morgen sind wir alle ganz pünktlich da.

Die erste Hausaufgabe

Die Schulanfänger wären enttäuscht, wenn sie am ersten Schultag keine Hausaufgabe bekämen. Schließlich sind sie jetzt Schulkinder, voller Lerneifer und Motivation, und wollen zu Hause zeigen, dass Aufgaben an sie gestellt werden.

53

Außerdem unterscheidet sie das vom Kindergartenkind.
Mögliche Hausaufgaben wären:

- das Verzieren des Namenskärtchens
- ein Selbstbildnis malen
- die Schultüte malen.

Eltern lernen sich kennen
Für die Eltern des Schulanfängers stellt dieser Tag einen gravierenden Einschnitt in der Eltern-Kind-Beziehung dar. Nicht nur die geregelten Verpflichtungen, wie das tägliche und pünktliche Zur-Schule-schicken, beginnen nun, sondern auch das Teilen der Verantwortung mit der Institution Schule. Daher ist der Schulanfang für die Eltern der betreffenden Kinder mindestens genauso aufregend wie für das Kind selbst. Ein durch den Elternbeirat oder die Schulleitung organisierter Elternvormittag zur selben Zeit, während die Kinder im Klassenzimmer sind, kann helfen, sich kennenzulernen, Kontakte zu knüpfen und eventuelle Ängste abzubauen.

Zusammenfassung:
Es gäbe noch eine Vielzahl von Gestaltungsmöglichkeiten zu nennen, jedoch aufgrund der begrenzten Zeit am ersten Schultag wird schon das Angebotene schwer zu bewältigen sein. Es kommt darauf an, das Vertrauen der Kinder zu gewinnen und ihnen die Angst vor dem Neuen zu nehmen. Wir Lehrer, die diesen Anfangsunterricht zu bewältigen haben, müssen uns bewusst sein, dass wir einen Meilenstein im Leben des Kindes legen. Wir sollten uns darum bemühen, dass die anfängliche Freude, die die meisten Kinder beim Schuleintritt mitbringen, erhalten oder besser noch gesteigert wird.

2.3 Die ersten Wochen des Schuljahres

2.3.1 Soziales Lernen
Grundregeln

„Das Hineinwachsen des Einzelnen in das Normensystem der Gesellschaft - in weiten Teilen identisch mit der Erziehung (doch überschneiden sich beide), so wird der Sozialisierungsprozess in der Pädagogik definiert. Das Ergebnis ist das Selbstverständlichwerden der sozialen Normen, die Identifizierung des Individuums mit den gesellschaftlichen Institutionen, die Übernahme vieler Vorentscheidungen durch gesellschaftliche Regeln. Dieser Prozess wird begünstigt durch die erzieherischen Einwirkungen, aber auch durch die Massenmedien."[1]

Diese erzieherischen Einwirkungen, die zum erweiterten Lebensraum des Kindes hinzutreten, erfolgen zunächst durch den Kindergarten und im Anschluss daran durch die Schule.

Innerhalb einer pädagogisch gestalteten Klassen- und Schulgemeinschaft lernt das Kind in der Auseinandersetzung mit seiner neuen Umgebung verbindliche Wertungsmaßstäbe kennen. Diese sind eine erste Hilfe zur Orientierung für das soziale Verhalten des Kindes.

Schwerpunktmäßig soll dabei die Bereitschaft zur Toleranz und zur friedlichen Konfliktlösung gefördert werden. Dies erreicht der Lehrer, indem er das Schulkind dazu anleitet, lobt und gute Ansätze bestätigt. Auch durch Einsicht kann so das Selbstvertrauen des Kindes gestärkt werden.

Das Erleben von Gemeinschaft und das Üben von sozialen Tugenden sind besondere Lerninhalte und Lernziele des Sachunterrichts. Diesbezügliche Themen sind für die erste Klasse beispielsweise:

1. Wir lernen uns kennen.
   Ich stelle mich vor und erzähle von mir.

2. Wir lernen die anderen Erwachsenen, die in der Schule tätig sind, kennen.

3. Wir lernen, uns im Schulhaus zu orientieren:
   Aufsuchen wichtiger Räume in der Schulanlage, Abgehen von Wegen, Zeigen der Fluchtwege, Verhalten im Schulgelände und im Schulhaus.

4. So verhalte ich mich als Schulkind:
   Sich melden - Zuhören - Ausreden lassen - Gegenseitiges Helfen - Lernen allein und in der Gruppe - Verhalten in der Pause.

5. So pflege ich meine Schulsachen:
   Umgang mit eigenen und geliehenen Materialien.

Der Lehrer einer ersten Klasse hat somit die Aufgabe, alle Verhaltensregeln den Kindern möglichst in schulischen, unterrichtlich geplanten Situationen oder Spielen so zu vermitteln, dass sie den Kindern zur Gewohnheit werden. Die erwünschten Verhaltensweisen sollen vom Kind positiv erlebt werden, damit es darin bestätigt werden kann. An diese Verhaltensregeln muss sich aber auch der Lehrer in seiner Funktion als Vorbild halten. Denn sein Verhalten innerhalb dieser Gemeinschaft überträgt sich auf den Umgang der Kinder untereinander, auch wenn sie ohne Lehrkraft in Gruppen zusammen sind.

---

[1] Hehlmann, W., Wörterbuch der Pädagogik, Stuttgart 1964, S. 477

Höfliche Umgangsformen wie Bitten, Erklärungen und das Anbieten von Hilfe werden wie selbstverständlich übernommen.

Schwerpunkt der ersten Wochen ist das Kennenlernen und Annehmen von Verhaltensregeln, die für das Lernen innerhalb einer Klasse notwendig sind. Das Kind zeigt zu keinem späteren Zeitpunkt mehr eine so große Bereitschaft, neues Verhalten anzunehmen, wie in diesen Tagen, da es nun beginnt, erste Erfahrungen über seine Person als Schüler zu gewinnen:

- Es erfährt, dass es nur eines unter vielen ist.
- Es muss sich vom Lehrer persönlich angesprochen fühlen, obwohl dessen Impulse oder Fragen an die ganze Gruppe gerichtet sind.
- Es kann nicht alles sagen, was es weiß und wann es will.
- Es muss erst anzeigen, dass es etwas zu sagen hat und abwarten, ob es überhaupt sprechen darf.
- Es soll die Enttäuschung, nicht aufgerufen worden zu sein, rasch und schmerzlos überwinden.

Begründet der Lehrer diese für das gemeinsame Lernen so wichtigen Grundregeln, so gibt er damit den Kindern eine Orientierung, die ihnen wiederum Sicherheit vermittelt. Der Lehrer muss sich daher *vor* dem ersten Schultag klarmachen, welche Regeln, Ordnungen und Rituale er als Minimum in den ersten Tagen mit den Kindern einüben möchte und welche er für einen späteren Zeitpunkt zurückstellen kann.

Wichtig ist, dass die Vielzahl der Regeln zunächst auf eine unabdingbare Anzahl reduziert wird. Es sind auch nur solche Regeln, Ordnungen und Rituale einzuführen, die dem weiteren Ausbau dienen und nicht mehr geändert werden sollen. Hier ist eindeutiges Lehrerverhalten von großer Wichtigkeit, denn auf häufige Änderungen reagieren die Kinder verunsichert, ängstlich oder aggressiv. Wie bereits erwähnt, soll jede Regel den Kindern erklärt, begründet und mit der positiven Erwartung seitens des Lehrers zur Erfüllung angeboten werden; z. B.: „Ich bin gespannt, wer sich das bis morgen früh merken kann." Am nächsten Tag erfolgt die positive Verstärkung, und eine neue Regel kann hinzukommen.

Sozialformen

Viele Kinder kennen bereits vom Kindergarten her gewisse Umgangsformen in der Gruppe. Stimmen diese Regeln mit denen der Schule überein, so sollten sie übernommen werden mit dem Hinweis: „Das machen wir hier genauso." Denn Gewohnheiten vermitteln den Kindern wieder das Gefühl der Sicherheit. Sind die Regelungen des Kindergartens in der Schule nicht erwünscht oder nicht durchführbar, so sollte auch die Ablehnung den Kindern gegenüber begründet werden.

Ein Zeichen, auf das hin sich alle Kinder dem Lehrer zuwenden, sollte gleich am ersten Tag vereinbart und geübt werden. Geeignet dafür sind Glöckchen, Spieluhr, Triangel, Glockenspiel und ähnliches mehr. Die Aufmerksamkeit der gesamten Gruppe bleibt notwendig bei grundlegenden Lernprozessen und wichtigen Mitteilungen. Diese Phasen der gemeinsamen Lernsituation dürfen zu Beginn nur einen geringen Zeitraum in Anspruch nehmen, da das Kind sonst in seiner Lernfreude gebremst wird und die natürlichen Antriebskräfte fehlgeleitet werden.

Jede Arbeit, die durchgeführt wird, erfordert gewisse Regeln oder Ordnungen, nach denen vorgegangen wird. Auch diese Regeln müssen mit den Kindern zu Beginn ihrer Schulzeit zunächst eingeübt werden, damit sie später selbständig ebenso arbeiten können.

Das Kind muss jede Aufgabenstellung bzw. Anweisung für sich aufnehmen, bis zum Abschluss dieser zuhören, sie verstehen und eventuelle Unklarheiten anzeigen.

Einzelne soziale Formen müssen speziell eingeführt und auch besprochen werden:

● Stille Alleinarbeit

Den Kindern muss die Möglichkeit, diese Art der konzentrierten Arbeit auch in der Schule einzuüben, gegeben werden; denn sie sollen diese Arbeitsform bei der Erledigung ihrer Hausaufgabe ja selbständig nachvollziehen können. Somit muss jeden Tag für kurze Zeitabschnitte das stille Arbeitsverhalten trainiert werden.

● Partner- oder Gruppenarbeit

Die didaktische Form dieser Arbeitsweise ist zunächst nur mit Spielen anzubahnen. Symbole oder akustische Zeichen helfen dem Kind, Regeln für diese Arbeitsform einzuhalten:

| Partner | leise sein | Gruppe | Lehrer ist beschäftigt (rot) | Lehrer ist frei (grün) | Wir brauchen Hilfe (rot) |

Gedämpftes Sprechen – Umgang mit Materialien und Gegenständen – Formen der Kontrolle – Partnerwahl – Etwas erklären ... usw.

● Partnerhilfe

Hilfsbereitschaft zeigen die meisten Kinder von sich aus. Wie richtig geholfen wird, ohne dass die Aufgabe für den anderen erledigt wird, lernen die Kinder wiederum am besten vom Lehrer selbst. Auch wie man sich helfen lässt, muss eingeübt werden. So erfährt jedes Kind, dass es sowohl Helfer als auch Hilfsbedürftiger sein kann, entsprechend seinen Fähigkeiten in den verschiedenen Bereichen.

● Schulkreis
Schön, wenn die Kinder von Anfang an in den Kreis der gesamten Schule aufgenommen werden und hier ein gemeinschaftlich gestaltetes Schulleben erfahren, um auch später selbst aktiv mitwirken zu können. So ermöglichen wir ihnen das Gefühl der Zugehörigkeit und somit auch ein soziales und emotionales Wohlbefinden in der Schule als Lebensraum.

Gestaltung des Klassenzimmers
Das Klassenzimmer soll dem Kind einen wohnlichen Lebens- und sachdienlichen Lernraum bieten. Der Raum soll nach H. J. Röbe drei Anforderungen gerecht werden:

● „Lern- und Leistungserziehung im Sinne von Aufbau von Lernfreude, Aufrechterhalten von Anstrengungsbereitschaft und sinnbezogenem Leistungswillen sowie die Fähigkeit, selbständig und problemlösend zu lernen.
● Soziales Lernen als Fähigkeit zur Kooperation, zu einfühlender und teilnehmender Hinwendung zum Mitschüler.
● Kreatives Lernen und Handeln in seiner grundlegenden Bedeutung für alle personnahen, auf schöpferischen Ausdruck hin orientierten Erfahrungs- und Handlungsfelder.“

„Der Schulanfänger heute hat Raum als beschützenden, vertrauten und verfügbaren Ort im Kindergarten intensiv erleben können. Die Ausstattung der Kindergärten mit Kuschelecken, Spielbereichen, Vorleseecke, Essplatz usw. kam dem Bedürfnis der Kinder nach Ruhe, Rückzugsmöglichkeit, Rekreation auf eine wohldurchdachte, gezielt geplante Weise entgegen.“[1]
Was kann nun die Lehrkraft unternehmen, um den Übergang vom Kindergarten zu erleichtern und den Anforderungen der Schule gerecht zu werden? Die Anordnung der Tische sollte so vorgenommen werden, dass entweder in der Mitte des Raumes, vor der Tafel oder hinter den Tischen ein freier Raum für einen der vorgenannten Kreise bleibt.

Lässt es die Raumgröße zu, sollte ein zusätzlicher Tisch aufgestellt werden, der z. B. als Ausstellungstisch, Besuchertisch für Kuscheltiere, Geburtstagstisch oder Jahreszeitentisch Verwendung findet. Ideal ist es, wenn im Raum ver-

---

[1] Akademie für Lehrerfortbildung Dillingen, Materialgeleitetes Lernen, München 1991, S. 142, 148

schiedene Aktivitätsecken eingerichtet werden können, denn dies macht ihn für das Kind überschaubar und ermöglicht selbständiges sowie gemeinsames Handeln.

Wichtig ist auch die ästhetische Raumgestaltung:

- Kinderbilder
- Eine Pinnwand für eigene Arbeiten bzw. Gemeinschaftsarbeiten
- Unterrichtsbezogener oder jahreszeitlicher Raumschmuck:
  Buchstabenzug – Zahlenbilder – Wochenkalender – Geburtstagskalender – Fotowand – Bastelarbeiten aus Knete, Papier oder Naturmaterialien – Malwand – Fensterbilder

Um sich in dem Raum geborgen zu fühlen, muss den Kindern die Möglichkeit gegeben werden, an der Gestaltung mitzuwirken.

Vor allem in der ersten Zeit brauchen die Kinder die Sicherheit ihres persönlichen Platzes. Die Anordnung der Tische ist abhängig von der Raumgröße, der Schülerzahl und vom Mobiliar. Lässt man die Kinder von Anfang an in Gruppen zusammensitzen, müssen die Tische leicht verrückbar sein, denn zum Schreiben und Lesen brauchen die Schüler den optimalen Lichteinfall und eine korrekte Körperhaltung zur Tafel bzw. zum Lehrer.

Einige Vorschläge dazu:

Doppelreihiges Hufeisen

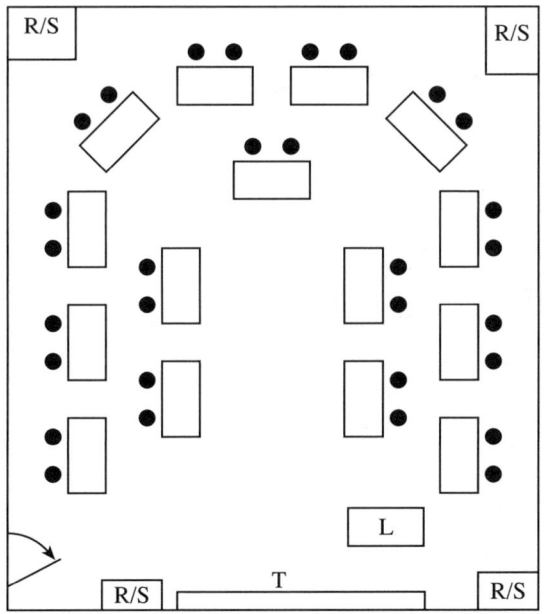

R/S= Regal oder Schrank
T   = Tafel
L   = Lehrertisch

Gemischtes Hufeisen

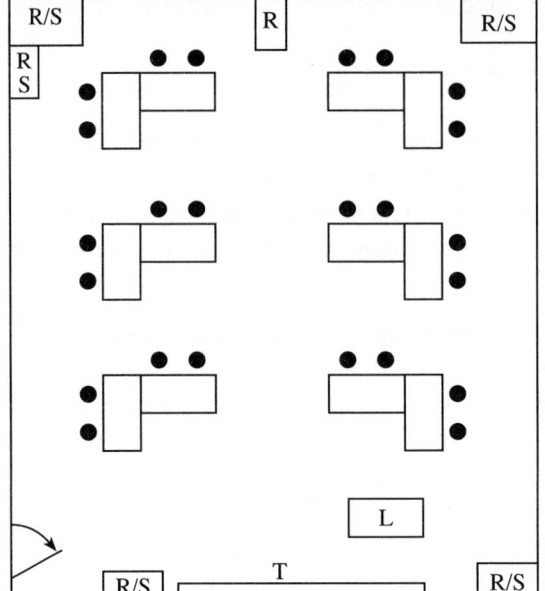

R/S= Regal oder Schrank
T   = Tafel
L   = Lehrertisch

Gruppentische

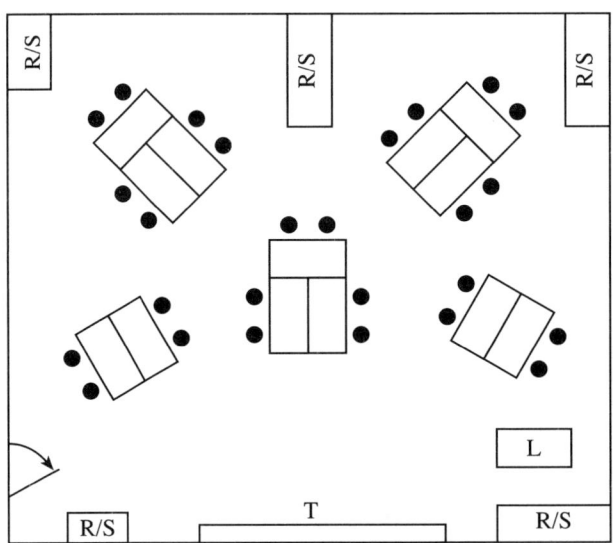

Frontale Sitzordnung

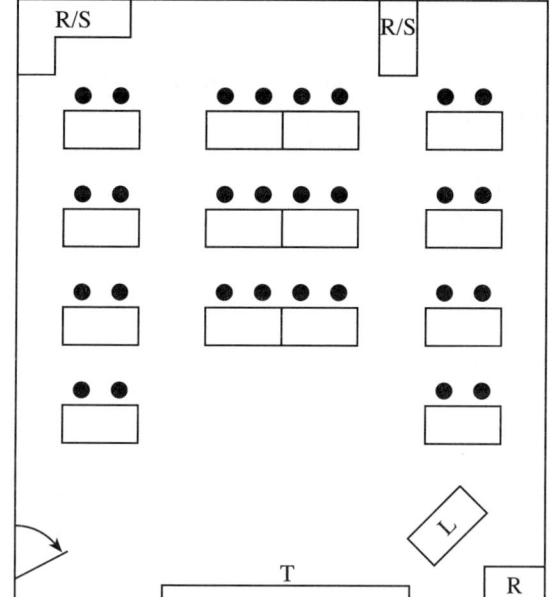

R/S= Regal oder Schrank
T = Tafel
L = Lehrertisch

Geburtstagsfeier

Der Geburtstag stellt für jedes Kind den persönlichen Höhepunkt des Jahres dar und muss deshalb auch in der Schule dementsprechend gewürdigt werden.

Damit rückt das Kind einmal im wahrsten Sinne des Wortes in den Mittelpunkt der Gemeinschaft. Gewohnheiten aus dem Kindergarten sollten zunächst ruhig übernommen und erst allmählich abgebaut werden.

Die Gestaltungsmöglichkeiten einer kleinen Geburtstagsfeier sind vielfältig:

- Die Klasse singt ein passendes Lied oder ein Lied nach Wunsch
- Der Platz des Kindes wird mit einer Kerze, einem Kerzenring, Blumen, Glückwunschkarten oder kleinen Geschenken geschmückt
- Das Kind nimmt während der Feier an einem ähnlich geschmückten Geburtstagstisch Platz
- Die ganze Klasse oder einzelne Kinder gratulieren
- Das Kind wählt so viele Gratulanten aus, wie es an Jahren zählt
- Das Kind darf über eine bestimmte Zeit des Unterrichts bestimmen (Spiel durchführen, Bewegungsspiel, Tanzspiel, Geschichte vorgelesen bekommen, singen, Kassette hören ...).

Hefte und Arbeitsmittel

An fast allen Schulen ist es inzwischen üblich, dass den Eltern entweder bei der Schuleinschreibung oder am Elterninformationsabend eine Materialliste ausgehändigt wird. In diese Liste sollten nur grundlegend notwendige Dinge aufgenommen werden, um jedem Lehrer auch die Möglichkeit zu geben, Hefte, Schnellhefter oder Ordner entsprechend seiner Vorstellung oder Erfahrung anschaffen zu lassen. Bei einigen Materialien sollte überlegt werden, ob sie von den Eltern unbedingt gekauft werden müssen. Da sie häufig nur für einen begrenzten Zeitraum benötigt werden, können sie eventuell von oder mit den Eltern selbst angefertigt werden. Die Bereitschaft der Eltern hier mitzumachen, ist zu diesem Zeitpunkt sehr beachtlich. Außerdem ist zu bedenken, dass das angeschaffte Material über einen längeren Zeitraum vom Kind benutzt werden sollte, nach Möglichkeit sogar über das erste Schuljahr hinaus, damit den Eltern unnötige Kosten erspart bleiben. Zu Schulbeginn werden sie finanziell sowieso arg strapaziert. Ein Flohmarkt mit gebrauchten Schulartikeln nach der Schuleinschreibung könnte hier eine gewisse Entlastung bringen.

Das Material, mit dem der Lehrer in seiner Klasse arbeiten möchte, stellt er den Eltern am ersten Elternabend vor. Wichtig ist, dass er jede Anschaffung begründet, wofür sie gedacht ist und weshalb er damit arbeiten möchte. Eltern fühlen sich stärker einbezogen in die schulische Erziehung und Unterweisung ihres Kindes, wenn ihre Wünsche und Anregungen - z. B. Einbände und Umschläge der Hefte - aufgenommen werden. Der Hinweis, umweltfreundliches Material zu nehmen, sollte auf keinen Fall fehlen.

Für eine allgemeine Materialliste nachfolgend ein Vorschlag:

- Lesekasten (soweit einer eingeführt ist)
- Arbeitshefte (entsprechend der Fibel und dem Mathematikbuch)
- Schreibhefte DIN A5
- Rechenhefte DIN A5
- Wachsmalkreiden
- Holzbuntstifte, 2 Bleistifte eckig Nr. 2
- Radiergummi, Spitzer, Kinderschere, Klebestift, Federmäppchen
- Je einen Zeichenblock in DIN A4 und DIN A3
- Malkasten mit Deckfarben, Borstenpinsel, Wasserbecher und Mallappen (verpackt in einem mit Namen beschrifteten Schuhkarton)
- Turnsäckchen mit Turnkleidung

Grundsätzlich ist zu überlegen, ob man überwiegend mit Heften, Arbeitsheften oder selbst gestalteten Arbeitsblättern arbeiten möchte bzw. kann. Zweckmäßig ist es, sich vorher zu erkundigen, ob bereits Arbeitshefte bestellt wurden und in welcher Anzahl Kopien gezogen werden können. Für die Arbeit mit Heften spricht, dass das Kind zu einer selbständigen Gestaltung seiner Einträge angeleitet wird. Hierzu einige Möglichkeiten:

Heft für den Sachunterricht
Heft kariert (1 cm Karo) DIN A4 quergebunden
Dieses Heft eignet sich wegen der Bindung im Querformat besonders gut für diese Altersstufe, da die Kinder bei DIN A4 im Hochformat gar nicht mit ihrer Hand bis zum oberen Rand des Heftes gelangen. Ein Heft in der Größe DIN A5 bietet dem Kind zu wenig Raum für seine Einträge. Die Größe und Anzahl der Kästchen sind für einen Schulanfänger übersichtlich, leicht abzuzählen und in Druckschrift zu beschriften.

Heft für das erste Schreiben

Bevor die eigentliche Lineatur eingeführt wird und der Schüler an die kleinere Schriftgröße und Einhaltung einer Lineatur gewöhnt ist, werden Schwunghefte oder Hefte mit der Lineatur 4 verwendet. Sie werden von zahlreichen Verlagen angeboten. Besonders empfehlenswert sind Hefte, die eine seitlich geschlossene Lineatur aufweisen und in denen die einzelnen Lineaturbereiche farblich voneinander unterschieden sind.
Möchte man überwiegend Arbeitsblätter verwenden, gleichgültig ob aus Arbeitsheften oder selbst gestaltete, so sollten alle Blätter eines Fachbereiches das gleiche Symbol aufweisen. (Stempel oder handgemalt)

Beispiele dafür:

- Sachunterricht
- Lesen
- Schreiben
- Rechnen

Da man grundsätzlich davon auszugehen hat, dass der Schulanfänger weder lesen noch schreiben kann, auch nicht seinen eigenen Namen in der richtigen Buchstabenfolge und Schreibrichtung, geschweige denn Größe, ist es von Vorteil, wenn man die Eltern am ersten Elternabend bittet, Klebeetiketten mit dem Namen ihres Kindes zu versehen. Mit so einem Etikett kann das Kind jedes Arbeitsblatt schnell und ordentlich mit seinem Namen „beschriften", solange es selbst noch nicht in der Lage dazu ist.

Die Arbeitsblätter können in verschiedenfarbigen Schnellheftern gesammelt werden - auch passende Farbpunkte sind eine Möglichkeit der Symbolisierung. Kostensparender und in der Handhabung genauso einfach ist ein Ordner DIN A4. Für jeden Fachbereich gestalten in diesem Fall die Kinder jeweils ein Deckblatt, das möglichst das gleiche Symbol wie die dazugehörigen Arbeitsblätter aufweist. Problemlos können die Kinder nach einer einmaligen Anweisung über die Handhabung ihre Blätter einordnen. Der Ordner und somit auch sämtliche Arbeitsblätter stehen den Kindern jederzeit zur Verfügung, da der Ordner in einem Regal, am Fensterbrett oder am Boden aufgestellt werden kann. Hinzu kommt, dass er so stabil ist, dass er oft sogar bis über das zweite Schuljahr hinaus verwendet werden kann.

Weitere Materialvorschläge für das erste Schuljahr

Stifte

Möchte man beim Schreibenlernen auf Filzstifte verzichten, so können diese durch Bleistifte Stärke 6 ersetzt werden. Diese Bleistifte benötigen auch keine besondere Druckstärke, um eine sichtbare Spur zu hinterlassen. Geeignet und auch sehr beliebt wegen ihrer Farbigkeit sind die sogenannten dicken Buntstifte. Für diese Stifte benötigt man jedoch eigene Spitzer - sie passen auch nicht in jedes Federmäppchen.

Jurismappe oder Eckspanner DIN A4

Da die Schüler im ersten Schuljahr nie ein ganzes Arbeitsheft oder nur selten die Arbeitsmappen im Schulranzen transportieren, schon allein um das Gewicht des Schulranzens nicht unnötig zu erhöhen, erhalten sie nur lose Blätter zur Bearbeitung mit nach Hause. Damit diese Arbeitsblätter ordentlich den Transport überstehen und das Kind gleichzeitig zur sorgfältigen Behandlung angeleitet wird, empfiehlt es sich, diese Blätter in eine Jurismappe oder in einen Eckspanner legen zu lassen. Auf die Innen- und Außenseiten können außerdem ein Buchstabenhaus, ein Normschriftblatt, eine Kugelreihe als Rechenhilfe usw. geklebt werden, damit sie dem Kind jederzeit zur Verfügung stehen.

Notizheft

Für das Aufschreiben der Hausaufgaben oder kurze Mitteilungen an die Eltern kann von Beginn an ein Hausaufgabenheft geführt werden. Dazu eignen sich ein Oktavheft DIN A6, ein kariertes Schulheft oder ein einfach liniertes Heft DIN A5. Schon bald nach Schulbeginn kann sich das Kind die Hausaufgaben mittels einfacher Symbolzeichnungen notieren. Die Symbole müssen den Kindern nach und nach erklärt werden und so einfach sein, dass sie von jedem leicht und rasch nachzuzeichnen sind.

Hierzu einige Vorschläge:

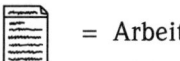 = Arbeitsblatt

 = lesen

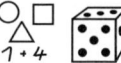 = rechnen

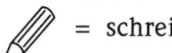 = schreiben

 (farbiger Stift) = malen

 = Elternbrief abgeben

 = auswendig lernen

Anhand dieser Notizen ist es den Eltern oder Erziehern möglich, die Hausaufgaben zu überprüfen. In dieses Heft können auch die Eltern eigene Mitteilungen an den Lehrer schreiben. Die Symbole müssen den Eltern am ersten Elternabend erläutert werden. Um in diesem Heft dem Kind eine gewisse Übersicht zu verschaffen, ist es günstig, nach jedem Eintrag einen Strich ziehen zu lassen.

Schlampertäschchen

In diesem Reißverschlusstäschchen werden Kleber, Schere und eventuell ein Dosenspitzer aufbewahrt. Dieses Material kann so jederzeit ungefährlich zum Fachunterricht mitgenommen werden. Deponiert man diese Dinge im Malkarton, so bietet sich das Schlampertäschchen auch sehr gut als Aufbewahrungsort für Kleinmaterial (z. B. Wortkärtchen, Buchstabenkärtchen, Rechengeld etc.) an.

Von dem gesamten Material sollte so viel wie möglich in der Schule bleiben und dort von den Kindern selbst eingeräumt und ausgeteilt werden. Diese Tätigkeiten müssen ebenso eingeübt werden wie das Einräumen des Federmäppchens und des Schulranzens. Auch dieser sollte in regelmäßigen Abständen kontrolliert werden, damit sein Gewicht nicht durch unnötige Dinge erhöht wird.

2.3.3 Gewöhnung an Hausaufgaben

Zu unserem Schulsystem gehören Hausaufgaben, und jeder Schulanfänger möchte auch zunächst Hausaufgaben gestellt bekommen, um ein richtiges Schulkind zu sein.

Da diese Arbeit vom Kind daheim unter Aufsicht der Eltern oder Erzieher geleistet wird, muss dieses Thema mit den Eltern am ersten Elternabend besprochen werden:

● Warum bekommt mein Kind Hausaufgaben auf?
   Das Kind soll an eine Pflichterfüllung gewöhnt werden und sich für seinen Wissensfortschritt mitverantwortlich fühlen. Es soll die gewonnenen Einsichten und Anregungen selbständig anwenden und weiterführen.

● Wie soll ich meinem Kind bei den Hausaufgaben helfen?
   Die Eltern sollen am Fortschritt ihres Kindes teilhaben, jedoch nicht Nachhilfelehrer sein. Sie sollen dem Kind helfen, eine selbständige, angemessene Arbeitshaltung zu erreichen, und eine feste Zeit für die Hausaufgaben einplanen, in der das Kind nicht unterbrochen wird. Ferner sollen sie für einen ruhigen Arbeitsplatz sorgen, an dem das Kind ungestört, bei richtigem Lichteinfall und passender Tischhöhe arbeiten kann. In der ersten Zeit sollte das Kind beim Arbeiten beobachtet werden, damit es sich nicht selbst von der Arbeit durch Malen oder Spielen ablenkt und dadurch die Arbeitszeit unnötig verlängert wird. Das Hausaufgabenheft sollte mit dem Kind überprüft werden und auch der Schulranzen für den nächsten Tag gemeinsam gepackt werden. Bei Lernschwierigkeiten oder Unklarheiten ist es anzuraten, dass sich die Eltern an die Lehrkraft wenden und das Kind nicht durch eigene Erklärungen verunsichern. Eine Vorwegnahme des Lernstoffes ist nicht zweckmäßig.

Soll das Kind die ihm gestellten Hausaufgaben ernst nehmen, so muss dies auch der Lehrer tun. Das Kind muss genau wissen, was es machen soll. Das bedeutet für den Lehrer, dass er sich die geplanten Hausaufgaben genau zu überlegen hat, eine mögliche Leistungsdifferenzierung einplant und den Kindern entsprechend erklärt.

Zu Beginn des ersten Schuljahres beschränken sich die Aufgaben zunächst auf das Üben, Geläufigmachen und Sichern des Unterrichtsstoffes. Während des Leselernprozesses braucht das Kind täglich einen Zuhörer, dem es seinen Fortschritt zeigen kann und von dem es beim lauten Vorlesen kontrolliert wird. Das Kind fertigt die Aufgaben zunächst für den Lehrer an und darf deshalb auch mit Recht erwarten, dass seine Arbeit vom Lehrer gewürdigt wird. Dabei muss er das Leistungsvermögen jedes einzelnen Kindes berücksichtigen. Auch auf diese Art fühlt sich das Kind vom Lehrer angenommen und in seiner Persönlichkeit respektiert.

Möglichkeiten der Bewertung:

Sternchen, Stempel
selbst gemalte Gesichter

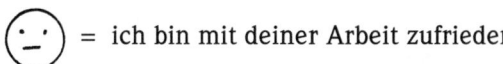 = ich bin mit deiner Arbeit zufrieden

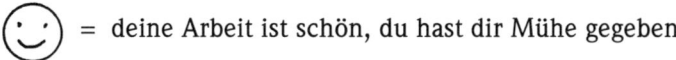 = deine Arbeit ist schön, du hast dir Mühe gegeben

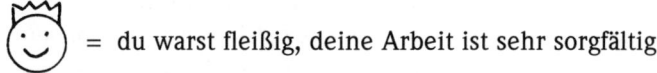 = du warst fleißig, deine Arbeit ist sehr sorgfältig

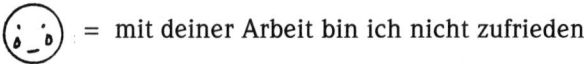 = mit deiner Arbeit bin ich nicht zufrieden

Einfache, kurze Wörter sind gleichzeitig ein Anreiz für das Kind, die Bemerkung des Lehrers selber lesen zu können. Nimmt man die Bewertung mit Symbolen vor, so müssen diese den Eltern am Elternabend erläutert werden.

Die Hausaufgaben des Erstklasskindes können nicht eine Woche gesammelt und dann erst bewertet werden, sondern das Kind braucht spätestens am nächsten Tag die Rückkoppelung seitens des Lehrers. Dies ist auch deshalb notwendig, um dem Kind die Möglichkeit einer zusätzlichen Übung zu ermöglichen, denn dann haftet der Lernvorgang dem Kind noch im Gedächtnis.

3. Der Alltag im ersten Schuljahr

3.1 Unterricht im ersten Schuljahr

Die Ausführungen in diesem Buch belegen, dass Kinder und Unterricht besondere Anforderungen an den Erstklasslehrer stellen. Zu diesen gehört sicher auch die - speziell auf das erste Schuljahr ausgerichtete - Unterrichtsvorbereitung.

3.1.1 Unterrichtsvorbereitung

Zu den dienstlichen Aufgaben des Lehrers gehört es, sich sorgfältig auf seinen Unterricht vorzubereiten. Abgesehen von dieser Vorschrift sieht wohl jeder Lehrer die Notwendigkeit einer ausführlichen und kontinuierlichen Planung des Unterrichts ein. Die besonderen Gegebenheiten in der ersten Klasse, z. B. die relativ kurze Dauer der Konzentrationsfähigkeit der Sechsjährigen, erfordern eine intensive Vorbereitung des Unterrichts.

Die einzelnen Schritte sehen dabei so aus:

Der Lehrplan

In allen Bundesländern existieren Rahmenrichtlinien, Rahmen- und Lehrpläne, an die sich die Lehrer mehr oder weniger strikt zu halten haben. Auf der Grundlage dieser amtlichen Lehrpläne erstellt der Lehrer einen klassenbezogenen Lehrplan, der die besondere Situation der Kinder, die örtlichen Gegebenheiten und die eingeführten Lehrbücher berücksichtigt. Als sinnvoll erweist sich hier eine Teamarbeit mit den anderen Erstklasskollegen. Die Präambeln oder Vorbemerkungen der amtlichen Lehrpläne und die Lehrerhandbücher enthalten oft brauchbare Anregungen für die Erstellung des klasseneigenen Lehrplans. Möglichst umfangreiche und konkret gestaltete Lehrpläne machen sich bei der weiteren Planung während des ganzen Jahres bezahlt. Bei der Verteilung der Lerninhalte auf die einzelnen Monate ist es günstig, die sich anbietenden Querverbindungen zu den anderen Fächern und Fachbereichen anzugeben. Ausführliche und genaue Hinweise mit Angabe von Seitenzahlen, Bestell- und Telefonnummern erleichtern die spätere Planung.

Diese Hinweise beziehen sich auf den
- Einsatz von Medien: Schülerbuch, Arbeitsheft, Lehrerhandbuch, Bilder, Anschauungsmaterial, Filme, Videobänder, Dias, Kassetten ...
- passende Unterrichtsgänge, Theater- und Museumsbesuche
- besondere Eignung des Themas für das Schulleben
- mögliche Einbeziehung von Erziehungsberechtigten und anderen Personen

Während des laufenden Schuljahres bietet es sich an, Verlegungen, Änderungen, Erfahrungen, Anregungen, neue Ideen und Erkenntnisse, was man das nächste Mal anders machen möchte, gleich aufzunotieren.

Beispiel für einen Lehrplan:
Fachbereich: Heimat- und Sachunterricht

Lernziel Nr.	Lerninhalt	
1.2	**Ich und meine Erfahrungen** • Das bin ich	
1.4	**Zusammenleben** • Hurra, ich bin ein Schulkind • Wir gehören zusammen • Miteinander • Meine Klasse und ich • Viele Menschen in der Schule	

Der Wochenplan

Diese sorgfältige Jahresplanung hilft bei der Vorbereitung der Wochenarbeit. Die Lerninhalte werden auf die einzelnen Wochentage verteilt und im Wochenplan schriftlich fixiert. Einige Verlage bieten Formulare für Wochenpläne an, viele Lehrer entwerfen selbst Formblätter, die auf ihre speziellen Bedürfnisse zugeschnitten sind. Neben der Stoffverteilung in den einzelnen Fächern mit Angaben von Einträgen, Arbeitsblättern, Leistungskontrollen, Differenzierungsmaßnahmen u.s.w. dürfen auch Hinweise zu besonderen Anlässen des Schullebens und zu psychohygienischen Maßnahmen nicht fehlen. (siehe auch 3.1.2 Rhythmisierung und 3.2.1 Fächerübergreifender Unterricht).

Streichungen, Verschiebungen und Veränderungen sollten sofort eingetragen werden, damit der Wochenplan auch als Lehrnachweis dienen kann. Vertretende Lehrkräfte sehen dann bei Erkrankung des Erstklasslehrers auf einen Blick, was bisher durchgenommen wurde.

Wochenplan für die Woche vom 15. Oktober bis zum 19. Oktober

Montag	Dienstag	Mittwoch
8.00 Begrüßung: Erzählen vom Wochenende „Freundliche Minuten"	8.00 Begrüßung: Singen/Spielen: „Ein Männlein steht im Walde"	8.00 Lesen offene Übungen S s – Stöpselkarten – Domino
8.20 Rätselwörter auf Laufkarten/Arbeitsheft S. 12	8.10 Freies Schreiben zum gemalten Bild: „Hagebuttenfest"	– S s einkreisen – Puzzle mit S – Dinge mit S sammeln
8.45 Sachunterricht „Hagebuttenfest": Einführung	8.45 Religion-Sprechst. 9.30 Kleine Pause 9.35 Lesen/Schreiben	– Würfelspiel – auf S-Seilen balancieren
9.30 – Herrichten und Schmücken der Tische	Einführung S s – Ele findet einen neuen Buchstaben	8.25 Morgenkreis Begrüßung: Lied: „Guten Morgen"
– Bestreichen der Brote mit Hagebuttenmarmelade	– Rätselwörter mit S s lösen, selbst ausdenken	8.30 Sachunterricht Mein Apfel
9.30 Teekochen	– Arbeitsheft S. 14	– Von außen: Begriffe Farbe, Form,
9.35 Kleine Pause	– Atemübung zum S	Schale, Stängel,
– gemeinsames Frühstück	– Großschwungübungen auf Tafel, DIN-A4-Blatt	Blüte – Tafelbild – Arbeitsbl.
– Singen/Spielen „Ein Männlein steht im Walde"	– Neue Wörter auf- und abbauen Esel, Nest, Nase	– Plastilinarbeit „Mein Pauseapfel" – Hände waschen
– Geschichte: „Die Hagebuttenkinder und der Zauberer"	10.20 Pause 10.45 Mathematik	– Apfel durchschneiden (längs und quer)
10.20 Pause	– Zerlegen von 5	– Begriffe erarbeiten
10.45 Mathematik Übungen zur 5	– Plättchenwerfen m. Würfelbecher	Tafel – Arbeitsblatt
– Ziffer schreiben	– Hefteintrag: Die Zahlen 1 – 5	9.30 – Apfel essen
– Zerlegen von 5	11.30 Musik:	9.35 Kleine Pause
– Arbeitsblatt	Töff, töff die Eisenbahn	Mathematik
11.30 Sport Wir balancieren		Die neue Zahl 6 – Äpfel sortieren (immer 6)
– Tau, Langbänke, Reckstangen, Wackelkasten, Pedalos		– Arbeitsblatt zur 6 – Schreiben der Ziffer 6
		10.20 Pause
		10.45 Sport bis Kletterparcours 11.30 – Langbank, Sprossenwand, Barren, Kasten
Hausaufgaben: Geschichtenheft: Bild zum „Hagebuttenfest" malen Mathe: Arbeitsblatt zur 5 Lieder- und Gedichteheft: „Ein Männlein steht…"	Mitbringen: Apfel, Brettchen Lesen/Schreiben: Arbeitsheft S. 15 fertig machen	Sachunterricht: Arbeitsblatt fertig machen – einkleben Sammeln: Dinge für den S s-Tisch Mathe: Arbeitsblatt zur 6

Wochenplan für die Woche vom 15. Oktober bis zum 19. Oktober

Donnerstag	**Freitag**
8.00 Begrüßung: Lied: „In einem kleinen Apfel"	8.00 Begrüßung: Lieder: „In einem kleinen Apfel", „Ein Männlein steht ..."
8.10 Mathematik Übungen zur 6 – Ziffer 6 in der Lineatur – Plättchen in zwei Farben legen – Hefteintrag Bewegungsgeschichte: „Der Wind und der Apfel"	8.10 Lesen/Schreiben Der neue Buchstabe N n – Ele findet einen neuen Buchstaben – Rätsel lösen und erfinden mit N n-Wörtern – Sprechübungen – Zungen- und Zahnstellung – N in Kindernamen suchen
9.00 Lesen Gruppe I: Gemeinsam auf- und abbauen/ „verzaubern": Nase, Hase, lesen, sausen Gruppe II: Alleinarbeit Arbeitsblatt	– N n: Großformat schreiben – N n – Buchstaben turnen – Fingerspiel: „Wo ist der Däumling?" – N n im Zeilenhaus – Arbeitsheft S. 16 – S. 17 besprechen
9.30 kleine Pause	9.30 kleine Pause
9.35 Schreiben – Fingerspiele – Sitz- und Schreibhaltung – Lesen/Schreiben Ich lese Insel Ich lese Ananas Ich lese Linsen Ich lese ... – Vorlesen	9.35 Mathematik Übungen zur 6 – Schreiben der Ziffer 6 – „Klopfgeist"-Spiel – Wir würfeln – Ergänzen auf 6 – Block: 6 zerlegen
10.20 Pause	
10.45 Freie Arbeit	
11.30 Kunsterziehung bis	6 / \ 5 1
12.15 Mein Pauseapfel – Malen mit Wasserfarben – Mischen von Farbtönen	10.10 Wochenausklang Vorlesen
	10.20 Pause
	10.45 Religion
Lesen: Arbeitsheft Schreiben: Drei neue Buchstaben Mathematikheft: Immer 6 verschiedene Figuren	Lesen/Schreiben: Arbeitsheft S. 17

Der Tagesplan

Noch mehr ins Detail geht der Tagesplan. Über das bisher Gesagte hinaus kann der Lehrer hier die einzelnen intensiven Leistungsphasen und die Phasen der Entspannung im Tagesablauf einplanen. Als sinnvoll erweist sich dabei eine Zeitspalte. Gerade für den Lehrer, der noch nie eine erste Klasse geleitet hat, bedeutet der Tagesplan eine große Hilfe.

An manchen Schulen werden sogenannte Klassentagebücher geführt, in die im Nachhinein die durchgenommenen Themen eingetragen werden. Diese Tagebücher belegen die geleistete Arbeit.

Die Stundenskizze

Viele Lehrer bereiten täglich zumindest eine Unterrichtsstunde, eine Phase des Unterrichts besonders ausführlich vor. Hierbei kann auf die Artikulation dieser Schwerpunktstunde, auf Arbeits- und Sozialformen, auf Sicherungs- und Differenzierungsmaßnahmen gründlich eingegangen werden. Eine Zeitspalte ist auch hier angebracht.

Alle diese Vorbereitungen sollen den Lehrer nicht einschnüren wie ein zu enges Korsett. Sie bieten einen Rahmen, eine Hilfe für die tägliche Arbeit. Dabei dürfen wir nie vergessen, dass wir sechsjährige Kinder unterrichten. Nicht alles ist planbar. Spontaneität, Fantasie und Kreativität der Erstklässler dürfen keineswegs durch zu enge Lenkung beeinträchtigt werden. Selbstverständlich verlegen wir eine für später geplante Entspannungsphase und werfen auch einmal unsere gesamte Planung über Bord, wenn Kinder und Situation es erfordern.

Amtliches Schriftwesen

In den einzelnen Bundesländern sind verschiedene Formen der Vorbereitung des Unterrichts vorgeschrieben. Auch das Führen von Schülerakten, Schülerbögen, Schülerbeobachtungsheften, Schülerlisten, Notenbögen, Lehrnachweisen usw. ist unterschiedlich geregelt.

3.1.2 Rhythmisierung

Die gesamte Natur einschließlich aller Lebewesen unterliegt einem gewissen Rhythmus: Arbeit und Ruhe, Wachen und Schlafen, Tag und Nacht und die Jahreszeiten.

Die Forderung nach einer Rhythmisierung des Unterrichts bedeutet also, dass der Lehrer bei seiner Planung den biologischen und arbeitsphysiologischen Rhythmus des Kindes zu beachten hat.

Die biologischen Rhythmen der geistigen Leistungsfähigkeit kann man an den folgenden Grafiken ablesen.

Die Leistungskurve innerhalb eines Schuljahres:

Sept. Okt. Nov. Dez. Jan. Feb. März April Mai Juni Juli Aug.

Die Leistungskurve innerhalb einer Woche:

Montag Dienstag Mittwoch Donnerstag Freitag

Die Leistungskurve innerhalb eines Tages:

8 Uhr 9 Uhr 10 Uhr 11 Uhr 12 Uhr 13 Uhr 14 Uhr 15 Uhr 16 Uhr 17 Uhr 18 Uhr

Anspannung und Entspannung

Diese Kurve ist für alle Grundschüler relevant. Besonders beachtenswert ist sie für den Lehrer des Anfangsunterrichts, da das Kind nicht in der Lage ist, sofort nach Unterrichtsbeginn eine hohe Lernleistung zu erbringen, sondern erst an die Leistungsspitze herangeführt werden muss. Immer wieder braucht gerade der Schulanfänger auch während seiner größten Leistungsfähigkeit Erholungspausen. Da der Fächerübergreifende Unterricht im ersten Schuljahr nicht an die Einteilung der 45-Minuten-Einheiten gebunden ist, kann der Unterricht ganz den Leistungsmöglichkeiten des Kindes angepasst werden. Auch zeigt diese Kurve, dass leistungsintensive Lerntätigkeiten in die Zeit bis gegen 11 Uhr zu legen sind.

Im ersten Schuljahr können die Kinder nur für die Dauer von 15 - 20 Minuten eine stärkere Konzentrationsfähigkeit aufbringen. Zu Beginn und am Ende jeder intensiven Leistungsphase müssen deshalb Phasen der Entspannung sowie der Reaktivierung neuer Kräfte eingeplant werden. Dies bedeutet keinen Zeitverlust, sondern befähigt das Kind, dem Unterricht bis zum Ende aktiv zu folgen.

Um Unkonzentriertheit, Interesselosigkeit oder Unruhe rechtzeitig aufzufangen, eignen sich Übungen zur Bewusstmachung von Gefühlen, zur Sinneswahrnehmung, kurze entspannende Spiele oder Fantasiereisen. Reaktionsspiele, Geschicklichkeitsübungen, Zuordnungs- und Selbstwahrnehmungsspiele fördern die visuelle Wahrnehmung. Spiele, die alle Sinne trainieren, führen zu einer harmonisierten Lernweise.

Durch solche Anspannungs- und Entspannungsübungen erreicht das Kind ein psychohygienisches Wohlbefinden, das dem natürlichen Wechsel von Anspannung und Entspannung in unserem Leben entspricht.

Bei diesen Übungen arbeiten Körper, Atmung, Geist und Gefühl gemeinsam und gehen fließend ineinander über. Der gesamte Körper wird beansprucht und somit werden auch alle Sinne des Kindes aktiviert, um ganzheitlich lernen zu können.

Für den Tagesanfang oder zu Beginn einer neuen Lernphase eignen sich Entspannungs-, Atem-, Konzentrations- und Bewegungsübungen sowie kinesiologische Übungen - auch „brain gym"[1] genannt. Musik, die dem Zweck entsprechend nach Rhythmus, Ton, Klang und Lautstärke ausgewählt wurde, unterstützt die Entspannungsübung.

Mama und ich machen zusammen die Elefant-Übung. Sie sagt, es entspannt ihren Nacken und ihre Augen. Ich schreibe gern neue Wörter (und das Einmaleins) mit meinem Rüssel in die Luft, so vergesse ich sie nie! Der Elefant hilft mir auch, ein besserer Zuhörer zu sein. Beuge die Knie, halte den Kopf so an die Schulter, als wenn er an sie angeklebt wäre, und strecke den Arm nach vorne aus. Bewege den ganzen Oberkörper und zeichne eine liegende Acht in die Luft. Schau dabei über die Hand hinaus in die Ferne (macht nichts, wenn du zwei Hände siehst). Wiederholung mit dem anderen Arm.

Wie lässt sich ein Schultag rhythmisch gestalten?

● **Beginn des Schultages**

Freie Arbeit

Das Kind hat die Möglichkeit, zu seinem eigenen Arbeitsrhythmus zu finden bzw. sich auf den Tag einzuschwingen.

Sitzkreis

Eine gemeinsame Besinnung auf den vor uns liegenden Tag und Aussprache über Erlebnisse des vergangenen Tages stimmen das Kind auf den Schultag ein und nehmen einen Teil der Belastungen, die das Kind mit in die Schule bringt. Ein Gebet, ein Lied, eine meditative Übung oder das Vorlesen lassen die Kinder zur Ruhe kommen und ebnen ihnen den Weg, zu sich selbst finden zu können.

---

[1] Dennison, P. u. G., Brain Gym. Freiburg im Breisgau 1992

Wird der Start des Schultages so zu einem Ritual, vermittelt er dem Kind das Gefühl der Sicherheit und des Angenommenseins. So können sich alle ganz auf diesen Tagesabschnitt einstellen.

● **Beginn der Woche**

Da für viele Kinder das Wochenende oft nicht mehr die Erholungsphase darstellt, die nach dem natürlichen Rhythmus einer Arbeitswoche notwendig wäre, muss dem Kind gerade am Montag die Möglichkeit gegeben werden, Spannungen zu lösen. Im Kind muss die Bereitschaft, neuen Lernstoff aufzunehmen und in der Gemeinschaft mitzuarbeiten, aktiviert werden. Der Beginn der Woche kann ähnlich gestaltet werden wie der Tagesbeginn, nur sollte man mehr Zeit für den Gesprächskreis einplanen.

● **Der Unterrichtsvormittag**

Der Vormittag muss in seiner Einteilung für das Kind überschaubar sein, d. h. das Kind soll wissen, was in diesem Tagesabschnitt alles auf es zukommt. Ein solches äußeres Gerüst hilft vielen Kindern, sich ruhig und entspannt dem Unterricht zuzuwenden. Es vermittelt ihm auch die Freude auf Erholungsphasen oder Lieblingsbeschäftigungen. Konzentration und Lernbereitschaft für die übrigen Bereiche sind dadurch für das Kind leichter einzuhalten. Anhand von einfachen Symbolkarten kann den Kindern von Anfang an der Ablauf eines Schultages deutlich gemacht werden. Jede Unterrichtseinheit bzw. -phase wird den Kindern damit angezeigt. Für die verschiedenen Lernbereiche wie Rechnen, Schreiben, Lesen reicht jeweils eine Karte mit dem Symbol „Lernen" aus. Somit hat der Lehrer jederzeit die Möglichkeit, spontan die Reihenfolge seiner Lerneinheiten umzustellen.

Ein Beispiel: Man hat vor, nach der Pause zu rechnen - ein Kollege benötigt aber zu dieser Zeit das gleiche Lehrmittel - so tauscht man diese Lerneinheit, ohne dass die Kinder es bemerken.

Vorschläge für die Symbolkarten:

lernen

Pause

singen
Musik

Sport

bewegen,tanzen
Gymnastik

malen
basteln

freie Arbeit

Religion
Ethik

75

Man kann die Karten nebeneinander oder untereinander an der Seitentafel anbringen. Sie sollen vor Unterrichtsbeginn die Abfolge des Tages anzeigen. Auch Fragen nach der Pausenzeit oder wie viele Pausen das Kind an diesem Tag hat, entfallen.

Die verschiedenen Lernbereiche zu einem lebendigen Gesamtbild zusammenzufügen, ohne dass dabei eigene Ideen verlorengehen, ist Aufgabe des Lehrers. Der Unterrichtsvormittag hat im ersten Schuljahr nur wenige vorgegebene Zeiteinteilungen: der Beginn des Unterrichts, die festgelegten Pausen und den Unterrichtsschluss; hinzu kommt noch der Fachunterricht. Die übrige Unterrichtszeit hat der Lehrer nach arbeitsphysiologischen Erkenntnissen so zu gestalten, dass ein Absinken der Aufmerksamkeit abgeschwächt oder verhindert werden kann. Ein Kind im Alter von 6 bis 7 Jahren kann bis zu 20 Minuten eine stärkere Konzentrationsleistung aufbringen. Das bedeutet, dass sowohl zu Beginn als auch am Ende einer solchen Konzentrationsphase eine nach psychohygienischen Gesichtspunkten gestaltete Bewegungsmöglichkeit oder eine Tätigkeit mit geringerer Aufmerksamkeitsforderung eingeplant werden muss. Unvorhergesehene Momente, spontane Reaktionen der Kinder und eigene Unterrichtsideen kann man nur dann begründet in den Unterricht einbeziehen - oder auch abwehren -, wenn man sie auf die ursprüngliche Planung reflektierend beziehen kann. Der Lehrer wird umso souveräner, d. h. freier und spontaner im Unterricht handeln können, je präziser der Unterricht im voraus durchdacht wurde.

Bei der Tagesplanung für die gesamte Unterrichtszeit eines Vormittages sollte man einen Schwerpunkt setzen. Um diesen Mittelpunkt ranken sich sämtliche Unterrichtsinhalte des Tages. So werden am selben Tag den Kindern höchstens zwei neue Lerngegenstände angeboten.

Zum Beispiel: An einem Tag soll ein neuer Buchstabe analysiert werden. In den übrigen Unterrichtsbereichen wird dann nur am bisher gelernten Stoff weitergearbeitet, nicht auch noch eine neue Zahl, eine neue Rechenweise oder ein neues Thema im Heimat- und Sachunterricht begonnen. Schreiben, mündlicher Sprachgebrauch, auch Kunsterziehung, Musik und Bewegung, selbst Turnen, können in Verbindung mit dem neuen Buchstaben gebracht werden.

Zum Mittel- oder Höhepunkt kann jedes Unterrichtsfach für die Kinder werden: eine neue Zahl, eine neue Rechenart, eine Stunde im Heimat- und Sachunterricht, ein Unterrichtsspiel, eine neue Turnübung, ein Lied, eine Fernsehsendung, eine Kunsterziehungsstunde, eine Erzählung, eine Wetterbeobachtung, ...

Jede Art von Überflutung sollte vermieden werden, um dem Kind die Möglichkeit zu geben, Höhepunkte noch zu erkennen und bewusst zu erleben. So haben die Kinder am Ende eines Schulvormittages auch das Gefühl, etwas dazugelernt und in der Schule etwas Besonderes erlebt zu haben.

● Ende des Schultages

Auch das Ende des Unterrichts soll das Kind als Abschnitt des Tages erleben. Wir lassen den Schulvormittag noch einmal vor unserem geistigen Auge ablaufen: Was haben wir heute dazugelernt, was haben wir gemeinsam erlebt, was hat uns besonders gefallen?

Das Ergebnis der gemeinsamen Reflexion kann von den Schülern in einem Wochenkalender zeichnerisch festgehalten werden. So entsteht das erste Klassentagebuch, das dem Kind ein Zeitgefühl und erste Ansätze von Geschichtsbewusstsein vermittelt.

Weitere Möglichkeiten sind:

eine kurze Geschichte, ein Bewegungsspiel, ein Lied, ein Gebet, ...

Auch mittels solcher Rituale wird das Kind in die Lage versetzt, den Schulvormittag mit einer Entspannungsphase zu beenden und sich auf den zweiten Tagesabschnitt einstellen zu können.

● Ende der Schulwoche

Für den Ausklang einer Woche sind die gleichen Entspannungsmöglichkeiten geeignet wie für den Tagesabschluss. Dazu kommt nur, dass man bereits zu diesem Zeitpunkt Erwartungen und Interesse für die Lerninhalte der kommenden Woche wecken und die Kinder in die Vorbereitung miteinbeziehen kann (nach Büchern, Bildern und Material für den Heimat- und Sachunterricht Ausschau halten).

3.2 Unterrichtsfächer

Für die Stundentafeln der Grundschule sind die einzelnen Bundesländer zuständig. Die Anzahl der Schülerwochenstunden in der ersten Klasse schwankt deshalb von 18 bis 22 Stunden je nach Bundesland. Die Fächer haben auch unterschiedliche Bezeichnungen und werden verschieden kombiniert.

Fünf Länder fassen zumindest die Bereiche Deutsch, Mathematik und Heimat- und Sachunterricht zu *Fächerübergreifendem* Unterricht zusammen, der auch Grundlegender Unterricht genannt wird. Die anderen Länder sehen für diesen Bereich 12 bis 13 Stunden vor.

Im Fach Sachkunde / Sachunterricht / Heimat- und Sachkunde ist eine Stunde Schulgarten pro Woche in vier Bundesländern Bestandteil dieses Unterrichts. Die meisten Bundesländer weisen eine bis vier Stunden für Teilung, Differenzierung, Arbeitsgemeinschaften, Förderunterricht, Förderstunden, Ergänzungsstunden, übendes Lernen und Fördermaßnahmen aus.

Auch im musischen Bereich werden die Fächer Kunst, Musik, Sport, Textiles Werken, Technisches Werken, Textiles Gestalten und Kunst und Gestaltung ganz unterschiedlich verbunden.

Bis auf Brandenburg und Mecklenburg-Vorpommern gibt es in allen Bundesländern Religionsunterricht oder Ethik.

3.2.1 Fächerverbindender Unterricht – Grundlegender Unterricht

Aufgaben des Fächerverbindenden Unterrichts

Der fächerverbindende Unterricht hat die Aufgabe, die Kinder schrittweise in das schulische Lernen und Arbeiten einzuführen. Dabei ist zu beachten, dass es elementare Lehrgänge gibt (Erstlesen, Erstschreiben und Mathematik) sowie nicht lehrgangsgebundene Unterrichtseinheiten (Heimat- und Sachunterricht, mündlicher und schriftlicher Sprachgebrauch, Rechtschreiben, Musik-, Kunst- und Sporterziehung). In sämtlichen Fächern findet grundlegendes Lernen statt, das sich am einzelnen Kind ausrichten sollte. Das gemeinsame Lernen steht im Vordergrund.

Verbindung sinnvoller fachlicher Inhalte

Fachliche Inhalte sollen sinnvoll miteinander verknüpft werden. So können sich die Schüler über einen längeren Zeitraum mit derselben Thematik befassen, ohne über- bzw. unterfordert zu werden. Gekünstelte Anknüpfungen sind jedoch zu vermeiden.

Beispiel für einen Tagesplan

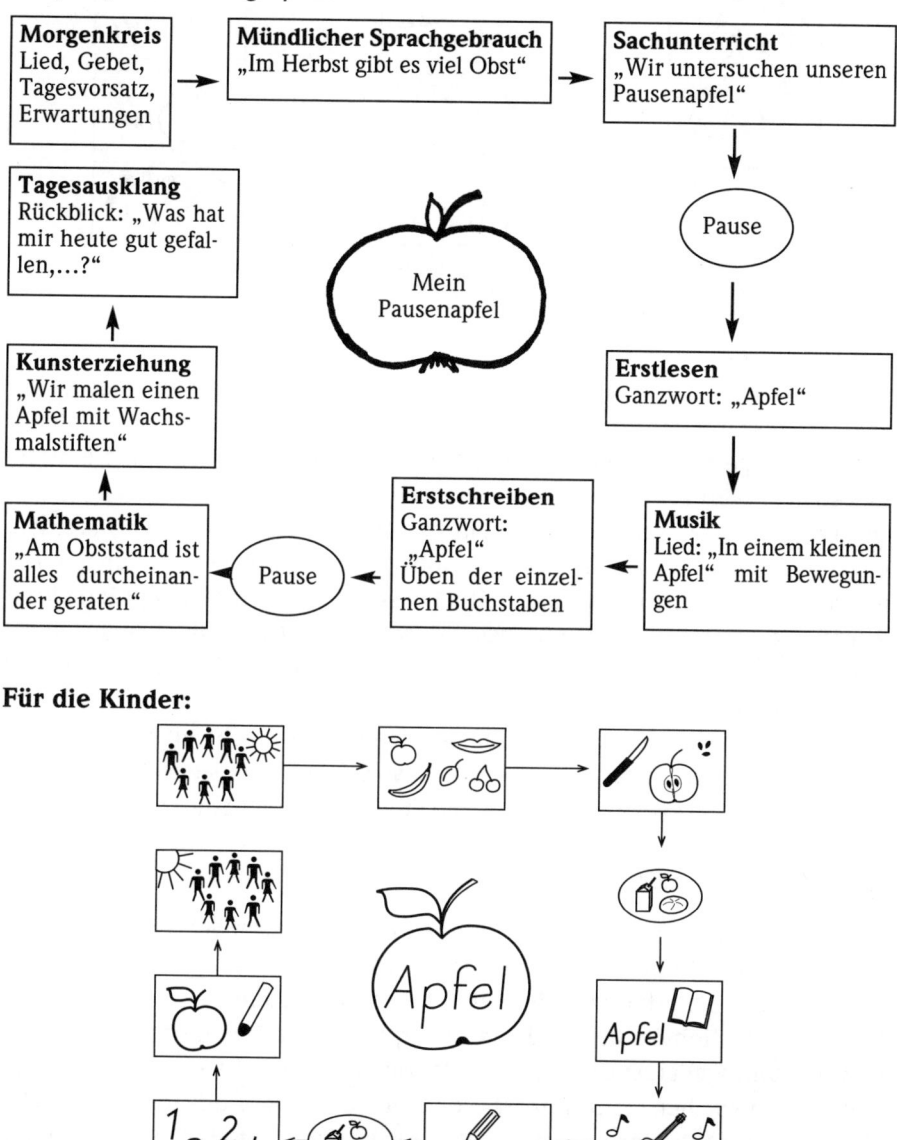

Für die Kinder:

Erstlesen und Erstschreiben sowie der grundlegende Mathematikunterricht unterliegen facheigenen Gegebenheiten und müssen gezielt aufgebaut werden. Hier ist nicht immer eine Verbindung zu anderen Fachbereichen herzustellen.

Der Unterricht

Der Unterricht muss den Kindern das Gefühl der Sicherheit geben. Der Schüler muss mit den Abläufen im Schulalltag vertraut werden. Deshalb müssen klare Regeln, feststehende Gewohnheiten und Rituale dem Kind einsichtig gemacht werden.

Der Unterrichtstag sollte unter einem bestimmten Thema oder Grundgedanken stehen (siehe Beispiel „Apfel"), wobei krampfhafte Verknüpfungen vermieden werden sollen. Eine ganzheitliche Gestaltung kommt dem Kind dieser Altersstufe entgegen. Das Hinübergleiten von einem Fachbereich in den anderen spart Zeit und Kraft, da nicht ständig auf ein neues Thema eingestimmt werden muss.

Es erweist sich als sinnvoll, das Vorhaben den Kindern rechtzeitig mitzuteilen, z. B. in der Ausklangsrunde am Freitag zuvor. So können sie sich bereits mit dem neuen Thema vertraut machen und entsprechende Materialien sammeln.

Bedeutung für den Erstklasslehrer

Die Zeit bis Weihnachten bedeutet für den Erstklasslehrer Schwerstarbeit. Das Gewöhnen der Kinder an Rituale, Ordnungs- und Verhaltensregeln, Arbeits- und Sozialformen erfordert sehr viel Kraft und Konsequenz.

Lernziele und -inhalte des amtlichen Lehrplans setzt der Lehrer eigenverantwortlich um, wobei er Unterrichtsverfahren auswählt, die ein ganzheitliches Lernen ermöglichen, z. B. integrativer und fächerübergreifender Unterricht, offene Unterrichtsformen, Freiarbeit, Projektunterricht. Dabei muss er die Belastbarkeit seiner Schüler kennen, um den Unterricht in zeitliche Abschnitte zu gliedern. Anfangs werden es Unterrichtsabschnitte von 15 bis 20 Minuten sein, die sich allmählich steigern. Um vorzeitigen Ermüdungserscheinungen beim Schüler und daraus resultierendem Desinteresse und Konzentrationsschwächen entgegenzuwirken, muss der Lehrer innerhalb der Unterrichtseinheiten auf sinnvolle Rhythmisierung achten und psychohygienische Maßnahmen einplanen, z. B. Bewegungsübungen bei geöffnetem Fenster, Lied, Tanz, Meditation, kurze Essens- oder Trinkpause.

Deutsch

Schriftsprache erwerben

Erstlesen und Erstschreiben werden im Lernbereich Schriftsprache erwerben zusammengefasst. Beim Schriftspracherwerb müssen die Kinder selbst aktiv sein. Der Lehrer unterstützt diesen Prozess durch motivierende Hilfen. Lesen und Schreiben bedingen und fördern sich gegenseitig. Lesen bedeutet Verstehen und Schreiben das Verschriften eigener Geschichten. Beim Schreiben vollzieht sich unwillkürlich der Syntheseprozess.

Damit das Kind schnell und vor dem langwierigen Prozess der Buchstabenanalyse zum eigenständigen Aufschreiben seiner Gedanken kommt, muss der Lehrer ihm notwendige Hilfen zur Verfügung stellen. Dazu eignet sich die Anlauttabelle (s. Seite 82).

Bei ihrer Verwendung ist zu beachten:
- Die Bilder müssen eindeutig benannt werden: A wie Apfel.
- Die Namen der Bilder müssen deutlich artikuliert ausgesprochen werden.
- Die Buchstaben müssen mit ihrem Lautwert benannt werden (l wie Löwe, nicht el wie Löwe).
- Der Umgang mit der Tabelle muss vielfältig geübt werden, damit die Kinder die Laute rasch finden.

Möglichkeiten:

- Landeplatz-Spiel

Der Finger kreist über der Tabelle und landet auf dem genannten Bild. Die Kinder nennen den Anlaut.
- Würfelspiele: Anlautschlange

Das Spielbrett ist eine Anlautschlange. Die Kinder stellen ihren Spielstein in den Kopf (= Start) der Schlange. Dann wird reihum gewürfelt. Kommt der Spieler auf ein Bild, so muss er den Namen und den Anlaut nennen, z. B. Maus fängt mit M an. Beispiel für eine Anlautschlange:

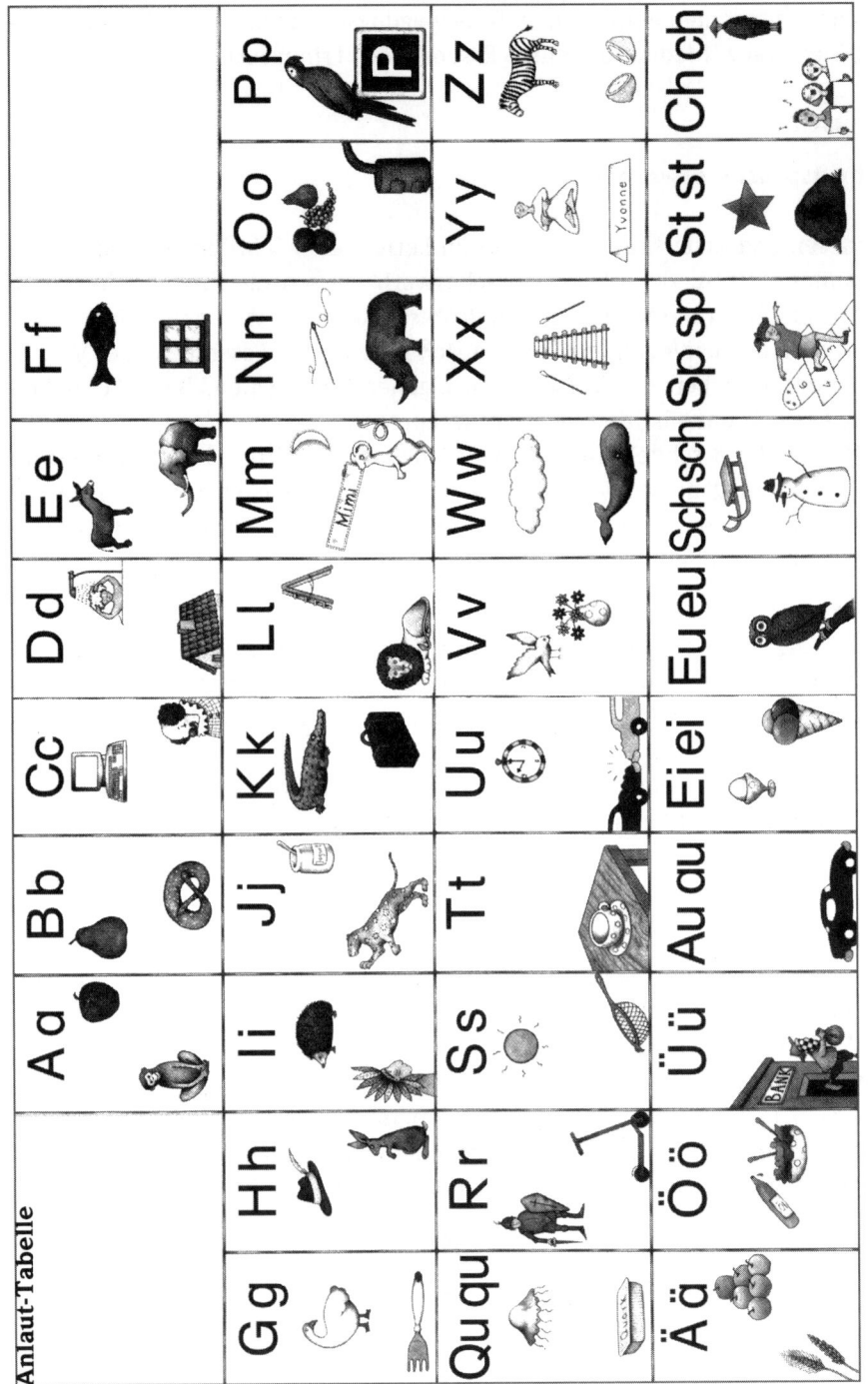

			Ff	Ee	Dd	Cc	Bb	Aa		Gg
	Pp	Oo	Nn	Mm	Ll	Kk	Jj	Ii	Hh	Ququ
	Zz	Yy	Xx	Ww	Vv	Uu	Tt	Ss	Rr	Rr
	Chch	Stst	Spsp	Schsch	Eueu	Eiei	Auau	Üü	Öö	Ää

Aus: Mimi die Lesemaus. © 2001 Oldenbourg Schulbuchverlag München

- Spitz die Ohren

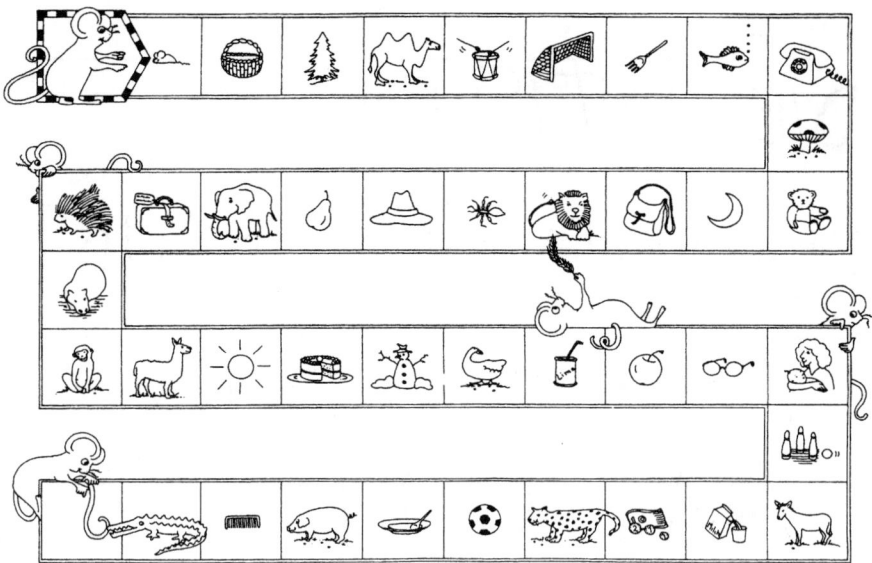

Kopiervorlage Würfelspiel aus: Mimi die Lesemaus. © 2001 Oldenbourg Schulbuchverlag München

- Geschichtenbilder

Der Lehrer erzählt eine kleine Geschichte, z. B. Der Löwe trifft das Krokodil. Sie wollen gemeinsam den Affen besuchen ... .
Dabei zeigen die Kinder die Bilder in der Anlauttabelle.
Neben der Arbeit mit der Anlauttabelle werden die Buchstaben in einem eigenen Lese- und Schreiblehrgang analysiert.

Freies Schreiben mit Hilfe der Anlauttabelle

Anlauttabellen ermöglichen es dem Kind von Anfang an, Wörter, Sätze und Geschichten zu schreiben. Es müssen Situationen geschaffen werden, die die Kinder zum Schreiben motivieren. Differenzierung und Individualisierung können beim kreativen Schreiben gut verwirklicht werden, da die leistungsstarken Kinder zu einem Schreibanlass eine ganze Geschichte verfassen, andere ein Bild beschriften und schwächere ihre Gedanken dazu malen. Beim spontanen Schreiben verwenden die Kinder nur Großbuchstaben.

Beispiele (ein bzw. zwei Monate nach Schulanfang)

Thema: „Zirkus"

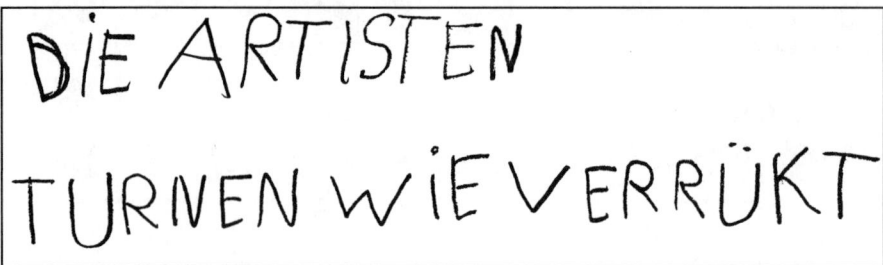

DIE ARTISTEN
TURNEN WIE VERRÜKT

DER ELEFANT
BALAZIAT
AUV ZWEI
BELEN

Thema: „Mein Freund und ich"

MAIN FREUNT
FERSUCHT EINEN
KOFBAL UNTFL
DA BAI RONTA

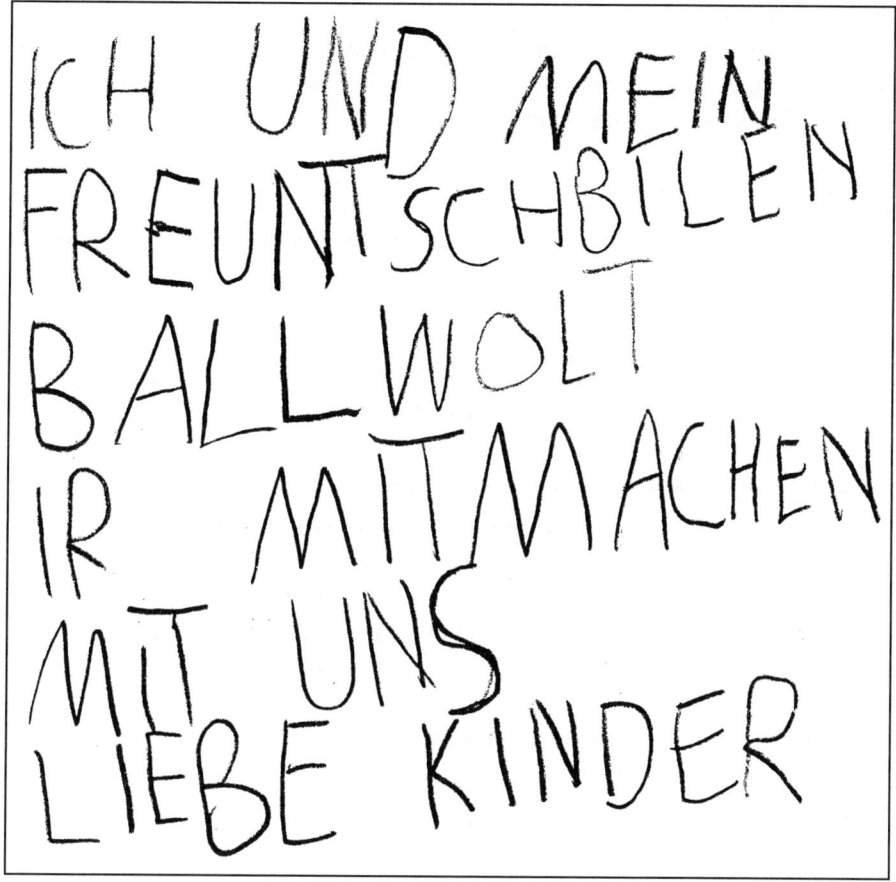

Neben der Arbeit mit der Anlauttabelle werden die Buchstaben in einem eigenen Lese- und Schreiblehrgang analysiert.

Erstlesen

Lesen zu können ist wie ein Zauberschlüssel für das Kind; denn Lesen ist eines
der großen Geheimnisse der Erwachsenen - und wer will nicht an diesen
Geheimnissen teilhaben? Es erschließt dem Kind die Welt der Erwachsenen.
Erstlesen umfasst den Leselernprozess. Er vermittelt dem Leseanfänger die
Technik des Lesens und schafft ihm dadurch Zugang zum Text.
Der Lehrplan lässt Freiheit in der Wahl der Leselernmethode.
Die Auswahl des Leselehrverfahrens ist meist schon festgelegt durch die jewei-
lige Fibel, die an der Schule eingeführt ist. Ein Leselehrgang ohne Fibel ist
erlaubt, sofern er mit den im Lehrplan festgelegten Lernzielen und -inhalten
und den methodischen Vorgaben übereinstimmt.

Psychophysische Voraussetzungen für das Lesenlernen

Die sprachlichen Voraussetzungen und spezifischen Wahrnehmungsleistungen des Schulanfängers muss der Lehrer feststellen, da sie von großer Bedeutung für den Leselernprozess sind.

Die optische Wahrnehmung

Grafische Zeichen müssen erfasst und unterschieden, Strukturveränderungen erkannt und die Leserichtung eingehalten werden. Zur Förderung der optischen Wahrnehmung bieten sich folgende Übungen an:

Suchbilder vergleichen

Puzzlespiele oder Mosaik zusammensetzen

Wortunterschiede sehen und kennzeichnen

Ähnliche Buchstaben unterscheiden (b, d, p)

Gehen/Hüpfen auf dem rechten/linken Bein

Lernspiele: „Schau genau" und „Differix" (Otto Maier Vlg. Ravensburg)

Die akustische Wahrnehmung

Hier geht es um das Heraushören von Einzellauten, Lautgruppen und Wörtern. Übungsmöglichkeiten dazu sind:

Richtungshören

Unterscheiden verschiedener Geräusche

Gezieltes Heraushören von Lauten

Unterscheiden ähnlicher Laute

Lernspiele: „Sprich genau - hör genau" (Otto Maier Vlg. Ravensburg)

Kinästhetische Differenzierung

Laute müssen sprechmotorisch exakt geformt und artikuliert werden. Dies kann durch folgende Übungen gefördert werden:

Blasübungen (Watte blasen, ...)

Lippen- und Zungenübungen (Bleistift zwischen die Lippen nehmen und malen, ...)

Sprechübungen (Zungenbrecher, schwierige Wörter, „Stille Post")

Rhythmische und melodische Differenzierung

Hier geht es um das Erkennen von Tonhöhenunterschieden, um das Erfassen von Silbengliederung im Sprechrhythmus und um das Regulieren des Sprechtempos. Die folgenden Übungen können besonders gut in die Musikerziehung integriert werden:

Nachklatschen von Rhythmen

Lieder singen, summen, klatschen
Wörter bzw. Sätze klatschen

Sprachverständnis und Sprechverhalten
Um Inhalt und Form der Sprache zu fördern, um Begriffe mit Bedeutung zu fül-
len und zu erweitern, bilden folgende Übungen gute Möglichkeiten:
Wortketten bilden (Haus**tür** - **Tür**schloss)
Oberbegriffe sichern (Sammelnamen)
Bewegungen beschreiben

Das Verständnis für sprachliche Symbole
Symbole müssen gespeichert werden, und es muss die Erkenntnis wachsen,
dass Wahl und Abfolge einzelner Buchstaben die Wortbedeutung bestimmen.
Möglichkeiten dazu sind:
Spiel: Koffer packen
Zauberwörter: (Hase-Hose)
Sowohl die Wahrnehmungsfunktion als auch die Voraussetzungen im sprach-
lichen Bereich sind beim Leseanfänger unterschiedlich ausgebildet. Die indi-
viduellen Defizite können und müssen allerdings durch gezielte Fördermaß-
nahmen verringert werden.

Der Leselernprozess
Dem eigentlichen Leselernprozess geht ein freies Betrachten der Fibel voraus.
Bilder werden angeschaut, bieten Sprechanlässe und machen die Kinder neu-
gierig auf Textinhalte.

Arbeit mit einem Fibeltext

1. Unterrichtseinheit: Arbeit mit den Ganzwörtern
Betrachten und Besprechen eines Bildes zum Fibeltext
Begegnung mit dem Text durch Vorlesen (Lehrer oder Schüler)
Inhaltliche Klärung
Isolieren der Ganzwörter
Optische und akustische Durchdringung der Ganzwörter auf vielfältige
Weise
Einbinden der Ganzwörter in neuen Textzusammenhang

2. Unterrichtseinheit: Buchstabenanalyse
Wiedererkennen und Lesen der Ganzwörter
Isolieren des neuen Buchstabens

Optische Analyse durch vielfältige Übungen
Akustische Analyse durch vielfältige Übungen
Schreibmotorische Durchdringung

3. Unterrichtseinheit: Synthese

Buchstabenspiel zum Wiedererkennen und Sichern des neuen Buchstabens
(Lautes)
Auf- und Abbau von Wörtern mit bereits bekannten Buchstaben unter Einbeziehung des neu erlernten Buchstabens im Setzkasten
Erlesen neuer Sätze aus bekannten Ganzwörtern und Synthesewörtern

Arbeitsmaterial für die Hand des Lehrers

Lesekasten analog zum Schülerlesekasten
Buchstabenhaus
Anlauttabelle
Wortkarten, Bildkarten, Buchstabenkarten
Fibel, Lehrerhandbuch
Schultafel, Kreide
evtl. die den Lehrgang begleitende Handpuppe

für die Hand des Schülers

Fibel, Arbeitsheft
Schülerlesekasten
Anlauttabelle
Zeitungen, Illustrierte, Kataloge zum Ausschneiden von Bildern, Wörtern,
Buchstaben
Schere, Kleber, Buntstifte, Wachsmalkreiden, Bleistift
Heft bzw. Tafel

Die Bedeutung des Lehrers für den Erstleseunterricht

Ein „guter" Lehrer sollte
die Bereitschaft zum Lesen ständig fördern
den Schülern Erfolgserlebnisse vermitteln
eine angenehme, zur Eigenaktivität anregende Lernatmosphäre schaffen
seine eigene Einstellung zum Lesen immer wieder hinterfragen.

Gudrun Spitta rät (in der Grundschulzeitschrift 12/88)
„Geben wir den Kindern Zeit, die sie brauchen, um in Ruhe lernen zu können, wobei „den Kindern Zeit geben" nicht heißt, untätig zuzuschauen, sondern die Kinder geduldig im Vertrauen auf ihre Kräfte zu eigenen Denkschritten anzuregen."

Erstschreiben

Voraussetzungen für den Schreiblernprozess

Vorerfahrungen der Schulanfänger bezüglich des Schreibens

Es sollte immer wieder betont werden, auch den Eltern gegenüber, dass Buchstabenkenntnis oder das Schreiben des eigenen Namens keine Voraussetzungen für den Schuleintritt sind.

Die individuellen Schreiberfahrungen der Schulanfänger sind meist sehr unterschiedlich. Die Ausgangslage ist im Wesentlichen gekennzeichnet durch:
- relativ geringe Selbstständigkeit
- unklare Raum- und Zeitvorstellungen
- begrenzte Ausdauer und Konzentration
- große Unterschiede im sprachlichen Bereich
- wenig ausgeprägte Feinmotorik
- kaum geschulte Koordination von Auge und Hand
- indifferente Wahrnehmung im optisch-akustischen Bereich
- schwache Muskulatur

Diese unterschiedlichen Schreiberfahrungen der Kinder muss der Lehrer beachten, die Schwierigkeiten beim einzelnen Kind erkennen und dementsprechend Hilfestellung leisten.

Seitigkeitsdominanz (Rechts-, Linkshänder)

Von Anfang an muss die Händigkeit des Kindes festgestellt werden. Die geschicktere, leistungsfähigere Hand muss herausgefunden werden durch
- Elternbefragung (bereits bei der Schuleinschreibung mit einem Vermerk im Anmeldeblatt)
- Beobachtungen des Lehrers außerhalb des Schreibens, z. B. beim Kneten, Falten, Reißen, Schneiden, Ballwurf, usw.

Erweisen sich beide Hände als gleich leistungsfähig (Beidhändigkeit), so empfiehlt es sich, die rechte Hand zu fördern.

Optische Wahrnehmungsfähigkeit

Bereits durch den Schularzt werden eventuelle Sehstörungen festgestellt. Eine notwendige Voraussetzung für das Schreibenlernen ist, dass das Kind verschiedene Formen und Größen unterscheiden können muss. Dazu eignen sich Übungen in Spielformen, wie z. B. Fehlersuchspiele oder Spiele mit geometrischen Plättchen.

Raum-Lage-Stabilität

Im Lauf des Schreiblernprozesses sollte der Schüler auch die Lagebeziehungen rechts/links, oben/unten sicher beherrschen. Das ist wichtig für die Zeilen-

schreibweise und für bestimmte Buchstaben wie d-b, P-p.
Als Hilfsmittel dazu eignen sich:
– Orientierungsspiele im Klassenzimmer
– farbiges Bändchen z. B. an das rechte Handgelenk binden
– Auflockerungsspiele (Hampelmann)
– Lieder, Singspiele zur Orientierung

Koordination von Auge und Motorik
Ausbildung von Grob- und Feinmotorik
Grobmotorik: Rumpf, Oberarm, Schulter
Feinmotorik: Hände, Finger
Zur Ausbildung der Grobmotorik eignen sich großformatige Bewegungen im Stehen, z. B. Nachspuren eines Buchstabens in der Luft, auf dem Boden, auf der Bank, usw.
Zur Ausbildung der Feinmotorik sind neben Knet- und Reißarbeiten vor allem Fingerspiele auch sehr geeignet und bereiten den Kindern große Freude.

Fünf Männlein sind in den Wald gegangen,
die wollten den Osterhasen fangen.
Der erste, der war so dick wie ein Fass,
der brummte immer: „Wo ist der Has?"
Der zweite rief: „Sieh da, sieh da!
Da ist er ja, da ist er ja!"
Der dritte war der allerlängste,
doch leider auch der allerbängste,
der fing gleich an zu weinen:
„Ich sehe keinen! Ich sehe keinen!"
Der vierte sagte: „Das ist mir zu dumm,
ich mach nicht mehr mit, ich kehr wieder um!"
Der kleinste aber, der hats gemacht,
der hat den Hasen nach Hause gebracht!
Da haben alle Leute gelacht,
ha, ha, ha, ha, ha![1]

---

[1] *Meinerts, Eva,* Links ein Ohr und rechts ein Ohr, C. Bertelsmann Verlag, München ⁵1981

Zehn kleine Zappelmänner...

Zehn kleine Zappelmänner zappeln hin und her.
Zehn kleinen Zappelmännern fällt das gar nicht schwer.
Zehn kleine Zappelmänner zappeln auf und nieder.
Zehn kleine Zappelmänner tun das immer wieder.
Zehn kleine Zappelmänner zappeln rings herum.
Zehn kleine Zappelmänner, die sind gar nicht dumm.
Zehn kleine Zappelmänner kriechen ins Versteck.
Zehn kleine Zappelmänner sind auf einmal weg.
Zehn kleine Zappelmänner rufen jetzt hurra.
Zehn kleine Zappelmänner sind nun wieder da![1]

Organisatorische Maßnahmen

Äußere Bedingungen für das Schreiben

- Arbeitsplatz:
  Tische und Stühle sind der Körpergröße der Kinder anzupassen. Die Kinder müssen mit ihren Füßen den Boden berühren können. Der Augenabstand von der Schreibfläche sollte ca. 30 cm betragen. Ein 30 cm-Lineal dient hier als Hilfe.
- Beleuchtung
  Der Lichteinfall soll beim Rechtshänder von links erfolgen, beim Linkshänder von rechts und die Schreibfläche ohne Schatten beleuchten.
- Sitzhaltung
  Der Oberkörper zeigt eine gerade, leicht vorgebeugte, aber nicht gekrümmte Haltung. Zwischen Körper und Tischkante wird ein kleiner Abstand eingehalten. Es ist Aufgabe des Lehrers, den Kindern die Haltung einsichtig zu machen und auf Haltungsschäden hinzuweisen.
  Bei der Sitzhaltung wird unterschieden zwischen dem
  *Reitsitz (beim Schwingen mit Wachsmalkreiden) und dem
  *Normalsitz (richtiger Stuhl, Handgelenk und Unterarm liegen auf der Tischfläche auf)
- Schreibhaltung:
  Die Schreibfläche des Rechtshänders wird leicht nach rechts hochgeschoben, die des Linkshänders leicht nach links.

---

[1] Austermann/Wohlleben, Zehn kleine Krabbelfinger, Kösel, München [11]1995.

Je nach Schreibmaterial gibt es verschieden Griffe:
*Pfötchengriff - Kreide, Wachsmalstifte
*Schreibgriff - Fasermaler, Bleistift, Buntstift
*Sattelgriff - Schulfüller

Es ist wichtig, dass der Lehrer von Anfang an auf die richtige Stifthaltung achtet, denn einmal falsch Angewöhntes lässt sich nur schwer wieder ändern.

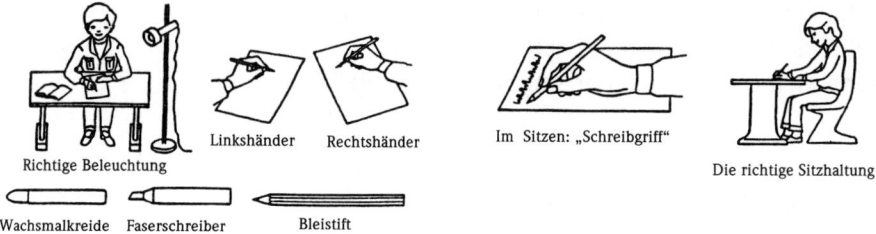

Richtige Beleuchtung   Linkshänder   Rechtshänder   Im Sitzen: „Schreibgriff"   Die richtige Sitzhaltung

Wachsmalkreide   Faserschreiber   Bleistift

- Schreibmaterialien:
  * Stifte   (Wachsmalkreiden, Tafelkreiden, Faserschreiber, Bleistift Härte 2, Holzfarbstifte usw.)
  * Papier (Tapetenreste, Packpapier, Computerpapier, Tafel, Hefte, Blöcke)
  Der Füller findet erst dann Anwendung, wenn alle Druckbuchstaben und Schreibschriftbuchstaben sicher beherrscht werden, d. h. in der 2. Klasse. Der Umgang mit dem Füller bedarf einer gesonderten Einführung.

Innere Voraussetzungen

- Vorbildwirkung der Lehrerhandschrift:
  Eine vorbildliche Lehrerhandschrift ist unerlässlich.

- Motivation des Schülers:
  Die intrinsische Motivation der Kinder ist in der Regel äußerst hoch. Sie kann erhalten und gesteigert werden durch
  *Sinngebung des Schreibens, z. B. eine Pinnwand für Briefe, Guten-Morgen-Botschaften, Kummerkasten oder Klassenbriefkasten, Geburtstagsglückwünsche, Klassentagebuch, selbst erstellte Gebete usw.
  *ästhetische Komponente (Gestaltung von Arbeitsblättern, Zierleisten in Heften, Schmuckränder z. B. für das Wort Mama)

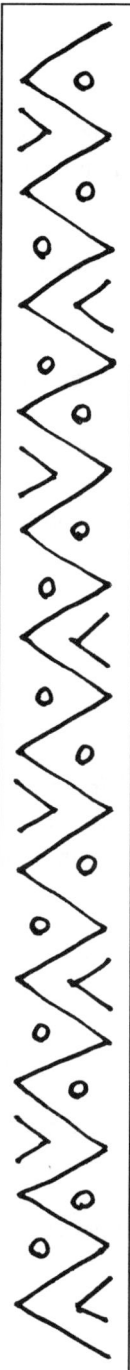

Meine Mama
mag Mäuse.
Mich hat sie so lieb.
Manchmal sagt sie:
„Mein Mäuslein!"
Und ich sage: „Piep!"

Vorbereitende und begleitende Übungen

Damit die Muskulatur der Kinderhand gelockert und kräftiger sowie einer Verkrampfung der Schreibhand entgegengewirkt wird, sind von Anfang an Übungen durchzuführen:

- Bewegungsübungen und -spiele für die Grobmotorik (Musik-, Sporterziehung)
- Kräftigungsübungen wie Kneten, Falten, Reißen, Biegen, Auffädeln von Perlen, Bauen mit Legosteinen oder Steckwürfeln, Puzzlespiele, Schneideübungen für die Feinmotorik
- Lockerungsübungen für die Schulter-, Arm- und Handmuskulatur, wie rhythmische Bewegungsspiele, Fingerspiele
- Pfeilwurfspiele mit Kletttechnik oder Papierfliegerspiele für die Stifthaltung

Formelemente der Druckschrift

Strich	I – / \	z.B. H A
Bogen	∩ ∪ ſ ⌐ ⊃	z.B. h u f l J B
Oval	ō 'o	z.B. a b

Grundlegende Formelemente bilden die Ausgangselemente für das Schreiben der Druckbuchstaben. Der Bewegungsablauf muss von vorneherein richtig eingeübt werden. Dazu werden zunächst die einzelnen Formelemente in Teilschritten geübt:

- Ausgehen von einem Sachzusammenhang, z. B. Schmücken des Zimmers mit Lampions für das Faschingsfest
- Vorstellen und Beschreiben der Form
- Erfühlen der Formen mit Hilfe von Sandpapier, Pappe mit erhabener Form, in Wachs eingedrückte Form, ...
- Nachfahren auf verschiedene Weise: mit dem Arm in der Luft, auf die Bank, ... mit dem Fuß auf dem Boden, ...
- Nachspuren an der Tafel mit verschiedenfarbigen Kreiden
- Darstellen der Formen mit Knetmasse, Legen mit Schnüren, Biegen mit Pfeifenputzern, ...
- Üben mit Wachsmalkreiden auf Papier
- Schreiben ins Schwungheft mit verschiedenen Stiften in unterschiedlichen Schriftgrößen.

Druckschrift und vereinfachte Ausgangsschrift

A	$\mathcal{A}$	N	$\mathcal{N}$	a	a	n	n
B	$\mathcal{B}$	O	$\mathcal{O}$	b	b	o	o
C	$\mathcal{C}$	P	$\mathcal{P}$	c	c	p	p
D	$\mathcal{D}$	Qu	$\mathcal{Q}u$	d	d	qu	qu
E	$\mathcal{E}$	R	$\mathcal{R}$	e	e	r	r
F	$\mathcal{F}$	S	$\mathcal{S}$	f	f	s	s
G	$\mathcal{G}$	T	$\mathcal{T}$	g	g	t	t
H	$\mathcal{H}$	U	$\mathcal{U}$	h	h	u	u
I	$\mathcal{I}$	V	$\mathcal{V}$	i	i	v	v
J	$\mathcal{J}$	W	$\mathcal{W}$	j	j	w	w
K	$\mathcal{K}$	X	$\mathcal{X}$	k	k	x	x
L	$\mathcal{L}$	Y	$\mathcal{Y}$	l	l	y	y
M	$\mathcal{M}$	Z	$\mathcal{Z}$	m	m	z	z

Vorschlag für die Ziffernschreibweise:

1 2 3 4 5 6 7 8 9 10

Durch diese Übungen, die sehr abwechslungsreich sind und den Kindern Freude bereiten, werden bereits Teilfunktionen trainiert, die für das eigentliche Schreiben von großer Bedeutung sind: Steuerung der Feinmotorik, Beachtung der Größenverhältnisse, Zeilenführung, Einhalten gleicher Abstände, Formempfinden, Umgang mit verschiedenen Schreibmaterialien.

Mögliche Übungen:
- Genaue Betrachtung der Form
- Richtungsablauf wahrnehmen, evtl. durch Mitsprechen
- Großformatig nachspuren auf verschiedene Weise (Tafel, Luft, Bank, Rücken des Nachbarn auch als Buchstabenratespiel, mit Händen, Füßen, Nase, ...)
- Buchstaben mit verschiedenen Stiften und Farben auf Arbeitsblättern nachspuren und schreiben
- Buchstaben zunächst in eine Zwei-Zeilen-Lineatur, später, wenn die Buchstaben mit Unterlängen dazukommen, in eine Drei-Zeilen-Lineatur schreiben
- Orientierungshilfen für die Erstklasslineatur, z. B. Zeilenmännchen, Zeilenhäuschen

Wörter und Sätze gut lesbar in Druckschrift schreiben
Häufig tritt das Problem auf, dass die Kinder keinen Abstand zwischen den Wörtern lassen. Hier kann der Lehrer sich zunächst durch passende Symbole, die er beim Vorschreiben nach dem Wort setzt, behelfen.
Beispiel:

Mama ♡ Mama ♡

Später legen die Kinder hinter jedes geschriebene Wort den Zeigefinger oder den kleinen Finger und beginnen das nächste Wort zu schreiben. Mit der Zeit schleift sich das Abstandhalten ganz von allein ein.

Schreiblehrgang Schreibschrift
Das Erlernen der Schreibschrift kann am Ende der 1. Klasse beginnen. Der Schwerpunkt für das Erlernen der verbundenen Schrift liegt in der zweiten Klasse. Die Schüler sollen sich bewusst mit ihr auseinander setzen und sie in ihre persönliche Handschrift umsetzen.

Mein Buchstabenhaus

A a	B b	C c	D d	E e	F f
A a	*B b*	*C c*	*D d*	*E e*	*F f*
G g	H h	I i	J j	K k	L l
G g	*H h*	*J i*	*J j*	*K k*	*L l*
M m	N n	O o	P p	Qu qu	R r
M m	*N n*	*O o*	*P p*	*Qu qu*	*R r*
S s	T t	U u	V v	W w	X x
S s	*T t*	*U u*	*V v*	*W w*	*X x*
Y y	Z z				
Y y	*Z z*				
ck	ch	ß	ie	Ä ä	Ö ö
ck	*ch*	*ß*	*ie*	*Ä ä*	*Ö ö*
Ü ü	Ch	Eu	eu		
Ü ü	*Ch*	*Eu*	*eu*		

Vergleich von Druck- und Schreibschrift

Während des Schreibschriftlehrgangs darf die Druckschrift nicht gänzlich vernachlässigt werden. Im Alltag werden die Kinder überall mit der Druckschrift konfrontiert, sei es durch Zeitungen, Illustrierte, Bücher, Werbeplakate, usw. So können z. B. Überschriften oder Merksätze in Heften in Druckschrift geschrieben werden.

Ein Buchstabenhaus oder -zug, die zur ständigen Visualisierung der Druckbuchstaben im Klassenzimmer hängen, können nun durch die erarbeiteten Schreibschriftbuchstaben ergänzt werden.

Grundlegende Formelemente der Schreibschrift üben

Um die Aufmerksamkeit des Kindes von Anfang an auf die dem Schreiben eigene Rhythmik zu lenken, werden Schwungübungen klatschend, klopfend, stampfend, durch das Sprechen von Verschen oder Singen einfacher Melodien begleitet. Der bewusst hervorgehobene Rhythmus soll den langsamen Schreiber zu schnellerem Tempo anregen, den allzu eiligen bremsen.

Beispiele:

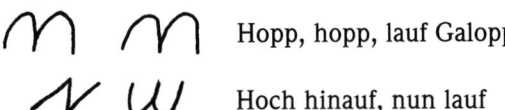

Hopp, hopp, lauf Galopp

Hoch hinauf, nun lauf

Bei Kindern mit geringer rhythmischer Koordinationsfähigkeit, bei motorisch gestörten oder schwerfälligen Kindern empfiehlt es sich, zunächst auf großen Schreibvorlagen nachspuren zu lassen, bis sie zum freien Schwingen kommen, und auf begleitende Verse oder Lieder zu verzichten, damit der Bewegungsablauf nicht behindert wird.

Methodische Schritte bei der Einführung eines neuen Buchstabens

1. Analyse der neuen Buchstabenform
   - Tafelanschrift: Vorgabe des neuen Buchstabens
   - Klären der Formelemente
2. Schreiben des neuen Buchstabens
   - Schreiben in verschiedener Größe (Luft, Bank, ...)
   - Schreiben auf dem Block mit Wachsmalstiften
     (genaue Beobachtung durch den Lehrer, individuelle Hilfen)
3. Schreiben des neuen Buchstabens ins Heft
   - Besprechen der Lage des Buchstabens in der Erstklasslineatur
4. Vergleich mit ähnlichen Buchstaben
   - ähnliche, bereits bekannte Buchstaben aufschreiben und ähnliche Teile
     farbig nachspuren

5. *Schreiben des Buchstabens im Wortzusammenhang*
6. *Vergleich des Druckbuchstabens mit dem Schreibschriftbuchstaben*

Der Schüler soll allmählich vom Abschreiben zum Aufschreiben und Auswendigschreiben geführt werden. Hierzu sind bestimmte Techniken einzuführen.

Beispiel: Die Technik des Aufschreibens
Wort genau anschauen
laut lesen, lautieren
anschauen, in der Luft nachschreiben
bei geschlossenen Augen in die Luft schreiben
Wort nochmal genau anschauen
ins Heft schreiben
Kontrolle: selbst oder durch den Partner.

So lernen die Schüler allmählich, Wörter und später ganze Sätze nach dem Anschauen zu schreiben. Diese Übungen dienen somit auch dem Rechtschreibunterricht, da sie wesentliche Voraussetzungen für die Rechtschreibsicherheit des Schülers schaffen. Die Verbindung Erstschreiben und Arbeit am Grundwortschatz soll - wo es sich anbietet - bewusst gesucht werden.

Differenzierung beim Erstschreiben
Hilfen für Linkshänder
- Das linkshändige Kind muss, wenn es neben einem Rechtshänder sitzt, stets links sitzen, damit sich beide Schüler nicht gegenseitig behindern.
- Das Licht soll von rechts oder von vorne einfallen. Da in den meisten Klassenzimmern das Licht von links einfällt, was günstig für die Rechtshänder ist, sollten die Linkshänder nahe am Fenster sitzen, um möglichst viel Licht zu bekommen.
- Auf die richtige Blatthaltung (ca. 30 Grad nach rechts geneigt) ist zu achten. Durch die Schräglage wird es möglich, aufrecht und gerade zu sitzen. Das Geschriebene wird nicht so leicht von der eigenen Hand verdeckt bzw. mit Tinte Geschriebenes nicht mehr verwischt.

a) mit der linken Hand
Richtige Lage des Papiers beim Schreiben
und korrekte Haltung des Schreibgerätes

Staatsinstitut für Schulpädagogik und Bildungsforschung, Das linkshändige Kind in der Grundschule, München 1993

- Übungsblätter mit Buchstaben und Wörtern stellen für Linkshänder oft ein großes Problem dar, wenn der zu übende Buchstabe/das zu übende Wort nur auf der linken Seite als Muster vorgeschrieben ist. Das Kind verdeckt den Musterbuchstaben beim Üben. Der Lehrer kann hier leicht Abhilfe schaffen, indem er Buchstaben und Wörter am Ende der Zeile rechts noch einmal hinschreibt, so dass das Kind sie immer sehen kann. Wenn auf der linken Seite ein zusätzlicher Pfeil die Schreibrichtung angibt, so wird ausgeschlossen, dass das Kind von rechts zu schreiben beginnt.
- Linkshänder brauchen häufig mehr Zeit zum Schreiben, viel Ermutigung und Lob.
- Der Lehrer sollte die Eltern auf die Arbeitsmaterialien für Linkshänder aufmerksam machen (Füller, Schere, Spitzer, usw.)

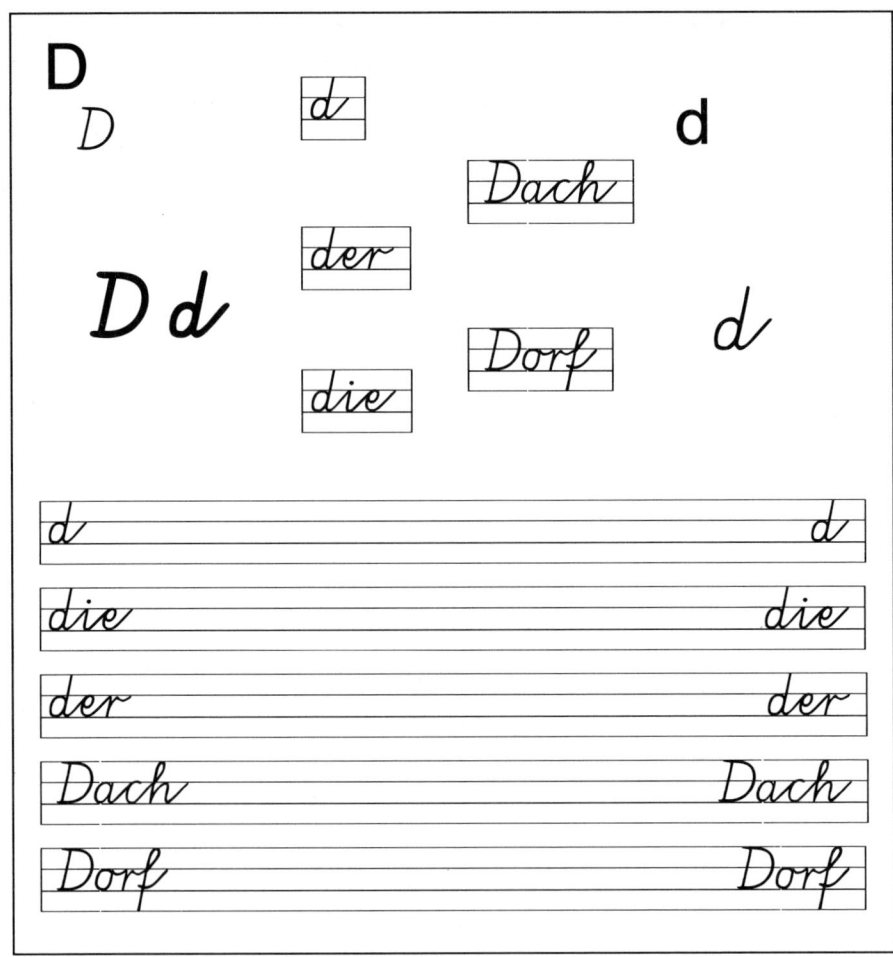

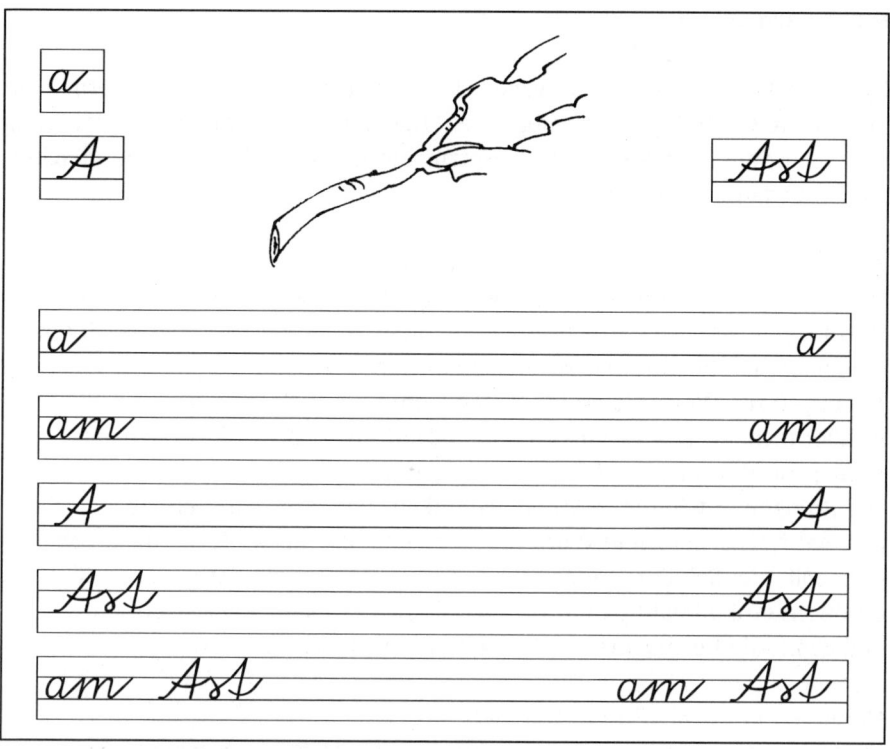

Hilfen bei individuellen Schwierigkeiten

Die Schrift spiegelt häufig Probleme der Kinder wider. Probleme können auftreten durch

– entsprechende psychische Verfassung (Rücksprache mit den Eltern notwendig!)
– Überforderung schwacher Schüler (Rückgriff auf eine vorausgegangene Stufe bzw. in extremen Fällen Schulfähigkeit überprüfen)

häufig auftretende Schwierigkeiten:	*Hilfen:*
falsche Haltung des Stiftes	Griffhilfe
zu starkes Aufdrücken	Kohlepapier unterlegen
zu leichtes Aufdrücken	weicher Bleistift

Zusatzangebote für besonders Eifrige
– Gestaltungsmöglichkeit des Blattes
– zeichnerisches Ausgestalten
– motivierende Abschreibtexte
– kommunikatives Schreiben immer wieder anregen
(Pinnwand/Briefchen)

Richtig schreiben

Die Grundschule hat die Aufgabe, allen Kindern grundlegendes Lernen im Rechtschreibunterricht zu ermöglichen. Dabei muss sowohl dem Worttraining wie auch dem Einblick in die Gesetzmäßigkeit der Schriftsprache gleichermaßen Bedeutung zukommen.

Zielsetzungen des Rechtschreibunterrichts
Die Schüler sollen motiviert und befähigt werden, eigene Texte zu verfassen. Dabei sollen sie sich die Schreibweise zunehmend eigenständig erschließen, indem sie sich Rechtschreibstrategien aneignen:
- lautgetreue Wörter kann ich **mitsprechen,** z. B Hose
- über manche Wörter muss ich **nachdenken,** z. B. schläft – schlafen
- manche Wörter muss ich mir **merken,** z. B. Vogel

Die Aneignung wichtiger Arbeitstechniken, wie z. B. das richtige Aufschreiben, das Nachschlagen in Wörterbüchern und -listen, das Berichtigen von Fehlern soll die Schüler zu selbstständigem, effektivem Arbeiten befähigen. Dadurch wird allmählich ein orthografisches Problembewusstsein entwickelt und damit die Rechtschreibsicherheit erhöht.

Die Arbeit mit dem Grundwortschatz
In vielen amtlichen Lehrplänen ist ein Grundwortschatz verankert. Er ist verbindlich und soll durch den auf die Klasse abgestimmten individuellen Wortschatz ergänzt werden. Für die Verteilung der Grundwörter auf die Klassenstufen werden folgende Kriterien genannt:
- Häufigkeit
- Absicherung der verschiedenen Strategien
- Bedeutsamkeit für das Kind
- Relevanz für den Sachunterricht

Rechtschreibschwache Schüler haben die Möglichkeit, durch intensives Üben des begrenzten Wortmaterials eine zunehmende Rechtschreibsicherheit zu erlangen.

Die Situation des Rechtschreibunterrichts heute

Die Schwierigkeiten der deutschen Rechtschreibung

Die deutsche Rechtschreibung bietet aufgrund mangelnder Systematik wenig Hilfe bei der Planung des Lehrgutes. Die Schreibweise wurde im Laufe der Entwicklung durch unterschiedliche z. T. willkürliche Prinzipien bestimmt. Wäre das phonologische Prinzip (für jeden Laut nur ein Zeichen) das allein gültige, so wäre Rechtschreiben eine relativ einfache Sache. Jedoch die Diskrepanz zwischen Lautung und Schreibweise (Phonem und Graphem) stellt ein weiteres großes Problem dar:

Phonem	Graphem	Beispiele
a:	a – aa – ah	aber – Haar – Bahn
e:	e – ee – eh	geben – Tee – mehr
i:	i – ie – ih – ieh	Lid – Lied – ihr – sieh!
o:	o – oo – oh	Tor – Moor – Ohr
u:	u – uh	Urwald – Uhr
f:	f – ff – v – ph	Ofen – offen – voll – Physik
k:	k – ck – ch – qu – g	Luke – backen – wachsen
	(Wort - oder Silbenende)	Qualm – weg – Marokko – Taxi
	kk – x (ks)	
s:	s – ss	bis – Biss
t:	t – tt – d – dt	bunt – statt – rund – Stadt

Als Konsequenzen dafür bieten sich an:

```
              ┌─────┐
              │ und │
              └─────┘
        r     │ und │
        M     │ und │
        H     │ und │
        K     │ und │ e
```

• Verstärkte Arbeit an Signalgruppen
• In der Arbeit an Rechtschreibbesonderheiten nur einfache und eindeutige Merkhilfen herausstellen, z. B.: Nach einem Punkt schreiben wir groß.
• Verstärkte Schulung der Fähigkeit, Wörter ab- bzw. herzuleiten, z. B.: Bälle kommt von Ball.

Rechtschreiben bedeutet ein „Vielkanal-Lernen".

Es sind optische, akustische, motorische und kognitive Fähigkeiten notwendig. Alle Aufnahmekanäle müssen aktiviert werden, deshalb sind dazu sämtliche Lösungshilfen einzuplanen. Dabei ist die Eigenart des jeweiligen Wortmaterials zu beachten. Die Lösungshilfen sind den Schülern in kindgemäßer Form bewusst zu machen.

Optisch: Mehrmaliges stilles und lautes Lesen
Akustisch: Aufmerksames Zuhören
Sprechmotorisch: deutliches Mit- und Aussprechen
Sensomotorisch: Verbinden von Lauten und Bedeutung
Kognitiv: Erfassen von Gesetzmäßigkeiten.

Übungen zum richtigen Schreiben
In den letzten Jahren hatte sich die Nachschrift als fast alleinige Form der rechtschriftlichen Übung eingebürgert. Wenn die Schüler jedoch befähigt werden sollen, selbstständig und selbstkontrolliert zu üben, sollte auch die Auswahl des zu übenden Wortmaterials in variabler und motivierender Weise angeboten werden:
- Die Kinder finden zu einem angebotenen Bild oder einer Tafelzeichnung das entsprechende Wortmaterial.
- Die Kinder entwerfen zu vorgegebenen Wörtern einen eigenen Text (auch in Form eines Rätsels, eines Witzes oder eines Unsinntextes).
- Die Kinder finden in Bildvignettentexten die entsprechenden Wörter.
- Das Wortmaterial wird durch Rätsel selektiert.

Die Übungen zur Sicherung des Wortmaterials müssen möglichst allen Lerntypen gerecht werden, nach dem Motto „Jedem das Seine".

Beispiel einer Übungseinheit in der 1. Klasse: **Thema: ich**
Häufig gebrauchte Wörter: **ich, bin**
Grundwörter: **groß, klein, Auge, Nase, Ohr, Arm, Finger, Bein.**

Vorarbeit: In Kunsterziehung malen sich die Kinder selbst auf ein DIN-A4-Papier. Dieses Selbstbildnis ist Ausgangspunkt zur Gewinnung des Wortmaterials. In der Rechtschreibstunde benennen die Kinder die Körperteile, zeigen sie an sich selbst und ordnen die Wortkarten dem gezeichneten Kind an der Tafel entsprechend zu. Nach mehrmaligem Lesen der Wörter ordnen die Kinder kleine Wortkärtchen, die sie in einem Kuvert erhalten, ihrem selbst gemalten Bild zu.

Um das sichere Einprägen zu garantieren, sollten die Grundwörter in den sog. täglichen Zehn-Minuten-Übungen geübt sowie in die Hausaufgaben eingebunden werden.

Beispiele für tägliche Zehn-Minuten-Übungen:

Arbeit mit dem Setzkasten:
Die Grundwörter oder einfache kurze Sätze werden im Setzkasten aufgebaut und abgeschrieben.

Buchstabenklopfen:
Der Lehrer bzw. der Schüler klopft die Anzahl der Buchstaben eines Grundworts, die Schüler nennen das Wort.

Lautkette:
Mit Hilfe der Lautkette wird die Anzahl der gehörten Laute sichtbar gemacht. Anfangs wird nur mit lautgetreuen Wörtern gearbeitet, z. B. Tomate (Mitsprechwort). Später erfahren die Kinder, dass die gehörten Laute nicht immer ausreichen und Regeln beachtet werden müssen, z. B. Wiese (Nachdenkwort).

Für Lautketten können die handelsüblichen Rechenketten verwendet werden.

Wörterfenster:
Im Sichtfenster eines Pappkartons auf dem Tageslichtprojektor werden die auf Folie geschriebenen Grundwörter für einen kurzen Augenblick sichtbar. Die Kinder nennen die Wörter und schreiben sie aus dem Gedächtnis auf. Kontrolle erfolgt über den Vergleich mit den Folienwörtern.

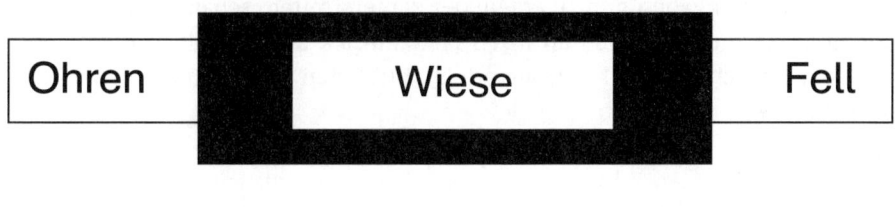

Silbenwagen:

Lernwörter werden nach ihren Silben gesprochen, geklatscht und mit Schritten abgegangen. Danach fällt es den Kindern nicht mehr schwer, die passenden Silbenwagen den Lernwörtern zuzuordnen, bzw. diese in den jeweiligen Silbenwagen einzutragen.

Wörterschlange:
Die Kinder erhalten eine Wörterschlange, auf der die Grundwörter ohne Lücken aneinander gefügt sind. Durch Trennstriche und anschließendes Zerschneiden wird die Wörterreihe in Einzelwörter zerteilt. Die ausgeschnittenen Wörter werden nun abgeschrieben.

Überraschungseier:
Die Plastikhüllen der Schokoladenüberraschungseier dienen als Behältnis für einzelne Grundwörter oder Sätze, die auf Papierstreifen geschrieben sind. Die Kinder holen sich ein Ei, öffnen es und schreiben das darin befindliche Grundwort/den Satz auf.

Laufdiktat:
Der Lehrer schreibt Sätze auf Papierstreifen und verteilt diese im Klassenzimmer. Die Kinder gehen nun zu einem der Papierstreifen, schauen sich den Satz genau an, lesen ihn, gehen an ihren Platz zurück und schreiben diesen Satz aus dem Gedächtnis auf. Kontrolle erfolgt durch den Vergleich mit den Papierstreifen.

Partnerdiktat:
Die Banknachbarn diktieren sich gegenseitig Grundwörter oder Sätze und kontrollieren mit dem jeweiligen Arbeitsblatt bzw. der Grundwortschatzliste.

Rückenrätsel:
Die Banknachbarn schreiben sich mit dem Finger gegenseitig Grundwörter auf den Rücken und erraten diese.

Kreuzworträtsel:
In einem Kreuzworträtsel auf Folie tragen die Kinder die Grundwörter ein.

Flüsterpost:
Die Kinder sitzen im Kreis. Ein Kind flüstert dem nächsten ein Grundwort/einen Satz ins Ohr, und dieses wieder dem nächsten. Das letzte

Kind nennt das Wort laut. Alle Schüler schreiben es mit dem Finger in die Luft/mit dem Fuß auf den Boden.

Lückentext:
In einem Lückentext an der Tafel/auf der Folie/auf dem Arbeitsblatt werden die fehlenden Grundwörter ergänzt.

Dosendiktat:
In einer mit Geschenkpapier überzogenen Blechdose befinden sich Sätze auf einzelnen Satzstreifen. Die Schüler legen die Satzstreifen in eine logische Reihenfolge und lesen sie.
Alternative: Die Kinder holen sich je einen Satzstreifen und diktieren ihn dem Nachbarn.

Wörterkiste:
Jedes Kind besitzt eine kleine Schachtel. Die Schüler schreiben die zu übenden Grundwörter auf kleine Wortkärtchen und legen sie in ihre Schachtel. So entsteht nach und nach der gesamte Grundwortschatz der Klassenstufe.

Wörtermemory:
Auf je zwei Kärtchen befindet sich das gleiche Grundwort. Die Kärtchen werden auf dem Tisch verteilt, mit der unbeschriebenen Seite nach oben. Jedes Kind der Gruppe darf nun zwei Kärtchen aufdecken. Hat es zwei gleiche Grundwörter erhalten, darf es das Wörterpaar nehmen und weiter aufdecken, solange, bis es zwei nicht zusammen gehörige Wörter aufdeckt. Dann ist das nächste Kind an der Reihe. Diese Übung dient der Konzentration. Sie kann in Partner- oder Gruppenarbeit durchgeführt werden.

Silbensalat:
Die Grundwörter sind in Silben zerlegt auf Kärtchen geschrieben. Die Kinder fügen sie zu sinnvollen Wörtern zusammen. Das gefundene Wort wird aufgeschrieben. Kontrollmarkierung auf der Rückseite der Silbenkärtchen.

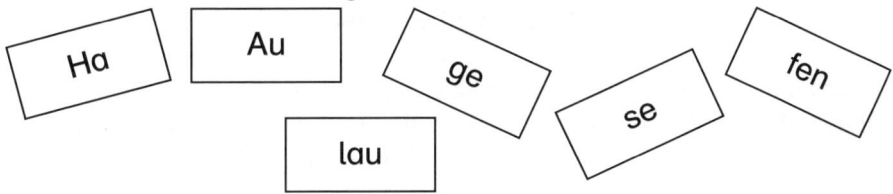

Perlenaufziehen:
Größere Holzperlen werden mit Buchstaben beschriftet (wasserfester Folienstift). Die Schüler fügen nun die Buchstabenperlen zu einem Grundwort zusammen und fädeln sie auf ein Schuhband.

Variation: Holzwürfel, auf deren Flächen Buchstaben geschrieben sind, werden richtig aneinandergefügt.

Leseuhr:
Die Leseuhr befindet sich als Lehrmittel an vielen Schulen. Die Kinder drehen die einzelnen Buchstaben so lange, bis im Sichtfenster das entsprechende Grundwort erscheint.

Der Grundwortschatz als Basis der Wortschatzerweiterung
Ausgehend vom Grundwortschatz wird der Wortschatz der Kinder erweitert:

Text- und Worterschließung:
Grundwörter (Lernwörter) können inhaltlich geklärt werden durch:
    Wortumschreibungen
    Auffinden von Wörtern mit ähnlicher oder gegenteiliger Bedeutung
    Verwendung im Sinnzusammenhang (Kontext)
    Szenische Darstellung
    Worträtsel

Aneignung von Wortgestalten:
Wortgestalten sollten durch vielfältige, abwechslungsreiche Übungen den Kindern nahegebracht werden:
Isolieren der Lernwörter auf unterschiedliche Weise, z. B.:
- Das Wort steht in der 2. Zeile, damit kannst du sehen
- Flüstern des Wortes
- In die Luft schreiben
- Als Rätsel vorgeben
- Von rückwärts sagen
- Vom Gegenteil ausgehen
Deutliches Lesen der Wörter
Stolperstellen markieren, z. B. stummes h, ie, Doppellaute, ...

Ohren, weiß, Wiese

Nachspuren der Lernwörter an der Tafel, in der Luft, auf der Bank, im Text, auf dem Rücken des Nachbarn, dabei deutliches, artikuliertes Sprechen
Genaues Betrachten und Besprechen des Wortbildes, Zeichnen von Wortrahmen

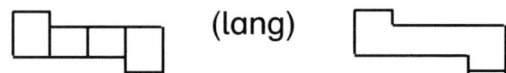

(lang)

Lautieren des Wortes: B-u-s
Bestimmen der Lautfolge: Wie heißt der erste Laut? ...
Erfassen der Wortstruktur durch Wortrahmen, Purzelwörter, Geheimschrift

 → Purzelwörter ‖ ‖ ‖ (Ohren)➤ Geheimschrift

Beschreiben des Wortes durch
● Anzahl der Buchstaben
● Auffälligkeiten im Wort
● Rechtschreibbesonderheiten
Reimwörter bilden, z. B. Hase - Nase
Abschreiben des Wortes mit Eigenkontrolle
Ordnen der Lernwörter nach ihrer Länge: Beginne mit dem kürzesten/längsten Wort.
Zusammensetzen nach Silben/Silbensalat

Übungen zur Durchstrukturierung von Wörtern

Herausstellen von Buchstabengruppen und Signalgruppen
Heraussuchen von Wörtern nach vorgegebenen Signalgruppen
Arbeit mit dem Setzkasten: Stecken der Lernwörter
Auf- und Abbauübungen im Setzkasten
Silbenrätsel
Einsetz- und Ergänzungsübungen (in Wortruinen Buchstaben einsetzen)

lei   (klein)

Zusammensetzübungen (Purzelwörter)
Geheimschrift (Strichbilder)
Wort-in-Wort-Übungen (aus in Maus)
Wörterschlangen
Buchstaben klopfen
Zauberwörter durch Buchstabentausch (Hand-Hund)
Reimwörter

Wortschatzerweiterung

Durch Ableitungen kann auf andere Wörter geschlossen werden. Sie dienen somit der Wortschatzerweiterung, z. B.
Mehrzahlbildung
Reimwörter

Gegensatzpaare
aus Tunwörtern Namenwörter ableiten und umgekehrt
Tunwörter in die verschiedenen Personalformen setzen, z. B. laufen - ich laufe
- du läufst - ...
Wörter, die zu einem Themenbereich passen, z. B. Auto, Rad, Bus, ...
oder die Zahlen von eins bis zehn

Individualisierung und Differenzierung
Differenzierung bedeutet Rücksichtnahme auf den einzelnen Schüler bezüglich seines Arbeitstempos, seines Aufnahme-, Auffassungs- und Lernvermö-
gens, seiner Merkfähigkeit, seiner Typenzugehörigkeit (optisch, akustisch,
motorisch), seines rechtschriftlichen Entwicklungsstandes und seiner Feh-
leranfälligkeit.

Möglichkeiten

Individuelle Betreuung einzelner Schüler bzw. Schülergruppen
Textvorlagen mit unterschiedlichem Umfang
Fallspezifische Arbeitsaufgaben
Erneutes Durcharbeiten mit der schwachen Gruppe
Helfersystem: Gute Rechtschreiber üben mit schwächeren
Fallorientierte Hausaufgaben
Gezielte Förderung im Förderunterricht, in Verfügungsstunden oder LRS-Kur-
sen (für lese- und rechtschreibschwache Kinder)
Die Aufgabe des Lehrers ist es, geeignetes Lehr- und Lernmaterial bereit zu
stellen. Er sollte einzelne rechtschreibschwache Schüler nicht über einen län-
geren Zeitraum isolieren, auch um einer Diskriminierung vorzubeugen.
Offene Gruppen, zu denen jederzeit Schüler dazu kommen und weg bleiben
können, sind starren Gruppen vorzuziehen.

Die rechtschriftliche Nacharbeit

Zunächst wissen die Kinder nicht, dass ihre Rechtschreibung oft große Män-
gel aufweist. Dies ist auch weniger ein Problem für die Kinder als für die
Erwachsenen. Kinder schreiben Wörter so, wie sie sie hören. Richtig schreiben lernt man durch Schreiben. Der Lehrer muss hier sehr behutsam vorge-
hen, um den Kindern die Lust am Schreiben nicht zu nehmen. So gilt es in
erster Linie, eine vertraute Atmosphäre zu schaffen. Die Kinder müssen wissen, dass sie Fehler machen dürfen, denn wer etwas lernt, macht Fehler.
Schule ist dazu da, um auf Fehler aufmerksam zu machen und diese zu berichtigen. Wer nicht weiß, wie ein Wort geschrieben wird, darf nachfragen.

Fehlerursachen

Fehlerursachen können mangelnde Konzentration, Ängste vor den Anforderungen, schwache Begabung sowie eine ungenaue Aussprache und Dialekt sein.

Durch die Schaffung einer vertrauten, ruhigen Atmosphäre kann mangelnder Konzentration und Ängsten entgegengewirkt werden. Die Hinführung zur Hochsprache muss beständiges Ziel sein und kann indifferentes Sprachverhalten ausgleichen.

Fehlerbeobachtung

Eine genaue Fehlerbeobachtung gibt dem Lehrer Aufschluss über den individuellen Lernfortschritt des einzelnen Kindes sowie der gesamten Klasse. Nur wenn der Lehrer die Fehlerquellen seiner Kinder kennt, kann er durch gezielte Übungen Abhilfe schaffen.

Möglichkeiten der Fehlerbeobachtung:

– durch Strichlisten: Art und Anzahl der Fehler werden festgehalten

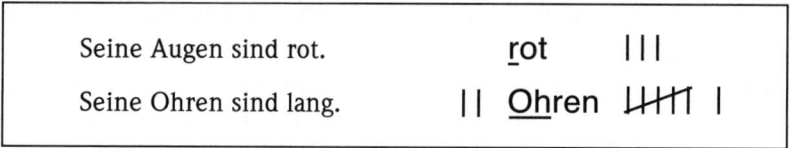

– durch ein Beobachtungsblatt, eine Fehlerkarte oder ein Fehlerbarometer: Individuelle Fehler werden aufgezeichnet

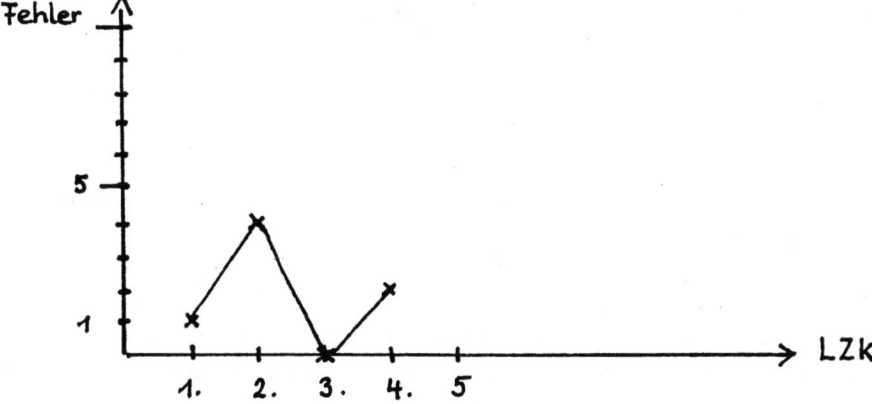

Fehlerkorrektur

Die Korrektur kann durch Selbstkontrolle, Partnerkontrolle oder durch den Lehrer vorgenommen werden. Je nach Leistungsvermögen des einzelnen Schülers sollte bei der Fehlerkorrektur eine Differenzierung stattfinden. Im Einzelnen gibt es dazu folgende Möglichkeiten:

Kennzeichnen des Fehlers mit Korrekturfarbe

Markieren des Fehlers am Heftrand: Schüler suchen selbstständig das fehlerhafte Wort

Überkleben des fehlerhaften Wortes mit Blankostreifen

Fehlerwort mit fehlerfreiem Wort überkleben (für schwache Schüler)

Angabe der Fehlerzahl am Ende des Textes (für leistungsstarke Schüler)

Wichtig ist, dass die vom Lehrer korrigierten Rechtschreibübungen mit einer verbalen Würdigung versehen werden, die rechtschreibstarke Schüler bestätigt, z. B. „Das hast du wieder prima gemacht!", „Schon wieder 0 Fehler!" und rechtschreibschwachen Kindern Mut macht, z. B. „Es wird immer besser!", „ Du hast dir sehr viel Mühe gegeben!", „Weiter so!"

Fehlerberichtigung

Zunächst erfolgt die Fehlerberichtigung durch den Lehrer. Er markiert die falsche Schreibweise und gibt die richtige an. Jetzt soll der Schüler seine Fehler verbessern. Dafür ist genügend Zeit einzuplanen. Häufig vorkommende Fehler sollten im Klassenverband besprochen werden. Die individuelle Berichtigung durch den Schüler kann auch als Hausaufgabe erledigt werden. Diktate sollten gemeinsam verbessert werden.

Möglichkeiten der Fehlerberichtigung

Nachspuren:
Der Schüler spurt die vom Lehrer vorgeschriebene richtige Wortgestalt nach.

Auf- und Abbauübungen:
Der Lehrer schreibt das Wort richtig vor, der Schüler baut es ab und wieder auf: Brot - Bro - Br - B - Br - Bro - Brot.

Einfügen in neuem Sinnzusammenhang:
Das berichtigte Wort wird in neuem Sinnzusammenhang aufgeschrieben und unterstrichen. Dazu erstellt der Lehrer einen Lückentext, den er in das Heft des Kindes klebt. Der Schüler ergänzt ihn durch die berichtigten Wörter.

Arbeit mit dem Aufgabenblatt:

Dieses Blatt (Igel) kann die erste Seite im Rechtschreibheft schmücken. Der Umgang damit muss den Kindern vertraut sein. Der Lehrer gibt die Aufgabennummer an. Der Schüler führt den Arbeitsauftrag im Heft aus.

Arbeit mit der Fehlerkarte:

Die Fehlerkarte als Möglichkeit für die Berichtigung liegt lose im Rechtschreibheft. Der Lehrer trägt das fehlerhafte Wort richtig ein. Der Schüler übt dieses Wort im Unterricht, im Rahmen der Freiarbeit oder zu Hause. Jedesmal, wenn er das Wort auswendig korrekt geschrieben hat, hakt er hinter dem Wort ab. Nach dreimal Abhaken darf er das Wort streichen.

Fehlerkarte von Barbara		
k̜lein ✓✓✓		
wei̜ß ✓		
Wi̜ese		

Arbeit in der Grundwortschatzmappe:

Die Kinder erhalten zu Anfang des Jahres eine vom Lehrer angelegte Grundwortschatzmappe, in der sämtliche Grundwortschatzwörter bereits einmal

113

vorgeschrieben sind. Der Schüler vergleicht nun seine Fehlerwörter mit den Wörtern in der Grundwortschatzmappe. Er verbessert seine Fehler, indem er die Zeilen in der Mappe füllt. Die Arbeit in der Grundwortschatzmappe ist auch für eine gemeinsame Berichtigung mit allen Kindern geeignet. Ebenso kann sie für Übungen zur Wortschatzerweiterung, zur Schreibschrift und zum Alphabet eingesetzt werden.

Genesung der „Patienten":
Im Rahmen des Kunsterziehungsunterrichts stellen die Kinder ein Krankenhaus aus einer Schachtel (Streichholzschachtel o. ä.) her. Diese Schachtel wird mit Bunt- oder Geschenkpapier überzogen und erhält ein rotes Kreuz. Innen kann die Schachtel mit Watte oder Stoffen ausgelegt werden. In dieses Krankenhaus werden die „kranken" Wörter eingeliefert, d. h. der Lehrer schreibt die fehlerhaften Wörter des Kindes berichtigt auf Papierstreifen und legt sie in die „Krankenhausschachtel" des jeweiligen Kindes. Das Kind pflegt nun seine Patienten gesund, indem es jedes Wort dreimal fehlerfrei schreibt. Ist das erreicht, darf der Patient entlassen werden. Er wird aus der Schachtel entfernt. Die Arbeit mit der Fehlerkarte, der „Krankenhausschachtel" und der Grundwortschatzmappe dient in erster Linie der individuellen Fehlerbearbeitung. Bei besonders rechtschreibschwachen Schülern sollte der Lehrer Schwerpunkte setzen: Die wichtigsten Fehler zuerst!
Als Möglichkeit wäre zu nennen: Alle richtig geschriebenen Wörter einkreisen. Eine rein formale Fehlerverbesserung (z. B. durch zeilenweises Abschreiben des Wortes) ist wenig motivierend und vermindert den Lerneffekt.

Zusammenfassung
Richtiges Schreiben muss immanent geübt werden. Durch die oft wenig reflektierte Bearbeitung einer Fülle von Arbeitsblättern und eine Vernachlässigung des Handschreibens wird das in Frage gestellt. Unterschätzt wird häufig die wesentlichste Übungsform, nämlich das Abschreiben.
Da intensive Rechtschreibübungen ein hohes Maß an Konzentration erfordern, sollten sie nicht zu lange ausgedehnt werden. Es empfiehlt sich daher, täglich kurze Übungsphasen einzuplanen. Dabei muss den unterschiedlichen Lernvoraussetzungen, dem Begabungsniveau, der Konzentrationsfähigkeit und der Arbeitshaltung der Kinder Rechnung getragen werden. „Nicht jedem das Gleiche, sondern jedem das Seine".

A

a

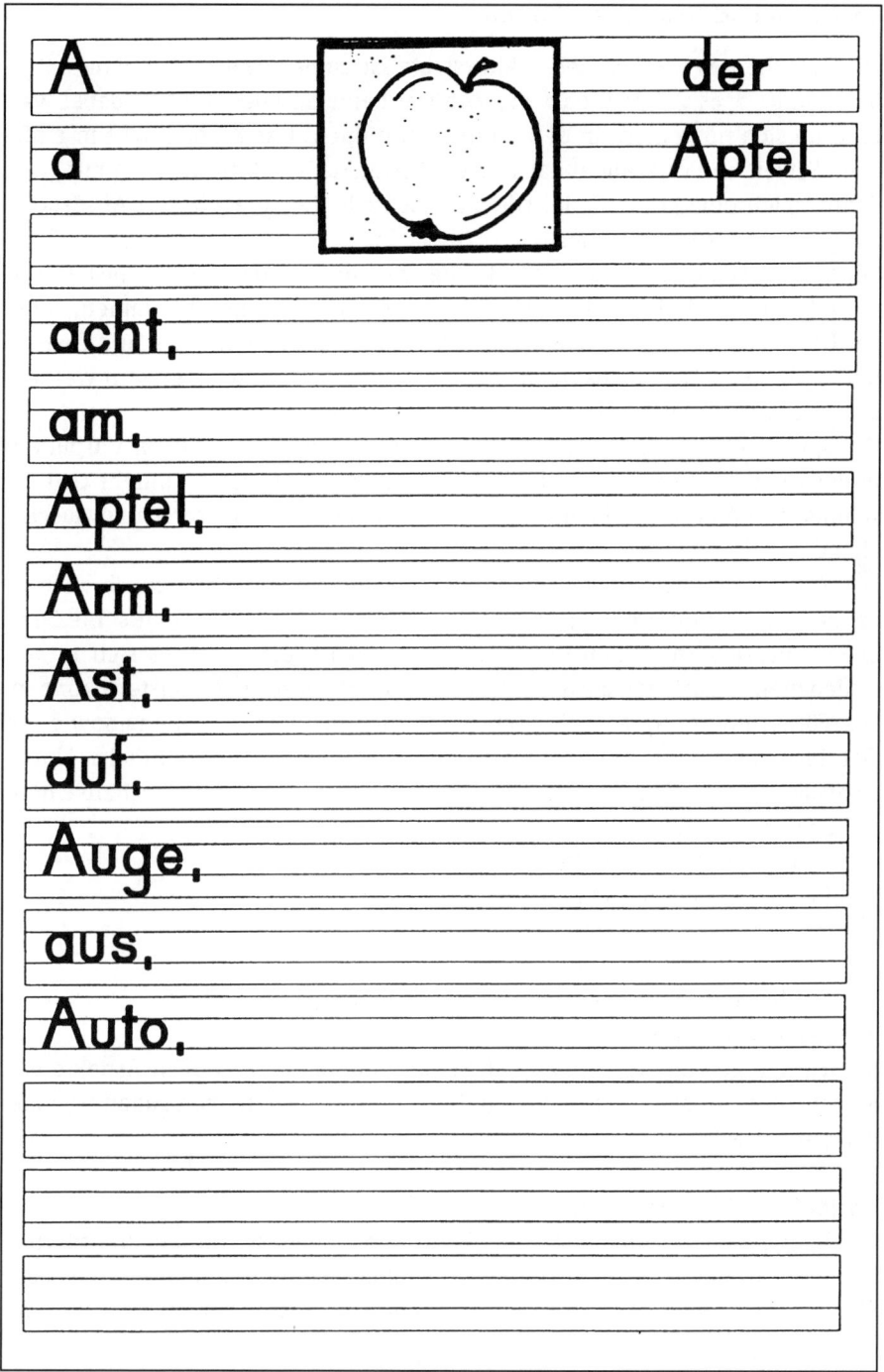

der

Apfel

acht,

am,

Apfel,

Arm,

Ast,

auf,

Auge,

aus,

Auto,

Sprechen und Gespräche führen

Die Sprache des Kindes dieser Altersstufe ist zumeist noch stark kontextgebunden. d. h. es vergisst, dass der Zuhörer beim Geschehen nicht dabei war. Es kann sich noch nicht in den Zuhörer einfühlen. Das Kind spricht in einfachen Sätzen und verwendet dabei kaum Abstrakta. Die Verknüpfung mit „und dann" spielt eine große Rolle. Die Unterschiede der sprachlichen Ausdrucksfähigkeit sind jedoch eklatant.

Für viele Erstklässler ist der Dialekt die Sprache, mit der sie sich bisher ausschließlich verständigt haben. Um die Sprechfreude nicht zu hemmen, sollte der Dialekt akzeptiert und auch gepflegt werden, z. B. bei Liedern und Gedichten in Mundart. Die Hochsprache muss jedoch erlernt und beherrscht werden, damit sich die Kinder situationsgerecht ausdrücken können.

Die Sprachentwicklung wird von der Intelligenz, den sprachlichen Vorbildern in der Familie und der individuellen Begabung beeinflusst. Nunmehr tritt die schulische Förderung hinzu. Sie muss versuchen, korrigierend und ausgleichend zu wirken.[1]

Das Ziel des Unterrichts im mündlichen und schriftlichen Sprachgebrauch ist es, das Kind zu differenzierter Ausdrucksfähigkeit zu führen und seine Sprache zu bereichern. Durch eine große Sprachkompetenz soll es sich in verschiedenen Situationen ausdrücken und dadurch diese auch meistern können. Die Förderung im Sprachgebrauch dient auch der Denkerziehung sowie der Gefühlsbildung und schafft wichtige Voraussetzungen für sämtliche Unterrichtsfächer. Die Pflege des mündlichen Sprachgebrauchs muss deshalb Unterrichtsprinzip sein.

Die Teilbereiche des mündlichen Sprachgebrauchs
- Einander erzählen und einander zuhören
- Sich und andere informieren
- Miteinander sprechen und miteinander umgehen
- Sprache spielerisch umsetzen
- Verständnisvoll und ausdrucksvoll sprechen

berücksichtigen die kognitiven, affektiven und kommunikativen Aspekte von Sprache. Sie müssen mit Inhalten gefüllt werden, die den oben genannten Zielen gerecht werden.

Erzählen und einander zuhören

Erzählen erfordert einen Zuhörer. Dazu muss zunächst eine erzählfördernde und hörerfreundliche Sitzordnung geschaffen werden. Ein Stuhlkreis oder Sitzkreis am Boden auf einem Teppich oder auf Kissen bieten sich hier an.

---

[1] siehe Schenk-Danziger, L., Entwicklungspsychologie. Wien 1988

116

Undeutliches oder zu leises Sprechen lassen die Aufmerksamkeit des Zuhörers rasch erlahmen. Im Erzählkreis, z. B. am Montagmorgen oder am Freitagmittag, berichten die Kinder von ihren persönlichen Erlebnissen zu Hause, auf dem Schulweg, in den Ferien usw. Bei diesem spontanen Erzählen muss vor allem darauf geachtet werden, dass ein Kind nur eine Geschichte erzählt. Dabei beteiligen sich selten alle Kinder. Manche glauben, nichts Interessantes erlebt zu haben, wissen, dass sie sich nicht gewandt ausdrücken oder befürchten, ausgelacht zu werden. Nur in einer entspannten Atmosphäre können diese Sprechhindernisse abgebaut werden.

Außer der Möglichkeit, dass sich Kinder spontan äußern, schafft der Lehrer **Gesprächsanlässe:**
- Bilder, Bildfolgen oder Zeichnungen motivieren dazu, passende Geschichten zu erzählen.
- Geschichten ohne Schluss werden zu Ende erzählt.
- Kinder dürfen ihr Lieblingsspielzeug mitbringen und darüber erzählen.
- ...

Aktives Zuhören wird durch **Hörübungen** gestärkt. Passende Spiele dazu können auch der Psychohygiene dienen.
- Indianer Leise-Sohle
- Geräusche - Kim
- Stille Post
- Geräusche von draußen erlauschen
- Richtung von Geräuschen erlauschen [1]
- ...

Die Kinder müssen vom ersten Tag an lernen, einfache Gesprächsregeln einzuhalten:
- sprechen - zuhören
- sich melden
Diese können auch durch einfache Piktogramme verdeutlicht werden.

Sich und andere informieren
Zur Bewältigung des Lebens ist dieser Teilbereich des mündlichen Sprachgebrauchs von besonders großer Bedeutung.
Mitteilungen und Anweisungen müssen verstanden werden. Beim Weitergeben an andere zeigt sich dann das Maß des Verständnisses. Als Spiel bietet sich eine Variante der Flüsterpost an:
- Einem Kind wird z. B. der Auftrag zugeflüstert: Geh zur Tafel und schiebe sie hoch. Es führt den Auftrag aus und die anderen verbalisieren, wie der Auftrag wohl geheißen haben könnte.

[1] siehe Stieren, B., Pausenspiele. Oldenbourg Schulbuchverlag. München 1990

Weitere Spielmöglichkeiten:
- Zeichnen nach Diktat am Tageslichtprojektor oder auf einem Blatt
- Text von einer Kassette verstehen und die Anweisung ausführen, die anderen Kinder versprachlichen, z. B:. Du hattest den Auftrag, mit dem rechten Zeigefinger deine Nase zu berühren.

Informationen müssen auch aus Piktogrammen entnommen und verstanden werden.

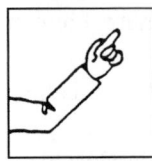

Wenn ich dieses Zeichen sehe,
dann soll ich mich melden.

Dieses Zeichen bedeutet Fußgängerweg –
Fahrzeuge dürfen hier nicht fahren.

Der sprachliche Teilbereich, Sachverhalte und Beobachtungen zu erfassen und sprachlich darzustellen, gewinnt besonders auch im Heimat- und Sachunterricht Bedeutung. Vorgänge, Erkenntnisse über Dinge, Personen, Tiere, die beobachtet und betrachtet wurden, erfordern eine Versprachlichung, einerseits wegen des besseren Verständnisses, andererseits prägt sich das Kind den Stoff so gründlicher ein.

Miteinander sprechen und miteinander umgehen
Bereits vom ersten Schultag an müssen wenige einfache *Gesprächsregeln* einsichtig gemacht und beachtet werden.
sich melden, warten bis das Wort erteilt wird
zuhören, ausreden lassen
nicht auslachen
Bestimmte Gesprächstechniken, wie das Wort weitergeben, Fragen stellen und verschiedene Gesprächsformen, wie Partner-, Gruppen- oder Kreisgespräch, können auch im ersten Schuljahr sinnvoll eingesetzt werden.

Das Kind muss ausprobieren, wie es sich in wichtigen Sprechsituationen äußern kann. Passende Ausdrücke und Formulierungen werden gesammelt und z. B. in szenischen Darstellungen mannigfaltig angewandt. Vor allem für sprachgehemmte Kinder ist diese Hilfe von großer Bedeutung, um neue Sprachmuster zu erproben.

Folgende Lerninhalte können sowohl spontan-aktuell oder durch geplante Sprechanlässe abgedeckt werden:
Grüßen, Verabschieden
siehe auch Rituale S. 54

Bitten, Danken

... um Hilfe bitten, ...etwas austeilen wollen, ... sich für ein Geschenk bedanken ...

Nachfragen, Sich erkundigen

... nach der Uhrzeit fragen, ... nach dem Weg, ... nach der Hausaufgabe ...

Seine Meinung sagen

... zu einem Buch, ... Spielzeug, ... Theaterstück,

Entschuldigen

... Hausaufgaben vergessen, ... zu spät kommen, ... ein Kind ist verletzt oder beleidigt worden ...

Beglückwünschen

... zum Geburtstag, ... gute Besserung wünschen, ... Glückwünsche zu Weihnachten, ... zum neuen Jahr, ... zu Ostern ...

Sprechanlässe können auf vielfältige Art geschaffen werden:

ein aktueller Anlass, z. B. Streit in der Pause

eine Lehrererzählung

ein Gespräch auf einer Kassette

ein Bild

In Lese- und Sprachbüchern, Zeitungen und Illustrierten sind zahlreiche Bilder oder Fotografien zu finden, die auf Folie kopiert zum Gesprächsanlass werden können.

Sprache spielerisch umsetzen

Im Mittelpunkt steht das vielfältige kreative Spiel mit Sprache. Bei der Gestaltung von Spielszenen werden ausdrucksvolles Sprechen und Körpersprache eingesetzt.

- Sprachspiele

Abzählverse, Rätsel, Wortketten (z. B.: Has<u>e</u> <u>E</u>sel <u>L</u>eiter)

Klatschspiele

Fingerspiele

Sätze weiterbauen (z. B.: Ich – gehe – in – den – Zoo.)

- Szenische Darstellung

Spielszenen mit Finger-, Hand- und Stabpuppen erfinden, Pantomime

Andere Sprachen können hier gut einbezogen werden, z. B.: Abzählverse, Reime und Lieder in anderen Sprachen.

Verständlich und ausdrucksvoll sprechen

Kinder müssen zunächst die Erfahrung machen, wie laut man in einem Klassenzimmer sprechen muss, um von allen verstanden zu werden. Es kann auch nicht vorausgesetzt werden, dass alle das Gefühl mitbringen, wann sie flüstern sollen und wann laut sprechen. Für viele ist jede Äußerung gleich wichtig. Deutliches Sprechen kann auf verschiedene Weise geübt werden:

Im Leseunterricht

Bei der Erarbeitung neuer Laute ist auf die richtige Stellung von Zunge und Lippen zu achten. Für Kinder ist es oft reizvoll, dies vor dem Spiegel zu erproben.

ABC-Sätze

Zungenbrecher

Der freie Vortrag von Gedichten

Sprechen auf Kassetten

Einsatz von Mimik und Gestik

Spiegelspiele

Tätigkeiten erraten ...

Im Rechtschreiben

Deutliches Artikulieren

Lautunterscheidungsübungen

Silbensprechen

Reime finden

Wörter von den Lippen ablesen

In Musik

Flüstern

Singen

Im Chor sprechen

Rhythmisch sprechen

Kinder mit Sprachauffälligkeiten wie Dysgrammatismus, Stammeln, Stottern, Poltern können innerhalb des Unterrichts selten therapiert werden. Sie müssen einer logopädischen Behandlung zugeführt werden.

Es ist ratsam, Sprach- oder Sprechauffälligkeiten im Beobachtungsbogen zu notieren. Kinder, die kaum sprechen oder andere Besonderheiten im Sprachverhalten aufweisen, müssen vor allem im Hinblick auf ihre Lernfortschritte beobachtet werden, um individuelle Hilfen geben zu können.

Für sich und andere schreiben

Bereits in den ersten Schulwochen werden die Kinder angeregt und ermutigt, mit Hilfe der Anlauttabelle eigene Gedanken zu verschriften (siehe S. 81). Die Kinder lernen in zunehmenden Maße, kleine Geschichten so aufzuschreiben, dass der Leser den Inhalt versteht und sie gerne liest.

Ich war in der Raub-
ritterburg

Am Gardasee waren
süße Esel. Die durfte
ich immer strei-
cheln.

Die Kinder lieben es auch, ihre eigenen Geschichten in einer Vorlesestunde vorzulesen. Oft greifen sie die Anregung, freiwillig Geschichten aufzuschreiben, mit Begeisterung auf. Um die Freude nicht zu dämpfen, können die gemeinsam verbesserten Geschichten z. B. mit dem Computer neu geschrieben und gestaltet werden. Sie werden dann in einer Geschichtenmappe oder an einer Pinnwand präsentiert und sind zum Lesen für alle zugänglich.

Eine Zahngeschichte
Im Sommerlager sind wir gerade beim Schlafen.
Ich wackle an meinem Zahn. Er ist schon ganz locker. Ich ziehe den Zahn heraus. Ich habe gemeint, das tut weh, dabei tut es nicht weh
Judith

Ich war einmal an der Nordsee, da wollte mein Papa meinen Zahn ziehen. Zu spät, jetzt habe ich ihn mir selbst gezogen.
Franz

Rätsel

Kinder denken sich auch gern Rätsel aus. Sie werden in einer eigenen Rätsel- oder in der Geschichtenmappe gesammelt.

Rätsel
Die Blüte ist lila.
Sie hat die Form einer Glocke.

Wir raten
Es ist klein und weiß.
Es hat eine Krone.
Es hat eine Wurzel.

Einfache Bilder in Schriftsprache umsetzen

Das Ordnen von Bildern in der richtigen Reihenfolge, spontanes Erzählen und daran anschließend das Finden eines Satzes zu jedem Bild sowie einer Überschrift sind ein weiterer Bereich zur Förderung des schriftlichen Sprachgebrauchs. Der Handlungsrahmen ist vorgegeben, und die Kinder können sich ganz darauf konzentrieren, richtig zu formulieren und neue treffende Ausdrücke zu finden.

„Wau", Bildergeschichte von Hermann Altenburger. Aus: Quatsch, Weckbuch für Kinder. Rororo. Reinbek 1974.

Sachtexte verfassen

Einfache Sachtexte niederschreiben

Im ersten Schuljahr beschränkt sich dieser Teilbereich anfangs auf das Notieren der Hausaufgabe. Einfache Abkürzungen wie l = lesen, S = Seite ... dienen hier als Merkhilfe.

Der Heimat- und Sachunterricht bietet viele Möglichkeiten Sachtexte zu verfassen. Die Inhalte beziehen sich meist auf einen Teilbereich einer Unterrichtseinheit. Diese Texte dienen dem besseren Verständnis und der besseren Aneignung des Lerngegenstandes. Durch diese Übungsform kann eine Steigerung der Geläufigkeit im schriftlichen Sprachgebrauch erzielt werden, vor allem, wenn Maßnahmen der inneren Differenzierung getroffen werden. Während eine Schülergruppe problemlos allein arbeitet, brauchen andere Hilfen, z. B. durch vorgegebenes Wortmaterial.

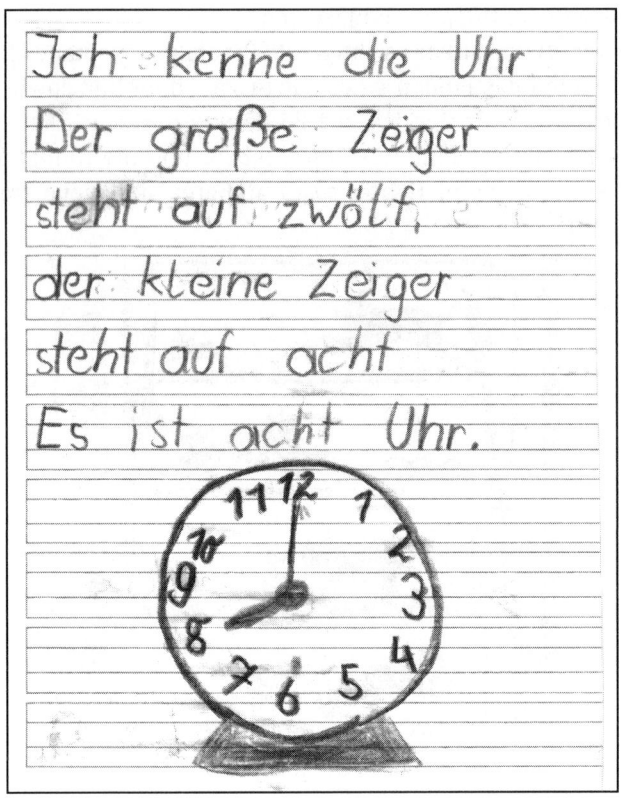

Anliegen und Wünsche äußern

Ein Wunsch zum Geburtstag oder zu Weihnachten, ein Glückwunsch zum Geburtstag, zu Weihnachten, zu Ostern, zum Muttertag, zur Genesung oder zu einem anderen Anlass können in der ersten Klasse formuliert, aufgeschrieben und gestaltet werden.

Überarbeitung von Texten
Die Kinder lesen in der Regel ihre Geschichten gern vor.Die Zuhörer müssen angeleitet werden, Stellung zu beziehen, d. h. Gelungenes zu loben und bei Unverständlichkeiten nachzufragen und Änderungsvorschläge einzubringen. Diese können dann, auch mit dem Computer, umgesetzt werden.

Mathematik

Vorkenntnisse des Schulanfängers

Bereits vor Schuleintritt verfügen viele Kinder über eine Vielzahl von Vorkenntnissen im mathematischen Bereich. Die meisten können bereits zählen und die Anzahl einer Menge angeben. Manche können zu einer gegebenen Zahl Mengen bilden. Auch das Durchführen einfacher Additionen und Subtraktionen sowie das Lösen einfacher Rechengeschichten scheint für einige Kinder kein Problem zu sein. Bei der Unterrichtsplanung muss der Lehrer diese Vorkenntnisse berücksichtigen.

Doch man sollte sich nicht täuschen lassen. Auch wenn die Kinder bereits bei Schuleintritt die Zahlwortreihe bis 20 fließend aufsagen können, heißt das aber noch lange nicht, dass die Zahlenreihe zur Problemlösung angewendet werden kann oder von allen Schülern zählend gerechnet werden kann.

Ziele und Aufgaben:

Der Unterricht in der Grundschule soll zu sicherem und geläufigem Rechnen innerhalb der vier Grundrechenarten führen. Die Schüler sollen den Umgang mit Zahlen und Größen beherrschen, außerdem Sachverhalte aus der Umwelt des Kindes mit Hilfe von Zahlen bzw. Größen durchdringen können. Dabei ist es notwendig, an die Erfahrungen der Kinder anzuknüpfen und durch konkrete Handlungen und Veranschaulichung verschiedene Lösungswege zu erkunden.

1. Zahlen aus der Lebenswelt entdecken,
   deuten und aufschreiben
   Mengen bilden und auszählen
   Mengen durch 1 : 1-Zuordnungen vergleichen
   Anzahlen konkret, bildlich und symbolisch darstellen
   Zahlen und Größen vergleichen
2. Die Zahlen bis 10 sollen die Schüler verstehen
   als Anzahl
   als Maßzahl
   als Ergebnis einer Operation
   als Ordnungszahl
   und fähig sein, sie auf verschiedene Weise darzustellen, zu zerlegen und Additions- und Subtraktionsaufgaben durchzuführen.
3. Die Zahlen bis 20 werden auf verschiedene Weise dargestellt, geordnet und zerlegt sowie Additions- und Subtraktionsaufgaben gebildet.

4. Geometrische Grunderfahrungen werden den Kindern über das Erfassen räumlicher Beziehungen (oben, unten, hinten, vorne, über, unter ...) und das Kennen der Flächenformen (Viereck, Rechteck, Quadrat, Dreieck, Kreis) nahe gebracht.

Unterrichtspraktische Möglichkeiten

In den ersten Schultagen lernen die Kinder ihre neue Umgebung kennen. Daraus ergeben sich ganz von selbst Gespräche über die Gegenstände im Klassenzimmer, in der Schultasche usw. Dinge werden benannt, verglichen, unterschieden, geordnet und in Zusammenhänge gebracht. Auch Zahlen werden dabei naiv gebraucht (In meinem Mäppchen sind 2 Bleistifte ...)
Hier werden bereits grundlegende mathematische Fähigkeiten angebahnt:

1. Zahlen aus der Lebenswelt entdecken, deuten und aufschreiben
   Möglichkeiten:
   Als Zahlendetektive unterwegs – überall Zahlen
   Wir brauchen Zahlen
   Wir zählen in unserer Klasse
   Mengen bilden und auszählen
   Anzahlen bestimmen
   Anzahlen vergleichen

Möglichkeiten:
   Schultüte betrachten und beschreiben
   Dinge im Klassenzimmer beschreiben und benennen (Merkmale feststellen)
   Die ersten Fibelseiten betrachten (Gemeinsamkeiten, Ähnlichkeiten feststellen)
   Ratespiel (Ich sehe was, was du nicht siehst, ...)
   Mit Plättchen bauen
   Plättchen ertasten (Rätselsack) und benennen – Merkmale versprachlichen
   Plättchen nach Farbe, Größe oder Form ordnen.

Viele Zahlen kenne ich

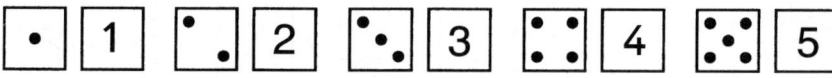

Welche Zahl gehört zu dem Bild?

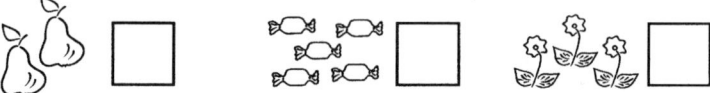

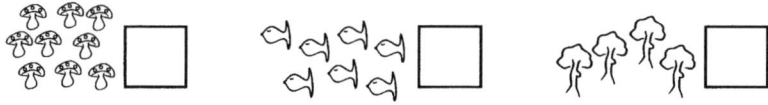

Male Punkte oder schreibe die Zahlen.

127

Male ein Bild mit

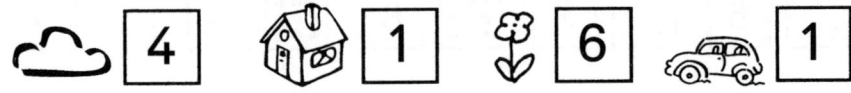

2. Vergleichen und Unterscheiden

Das Vergleichen will Gemeinsamkeiten, Gleichheiten feststellen, das Unterscheiden beachtet die Verschiedenheiten, Ungleichheiten von Dingen.

Beim „Feststellen von Merkmalen" wird auch bereits verglichen und unterschieden. Die einzelnen mathematischen Fähigkeiten lassen sich nicht streng voneinander abgrenzen.

Möglichkeiten:

    Vergleich von Dingen auf dem Tisch

    Suchbilder (Wer findet fünf Unterschiede?)

    Vergleich von Mustern (Begriffe: dreieckig, rund, ...)

    Unterschiedsschlangen, z. B. Farbschlangen (Wer findet den Unterschied?

    Baue die Schlange weiter nach Vorschrift.)

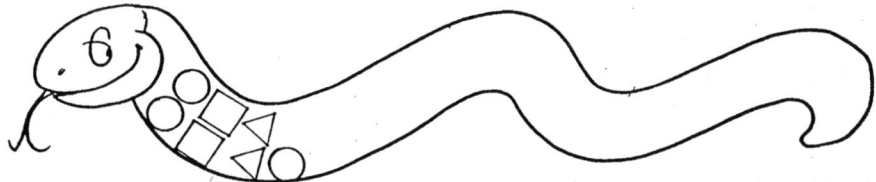

3. Ordnen

Die verschiedenartige Bedeutung des Wortes „ordnen" zeigt sich, wenn Spielsachen geordnet werden; so werden sie nach ihrer Zusammengehörigkeit an verschiedene Orte gebracht. Wenn Kinder die Plättchen nach einem Merkmal ordnen sollen, so unterteilen sie die Plättchen und fassen sie nach dem vorgegebenen Merkmal zusammen (= klassifizieren). Werden Plättchen aber in einer Reihe, in einer Doppelreihe oder kreisförmig geordnet, so ist damit eine räumliche, regelmäßige Verteilung gemeint. Ordnen im Sinn der Mathematik kann an Gegenständen, Zahlen oder geometrischen Objekten erfolgen.

Möglichkeiten:

    Bleistifte nach ihrer Länge ordnen

    Flächenformen nach der Anzahl ihrer Ecken

    Kinder nach ihrer Größe

4. Zuordnen

Beim Zuordnen sind Objekte verschiedener Mengen betroffen, zwischen denen eine Beziehung hergestellt wird, Dinge, die notwendig zusammengehören (Topf und Deckel), bzw. Dinge, die gut zusammenpassen.

Möglichkeiten:
Anzahlen konkret, bildlich und symbolisch darstellen
(Training der Simultanerfassung)
Zahlen fühlen (Rätselsack, Knete, im Sand malen, Fühlkarten, Fühlschnüre)
Anzahlen hören
Zahlen sehen
Zuordnen von Gegenständen zu einer Zahl

Erarbeitung des Zahlbegriffs

Aufbau des Lehrgangs

Es erweist sich als günstig, den Lehrgang in vier Abschnitte einzuteilen:
1. Abschnitt: Die Zahlen von 1 bis 9
2. Abschnitt: Einführung der Addition und Subtraktion
3. Abschnitt: Aufgaben bis 10 lösen
4. Abschnitt: Die Zahlen bis 20

Die Erarbeitung der Zahlen 1 bis 9

Hier sind zwei Methoden möglich:

1. Die Einführung der Zahlen im Zusammenhang
Mächtigkeitsvergleich durch paarweises Zuordnen (zuerst konkret, dann zeichnerisch)

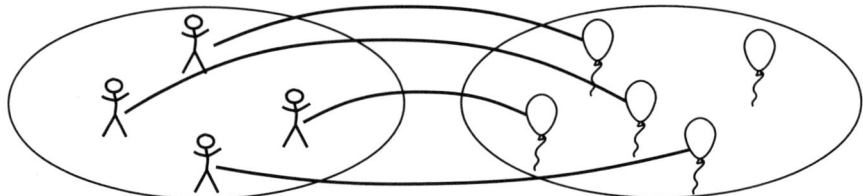

Mengen verschiedener Art ordnen und ihre Anzahl feststellen (konkret und zeichnerisch)

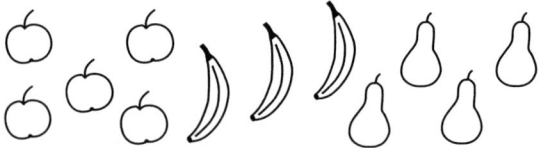

Die Anzahlen sollen noch ohne Ziffernschreibweise verschieden dargestellt werden, z. B. mit einem Würfelbild, mit Strichen.

Mengenbilder und Steckwürfelbilder zuordnen

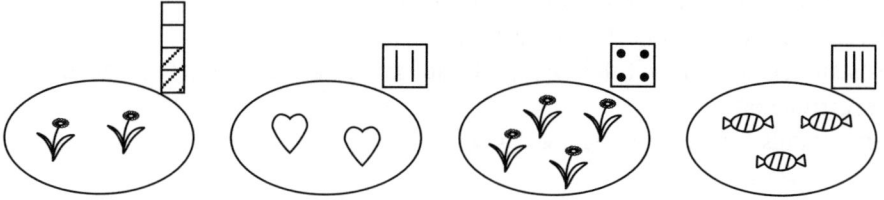

2. Die Einführung im zeitlichen Abschnitt

Hier werden die Zahlen nacheinander eingeführt. Dazu ist es notwendig, die einzelnen Zahlen durch verschiedene, zahlreiche Mengen zu repräsentieren. Außerdem kann jede Ziffer schreibtechnisch gründlich gesichert werden.

Die Zahlen von 1 bis 5

Ablauf der Einführung der Zahl 3:

Dreiermengen bilden mit konkretem Material

Dreiermengen zeichnerisch darstellen

Feststellen der Anzahl der Menge (Sind das immer 3?), evtl. ergänzen oder wegstreichen

Simultanes Erfassen der Menge üben

Schreibweise der Ziffer 3

Mengen beziffern

Die Strukturierung der Zahlen 1 bis 9

Die Zahlen 1 bis 9 unter ihrem Maßaspekt
(Feststellen, wie oft Vorgänge stattfinden, z. B. wie oft habe ich geklatscht?
Multiplikativer Vergleich von Längen, z. B. Auslegen von Umrissen mit qua-
dratischen Plättchen)
Die Zahlen 1 bis 9 in ihrem Beziehungsgeflecht zu anderen Zahlen
   Zerlegen von konkreten und bildhaften Mengen in Teilmengen
   Viele Zerlegungsmöglichkeiten zu einer Zahl finden
   Verschiedene Notationsmöglichkeiten
   Kleiner/Größer, Vorgänger/Nachfolger - Beziehungen
   Richtiges Zählen und Abzählen
   Die Zahlen 1 bis 9 als Ordnungszahlen nummerieren (1. 2. 3. ...)

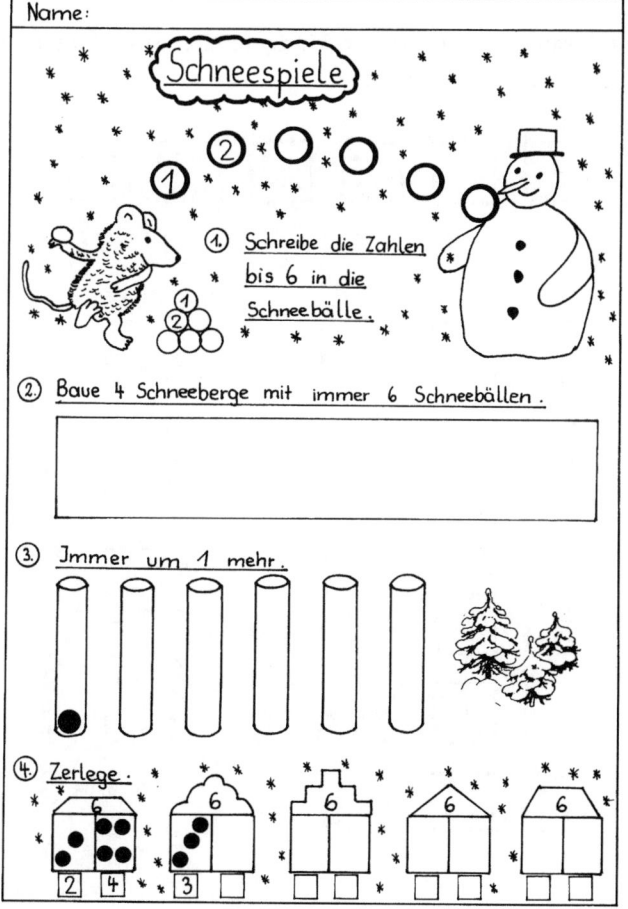

Die Zahl 0

Eine Einführung der Zahl 0 sollte nicht über eine leere Menge geschehen. Es ist für die Kinder nicht verständlich und kann nicht handelnd vollzogen werden. Kindgemäßer ist es, von der sukzessiven Subtraktion auszugehen, z. B. 3 Kinder spielen gemeinsam, einer nach dem anderen muss nach Hause, bis kein Kind mehr da ist.

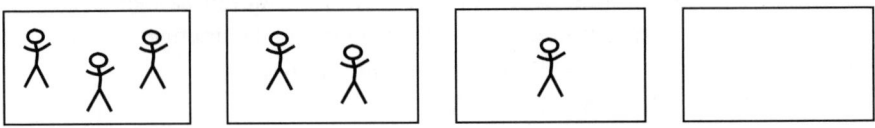

Ebenso: Vögel fliegen weg, Autos verlassen den Parkplatz, ...

Daher ist es günstig, die Zahl 0 nach der Einführung der Subtraktion zu behandeln, also vor der Erarbeitung der Zahl 7 oder nach der Erarbeitung der Zahl 9.

Im Anschluss daran kann die Null in kindgemäßen Situationen auch im Sinn der leeren Menge verwendet werden.

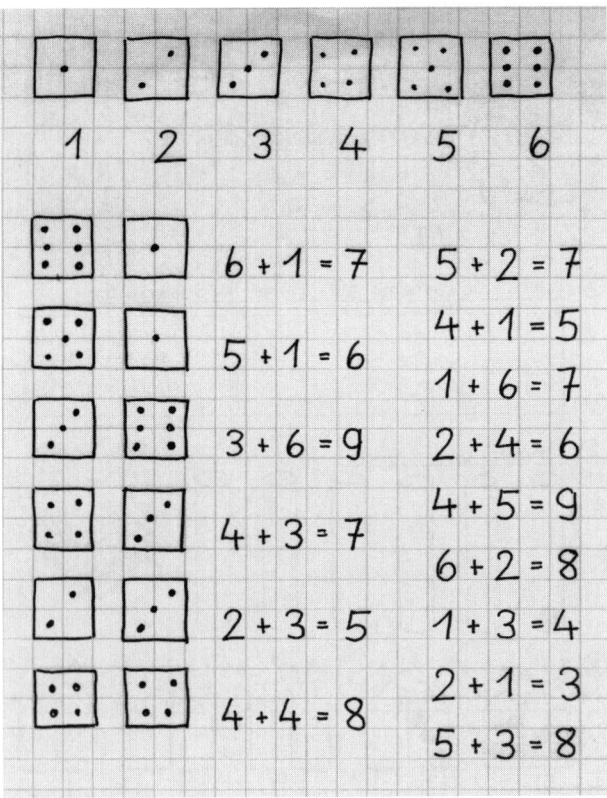

134

Das Ziffernschreiben

Die Ziffer, das Symbol für die Zahl, darf nicht mit der Zahl selbst verwechselt werden. Das Ziffernschreiben bezieht seine Methodik aus dem Schreiblernprozess:

- ganzheitliches Erkennen der vorgegebenen Ziffer
- Ertasten von Sandpapierziffern mit verbundenen Augen
- Nachformen von Ziffern aus Knetmasse
- große und kleine Schwungübungen in der Luft
- Nachspuren in vorgegebener Schablone
- Schreibübungen auf unliniertem Papier
- Rhythmische Schreibübungen, 1 2 3 1 2 3 1 2 3 1 2 3

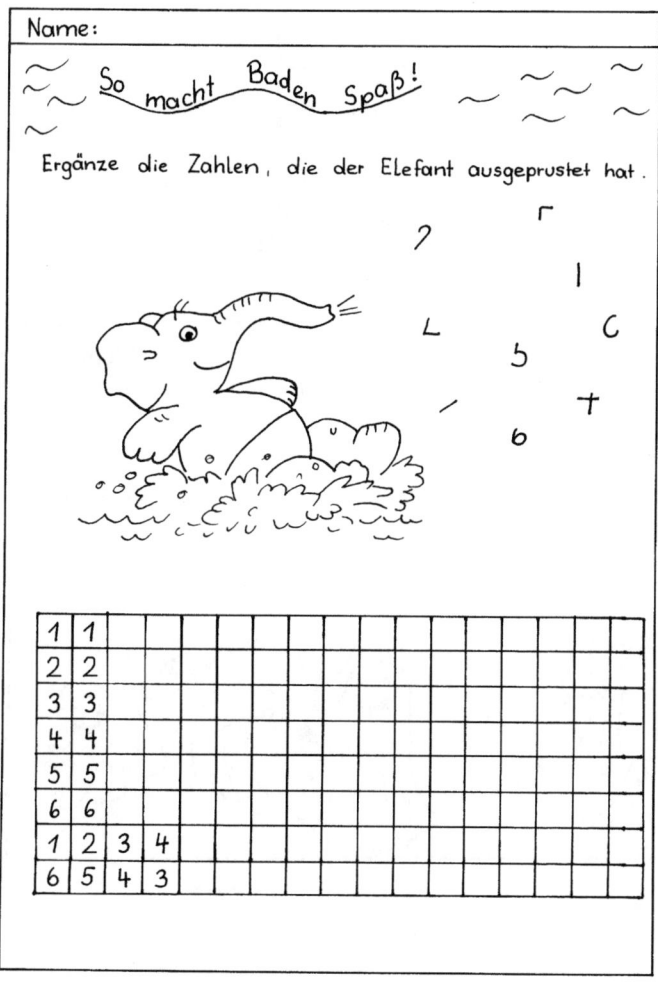

Addition und Subtraktion

Addition und Subtraktion sind die ersten Grundrechenarten, mit denen sich Schüler in der 1. Klasse auseinandersetzen müssen. Voraussetzung für diese beiden Rechenoperationen ist eine sichere Zahlvorstellung bei den Kindern. Auch Plus- (+) und Gleichheitszeichen (= ist gleich) sollten bereits eingeübt sein. Das Pluszeichen ergibt sich aus der additiven Zerlegung von Mengen.

Das Gleichheitszeichen wird aus dem Zahlvergleich her („kleiner als" <, „größer als" >, ist gleich =) eingeführt und zwar unter dem Aspekt der Gleichwertigkeit.
Die Einsicht in die Gleichwertigkeit verschiedener Zahldarstellungen lässt

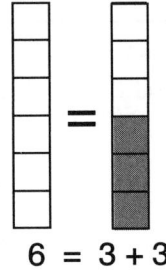

$$6 = 3 + 3$$

sich entwickeln durch

- Zahlvergleich anhand konkreter Gegenstände (Kinder, Spielautos, Äpfel). Wichtig dabei ist die Einbindung in eine Rechengeschichte aus dem Erfahrungsbereich der Kinder, z. B. 4 Kinder spielen Fußball, Toni und Ulli kommen dazu und wollen auch mitspielen.

- zeichnerische Darstellung : Mengen mit konkreten Gegenständen werden zerlegt

136

Darstellung der Zerlegung in Teilmengen

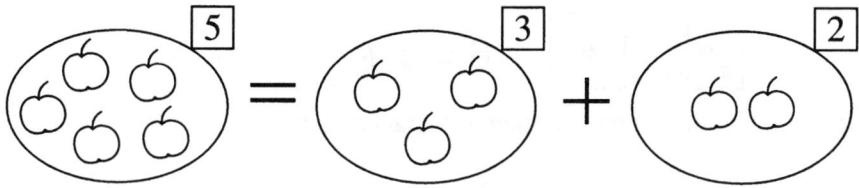

Streifendarstellung

			5
		3	2
	2		3
1			4

Zerlegen in mehrere Glieder

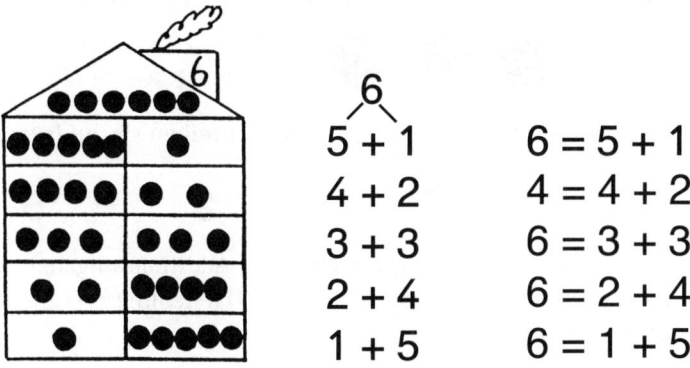

$$\overset{6}{\diagup\diagdown}$$

5 + 1   6 = 5 + 1
4 + 2   4 = 4 + 2
3 + 3   6 = 3 + 3
2 + 4   6 = 2 + 4
1 + 5   6 = 1 + 5

Darstellung mit verschiedenfarbigen Perlen (Kette, Zählmaschine)

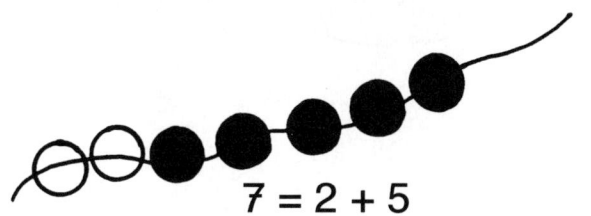

7 = 2 + 5

Darstellung mit Würfelbildern

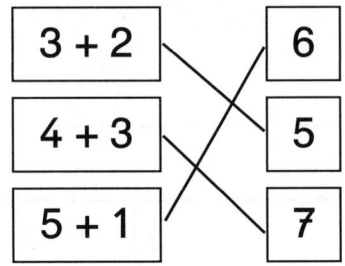

$6 = 5 + 1$

Zuordnen von Rechenoperationen den Ergebnissen

3 + 2		6
4 + 3		5
5 + 1		7

Voraussetzung für die Einführung in die Addition ist, dass die Schüler über genügend Zahlenmaterial verfügen. Durch handelnden Umgang mit konkreten Dingen wird den Kindern diese Rechenoperation einsichtig gemacht (enaktive Phase). Die folgende Rechengeschichte „Uli hat 3 Bälle und gewinnt 2 dazu", wird von den Schülern mehrfach handelnd nachvollzogen. Dabei muss dem Verbalisieren der Handlungsabfolge besondere Beachtung geschenkt werden. Anschließend wird sie zeichnerisch (ikonische Phase) dargestellt:

● ● ● ○ ○

Zuletzt nennen die Kinder die Plusaufgabe und schreiben sie auf (symbolische Phase):

$$3 \quad + \quad 2 \quad = \quad 5$$

Die Schüler sollen befähigt werden, verschiedene Additionsaufgaben zu lösen; deshalb müssen nach und nach unterschiedliche Darstellungsweisen der Addition eingeführt werden:

Mengenmodell

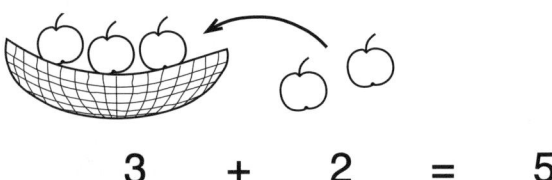

$$3 \quad + \quad 2 \quad = \quad 5$$

Längenmodell

- Zahlenstrahl: 3 + 2 = 5

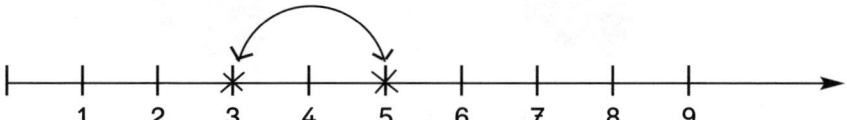

- Stäbe/Streifen
  (Cuisenaire)

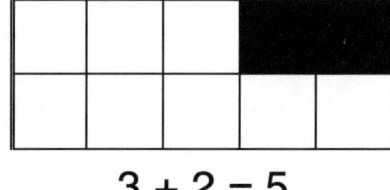

- Steckwürfel

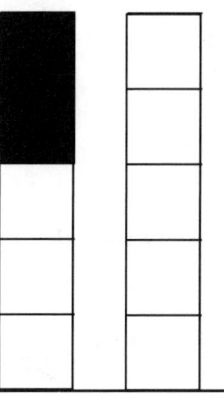

3 + 2 = 5

Operatormodell

- Ziffernmodell

- Zahlenstrahl

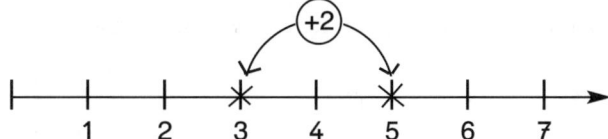

- Tabellenmodell

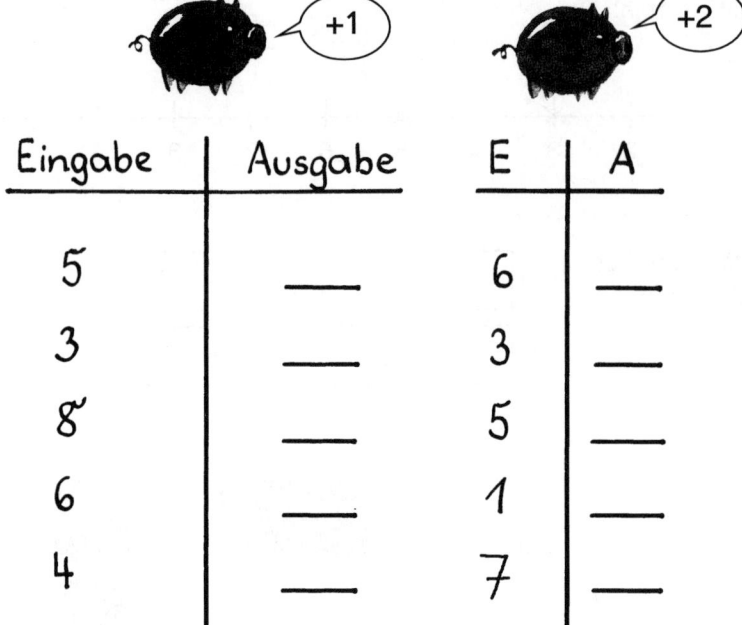

Eingabe	Ausgabe	E	A
5	—	6	—
3	—	3	—
8	—	5	—
6	—	1	—
4	—	7	—

Maschinenmodell

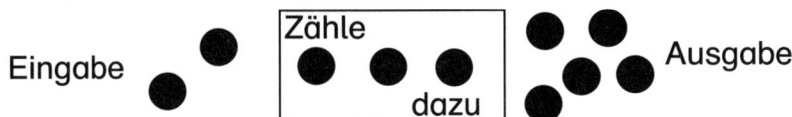

Bei allen Darstellungen ist es sinnvoll, verschiedene Farben zu verwenden, so dass sofort zu erkennen ist, was dazukommt.

Für die Weiterarbeit im Sinne einer operativen Durchdringung bieten sich folgende Aufgabenformen an:

Nachbaraufgaben in Anlehnung an die Nachbarzahlen

$$3 + 2 = 5$$
$$4 + 2 = 6$$
$$5 + 2 = 7$$

Tauschaufgaben

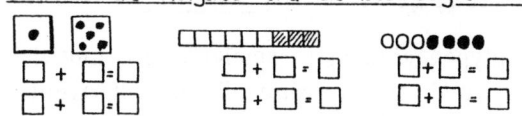

Schreibe die Aufgabe und die Tauschaufgabe auf.

□ + □ = □   □ + □ = □   □ + □ = □
□ + □ = □   □ + □ = □   □ + □ = □

Platzhalteraufaben

1. Sind alle Hasen da? Zähle weiter.

⒈ □ □ □ □ □ □ □ □ □

2. Das brauchen die Hasen. Ergänze.

9   9   9

3. Ergänze.

6 + □ = 9   7 + □ = 9   3 + □ = 9
4 + □ = 9   1 + □ = 9   8 + □ = 9
5 + □ = 9   2 + □ = 9   0 + □ = 9

Aufgaben mit mehreren Summanden

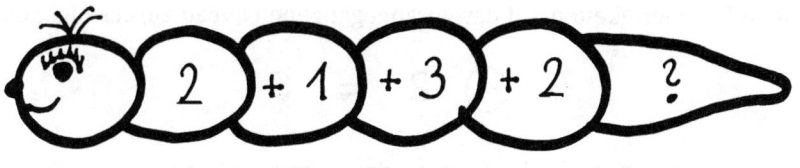

2 + 1 = ③
③ + 3 = ⑥
⑥ + 2 = ⑧

Aufgaben zum Vergleichen von Termen

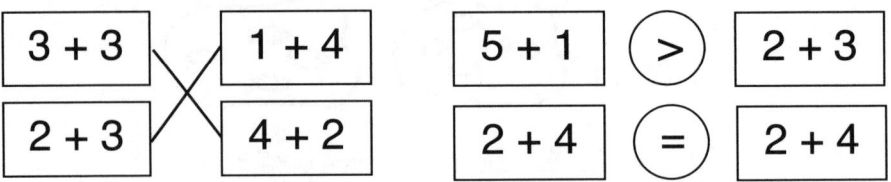

Sämtliche Aufgabentypen können in spielerischen, motivierenden Formen angeboten werden und sollten sinnvoll verteilt werden, um gerade schwächere Schüler nicht zu überfordern.

Die Einführung der Subtraktion

Sobald die Schüler mit den verschiedenen Aufgabenformen der Addition vertraut sind und diese lösen können, wird die Subtraktion eingeführt. In der Regel bereitet sie den Kindern keine größeren Schwierigkeiten, da sie, ausgehend von der Additionsaufgabe, die Umkehraufgabe bilden, z. B:. Auf dem Parkplatz stehen schon 3 Autos, 2 Autos kommen dazu. Kurz danach fahren diese beiden Autos wieder weg.

Wie bei der Addition werden die Rechenvorgänge in Sachgeschichten aus dem Erfahrungsbereich der Kinder eingekleidet und zunächst konkret-handelnd nachvollzogen (enaktiv). Wichtig dabei ist die Verbalisierung der Abläufe (zuerst ... weg ... dann ...). Die nächste Abstraktionsstufe ist die zeichnerische Darstellung (ikonisch), wobei das Abstreichen **eine** Möglichkeit darstellt, das Wegnehmen zu veranschaulichen.

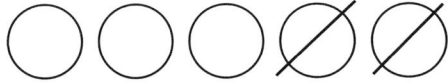

Haben die Schüler die Repräsentationsebenen „enaktiv" und „ikonisch" verinnerlicht, so kann die Ziffergleichung („symbolisch") erfolgen. Eine verfrühte Betonung der Ziffergleichung kann sich nachteilig auswirken, so ist bei auftretenden Schwierigkeiten auf das vorangegangene Niveau zurückzugehen.

$$5 \ominus 2 = 3$$

Neu für die Schüler ist die Einführung des Minuszeichens, dessen Funktion den Kindern bewusst gemacht werden muss. Bestimmte sprachliche Wendungen (wegnehmen, weggehen, wegfahren, verlieren, usw.) schulen die Minus-Vorstellung.

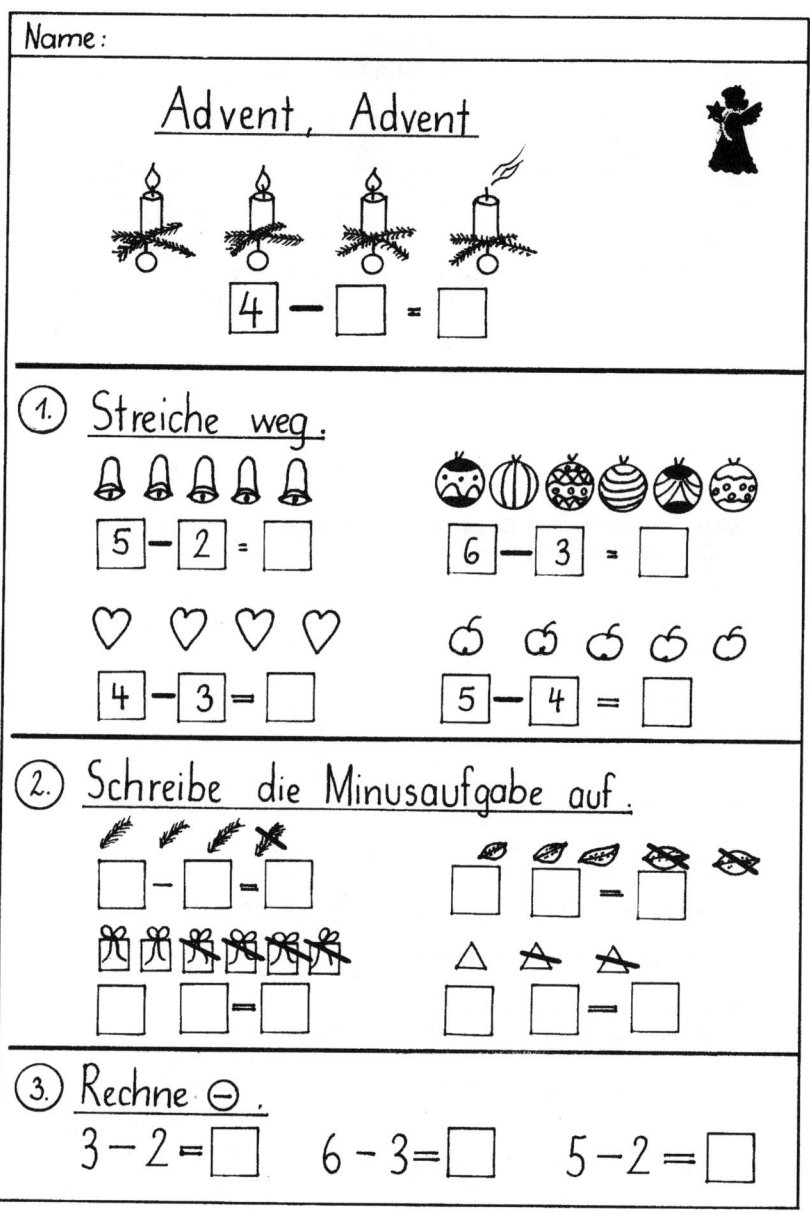

Name:

Advent, Advent

$4 - \square = \square$

1. Streiche weg.

$5 - 2 = \square$

$6 - 3 = \square$

$4 - 3 = \square$

$5 - 4 = \square$

2. Schreibe die Minusaufgabe auf.

$\square - \square = \square$

$\square - \square = \square$

$\square - \square = \square$

$\square - \square = \square$

3. Rechne ⊖.

$3 - 2 = \square \qquad 6 - 3 = \square \qquad 5 - 2 = \square$

Wie bei der Addition erfolgt die Weiterarbeit über die verschiedenen Darstellungsformen. Nachdem das Wesen der Subtraktion verstanden ist, werden beide Grundrechenarten miteinander verknüpft (über die Umkehraufgabe).

❶ Welche 4 Aufgaben kannst du mit diesen Karten bilden?

$3 + 6 = 9$

❷ Welche Karte fehlt? Es gibt 2 Möglichkeiten.
Schreibe alle 4 Aufgaben auf.

❸ 4 Aufgaben gehören zusammen. Male sie mit der gleichen Farbe an.

$5 - 2 = 3$ $9 - 5 = 4$ $5 + 2 = 7$ $2 + 3 = 5$ $5 + 4 = 9$

$4 + 5 = 9$ $5 + 3 = 8$ $5 - 3 = 2$ $9 - 4 = 5$ $3 + 2 = 5$

Achtung: 2 Aufgaben bleiben übrig.

❹ 3 Karten – nur 2 Aufgaben!
Wähle die Karten so, dass es nur 2 Aufgaben gibt.

$\square + \square = \square$ $\square - \square = \square$

$\square + \square = \square$ $\square - \square = \square$

Aus: Zahlenzauber 1. Arbeitsheft © Oldenbourg Schulbuchverlag München

Im fortschreitenden Lehrgang werden nun Additions- und Subtraktionsaufgaben gemischt und kombiniert geübt, um die Rechenfertigkeit zu steigern, Zusammenhänge aufzuzeigen und den Zahlenraum zu durchdringen.

Die Zahlen bis 20

Das Bündeln mit 10 bereitet die Darstellung der Zahlen im Stellenwertsystem vor. Die Anzahl der Bündel und der Einzelnen wird in der Stellenwerttafel notiert. Die Kinder erfahren das Prinzip des Stellenwerts über das konkrete Bündeln und die Notation der Bündelungsergebnisse. Die konkrete Handlung steht im Vordergrund. Die Schüler fassen Gegenstände aus ihrem Erfahrungsbereich, z. B. 10 Bonbons in eine Tüte, 10 Eier in eine Schachtel, 10 Murmeln in ein Säckchen, Perlen auffädeln, Steckwürfel zu Zehnerstangen stecken usw. zu Zehnerbündeln zusammen. Dabei verbalisieren sie ihre Handlungsweise. Bei zahlreichen Bündelungserfahrungen werden die Begriffe „Zehner" und „Einer" konkretisiert und gesichert. Über die zeichnerische Darstellung kommen die Schüler zum Aufschreiben im Bündelhaus. Die Versprachlichung des jeweiligen Sachverhaltes spielt eine wesentliche Rolle. Wir sprechen: „1 Zehner und 0 Einer ist die Zahl 10."

Die Arbeit im Zahlenraum bis 20 kann nun analog zur Arbeit im ersten Zehner erfolgen. Eine große Schwierigkeit stellt das Rechnen über bzw. unter den Zehner dar. Ausgehend von Verdoppelungs- und Halbierungsaufgaben, bei denen die Zehnerüberschreitung bzw. -unterschreitung unbewusst von den Schülern durchgeführt wird, sollte genügend Zeit für das Ergänzen auf 10 bzw. das Zerlegen in Einer verwendet werden.

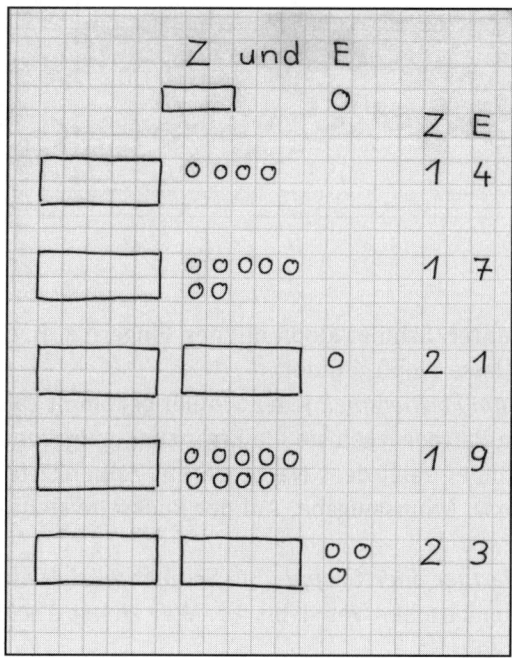

Zehner und Einer

10 kommen immer in ein Netz

	Z	E
(10 Äpfel)	◯	☐
(Birnen)	◯	☐
(Stifte)	◯	☐
(Bonbons)	◯	☐

Möglichkeiten:

Klopfspiel: Der Lehrer/Schüler klopft mit den Fingern z. B. 6 Einer, ein anderer Schüler/die Klasse klopft 4 Einer.

Zahlenkärtchen zum Partnerspiel: Jeder Schüler bekommt Zahlenkärtchen von 0 bis 10. Mit dem Partner legen sie die Ergänzungsaufgaben bis 10.

Variation: Ein Schüler zeigt dem Nachbarn ein Zahlenkärtchen, der Partner nennt die Plus- bzw. Minusaufgabe. Auf der Rückseite steht das Ergebnis zur Eigenkontrolle.

Würfelspiel mit Partner oder Gruppe: Ein Schüler würfelt eine Zahl. Auf dem Tisch liegen Zahlenkärtchen von 1 bis 10. Wer zuerst das richtige Kärtchen zieht, darf weiterwürfeln.

Klammerkarten: Zu diesem Partnerspiel sind eine Rechenkarte und eine Wäscheklammer nötig. Abwechselnd stehen einmal Aufgaben und Ergebnisse auf der Vorder- bzw. Rückseite. Die erste Aufgabe wird angeklammert und gelöst. Der Partner kontrolliert auf der Rückseite das Ergebnis. Nun umgekehrt.

Vorderseite

$10 = 6 + \bigcirc$
8
$10 = 9 + \bigcirc$
3
$10 = \bigcirc + 8$
7
$10 = \bigcirc + 5$

Rückseite

4
$10 = 2 + \bigcirc$
1
$10 = 7 + \bigcirc$
2
$10 = \bigcirc + 3$
5

Die genannten Möglichkeiten zur Vorbereitung des Zehnerübergangs sind nur eine kleine Auswahl spielerischer und motivierender Übungen.

Bei der Einführung des Zehnerübergangs beginnt man am besten mit der Addition und erst nach einer längeren Übungsphase wird die Zehnerunterschreitung, also Subtraktion, eingeführt.

Für die Schüler am leichtesten verständliche Ziffernnotation der Zehnerüber- bzw. -unterschreitung ist folgende:

$$7 + 5 =$$
$$7 + 3 + 2 = 12$$

$$12 - 5 =$$
$$12 - 2 - 3 = 7$$

Auf die verschiedenen Veranschaulichungsmöglichkeiten und eine korrekte Versprachlichung ist zu achten.

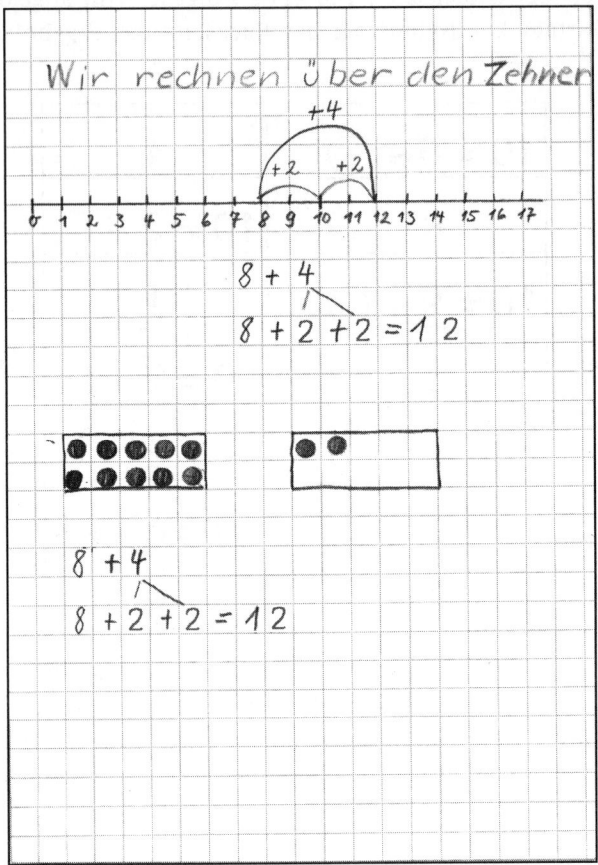

Geometrische Grunderfahrungen

Geometrie ist ein Teilgebiet der Mathematik. Die zentrale Aufgabe liegt darin, „einfache räumliche Vorstellungen aufzubauen." Das räumliche Vorstellungsvermögen ist von grundlegender Bedeutung für die aktuelle Lebenssituation des Kindes in einer technikbestimmten Umwelt, z. B. beim Abschätzen von Entfernungen und Geschwindigkeiten im Straßenverkehr.
Geometrische Inhalte sollen über möglichst viele Sinne erfahren werden. Entdeckendes, selbsttätiges Lernen steht im Vordergrund. Ein handelnder Geometrieunterricht muss Tätigkeiten ermöglichen und Gegenstände in die Hand der Kinder geben. Kindgemäße Arbeitsweisen wie Schneiden, Formen, Kneten, Zerlegen, Falten, Biegen, Bauen und fachspezifische Arbeitsweisen wie

Sammeln, Sortieren, Vergleichen, ... müssen den Kindern vertraut sein. Der Umgang mit Zeichengeräten, z. B. Lineal, Schablone sowie mit Verbrauchsmaterialien wie Knetmasse, Sand, Bändern, Papier, Draht usw. muss geschult werden.

Die Schüler müssen Erfahrungen im Raum und mit dem Raum machen, damit sich räumliche Vorstellungen und Begriffe entwickeln können, z. B. durch

- Laufspiele: Richtungslaufen, Figurenlaufen, Bewegungsspiele, Wegbeschreibungen, ...

- Such- und Ratespiele: Gegenstände in verschiedenen Lagen
  Spiel: „Ich sehe was, was du nicht siehst"
- Kreis- und Seilspiele: offene und geschlossene Figuren

Die Kenntnis der Flächenformen „viereckig, dreieckig, rund" wird schon von Schuljahresanfang an durch das Beschäftigen mit verschiedenen Flächenformen (Bausteine, Formplättchen, Verkehrsschilder u.s.w. verwirklicht. Weitere Möglichkeiten, um Flächenformen zu unterscheiden, sind:

- Herstellen von Puzzles aus Postkarten
- Bildbetrachtungen
- Tangram
- Einfärben gleicher Flächenformen in einem Bild
- Auffinden von Flächenformen im Klassenzimmer, auf der Straße (Verkehrsschilder)
- Figuren mit Plättchen legen

...

Geometrische Inhalte lassen sich gut mit anderen Fächern verbinden:

Sport: Laufspiele, Seilspiele (Figuren legen)

Kunsterziehung: Bildbetrachtungen (Formen erkennen und beschreiben), Zeichnen und Malen (nur geometrische Formen)

Musik- und Bewegungserziehung: Richtungshören, Bewegungserfahrungen (sich wie ein Roboter bewegen)

Heimat- und Sachunterricht: Sich in der Schule zurechtfinden

Verkehrserziehung: Überqueren der Fahrbahn, Zeichen für Fußgänger

Erstschreiben: Richtiger Bewegungsablauf der Druckschriftbuchstaben (in der Luft nachspuren, mit den Fingern ertasten, aus Seilen legen und mit den Füßen abgehen)

Mündlicher Sprachgebrauch: Formen/Wege beschreiben

Um der Forderung des Lehrplans, an die Erfahrungen der Schüler anzuknüpfen, also sich an der kindlichen Umwelt zu orientieren, gerecht zu werden, müssen Umweltsituation des Kindes, vertraute Gegenstände (Formen aus der kindlichen Umwelt), Heimatnähe, Lebensnähe und kindgemäße Sprache berücksichtigt werden.

Ich höre und ich vergesse.
Ich sehe und ich erinnere mich.
Ich tue und ich verstehe.

(Chinesische Weisheit)

Heimat- und Sachunterricht

Der Schulanfänger sieht seine Umwelt subjektiv. Allmählich löst er sich jedoch aus seiner egozentrischen Betrachtungsweise. Seine Wahrnehmung wird realistischer, und er beobachtet genau und zunehmend kritisch.

Die Lernprozesse werden durch die Eigenaktivität des Kindes unterstützt. Der handelnde Umgang fördert den Aufbau von Erkenntnissen. Eigentätigkeit wird also diesen Unterrichtsbereich stark bestimmen. Dies sind die lernpsychologischen Ansatzpunkte für den Heimat- und Sachunterricht.

Ziel und Aufgabe dieses Fachbereiches sind es, das Kind zu genauem Wahrnehmen und Denken, zu intensivem Erleben sowie zu eigenverantwortlichem Handeln zu führen.

Grundlegendes zum Heimat- und Sachunterricht

- In den Lehrplänen wird versucht, das Erzieherische mit dem Sachlichen zu verbinden.
- Die Lehrpläne sind am Kind orientiert, ohne jedoch fachspezifische Arbeitsweisen und Kenntnisse zu vernachlässigen.

  Der Unterricht muss deshalb von Erlebnissen und Erfahrungen der Kinder und unbedingt von den örtlichen Gegebenheiten ausgehen oder daran anknüpfen, um den unmittelbaren Erfahrungsraum „Heimat" zu erobern.
- Die Lehrpläne beschränken sich auf grundlegende Ziele und Inhalte. Einige Lernziele sind auch Unterrichtsprinzip.

Der Heimat- und Sachunterricht kann – je nach Lehrplan – horizontal für die verschiedenen Klassenstufen in Themenbereiche aus der Lebenswirklichkeit der Kinder unterteilt sein:

Zum Beispiel:
Unser eigenes Thema
Ich und meine Erfahrungen
Wünsche und Bedürfnisse
Zusammenleben
Leben mit der Natur
Orientierung in Zeit und Raum
Erkunden der Umwelt

Diese Themenbereiche werden aus der Perspektive von sieben Lernfeldern bearbeitet, deren Grenzen durchlässig sind.

Querverbindungen zu anderen Fachbereichen müssen beachtet und genützt werden.

Verkehrserziehung

Lernziele und Lerninhalte aus dem Verkehrsunterricht sind in vielen Lehrplänen im Themenbereich „Orientierung in Zeit und Raum" (oder ähnliche Formulierung) integriert. Die Schüler erkunden das Schulgelände und den Schulweg, um Sicherheit in der neuen Umgebung zu gewinnen. Unterrichtsgänge erhalten hier ein besonderes Gewicht. Im Bereich der Verkehrserziehung finden sich auch zahlreiche Querverbindungen zu anderen Fächern wie Deutsch, Kunst- und Musikerziehung und Sporterziehung.

Familien- und Sexualerziehung

Ziele und Inhalte der Lehrpläne in den einzelnen Bundesländern sind sehr unterschiedlich. Teilweise wird die Sexualerziehung als überwiegende Aufgabe des Elternhauses gesehen. In jedem Fall ist eine enge Zusammenarbeit von Schule und Eltern notwendig. Es empfiehlt sich, die Bestimmungen der Lehrpläne genau zu studieren.
Häufig enthalten die Lehrpläne für Heimat- und Sachunterricht, Verkehrserziehung und Familien- und Sexualerziehung differenzierte Vorschläge zur Themenauswahl und Unterrichtsgestaltung. Diese Empfehlungen verdienen besondere Beachtung.

Ergebnissicherung im Heimat- und Sachunterricht

Zur Sicherung der Unterrichtsergebnisse muss im Rahmen des Heimat- und Sachunterrichts Zeit eingeplant werden. Es bieten sich an:
- Wiederholtes Studium der Hefteinträge und des Sachbuches durch die Kinder
- Angebote aus der Kinderliteratur, die themengleich oder -ähnlich sind
- Spielangebote in der Freiarbeit

Beispiel eines Hefteintrages

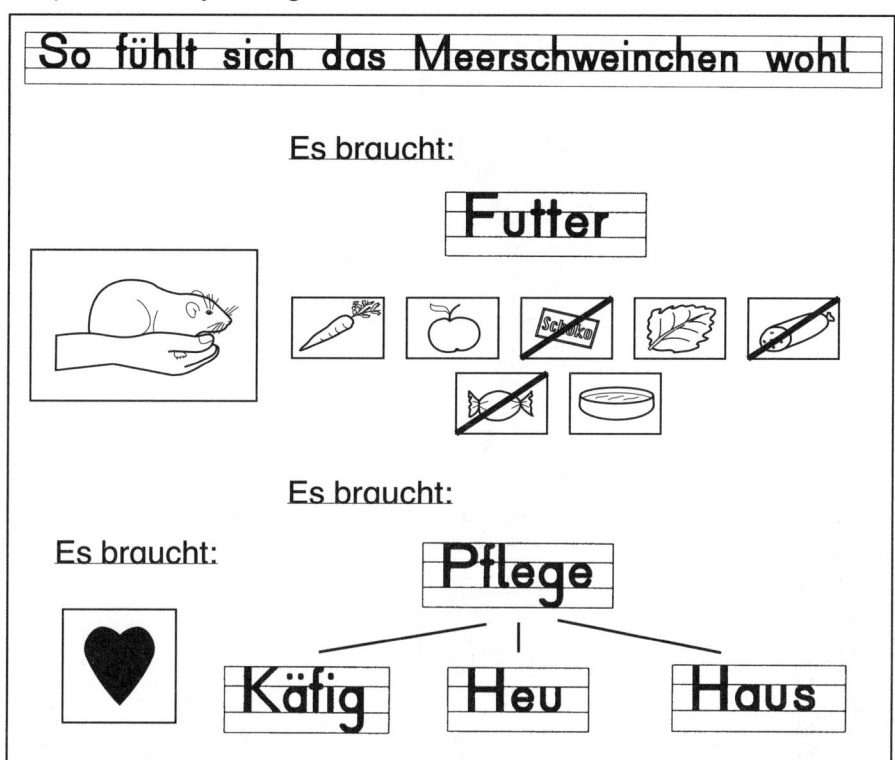

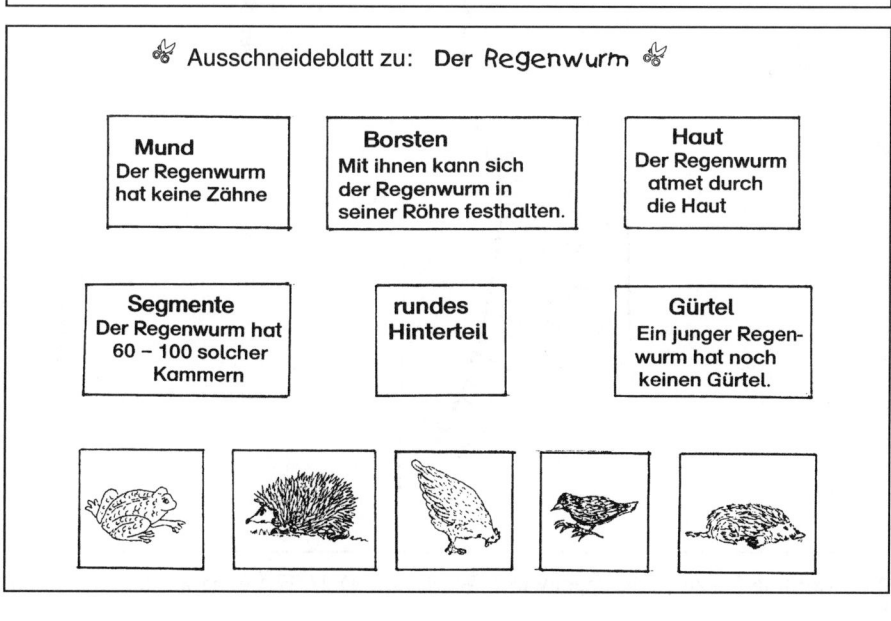

Aus: Corinna Locker, Die Regenwurm Werkstatt. © 1999 Verlag an der Ruhr/Mülheim.

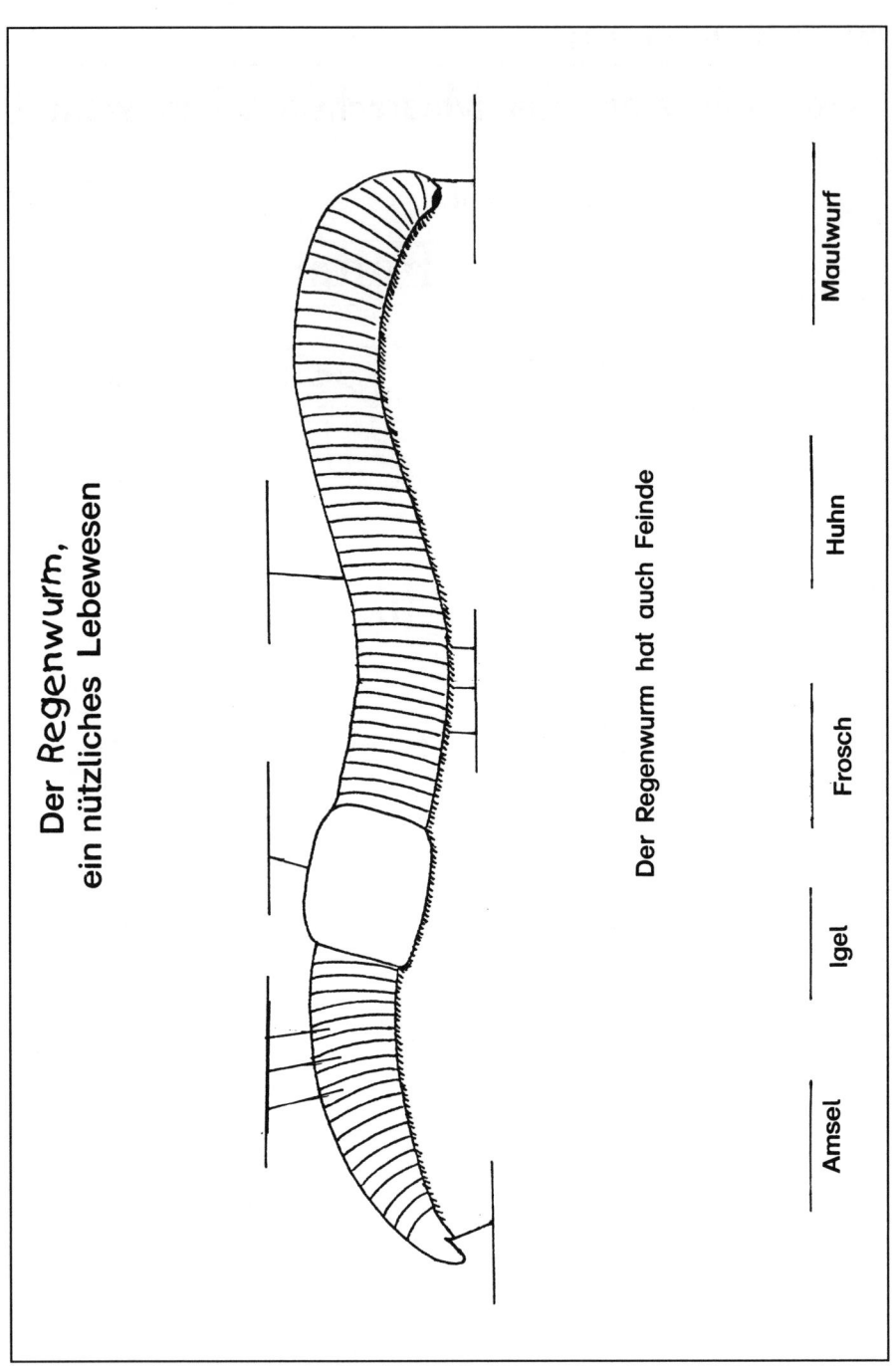

Aus: Corinna Locker, Die Regenwurm Werkstatt. © 1999 Verlag an der Ruhr/Mülheim.

Beispiel eines Spiels

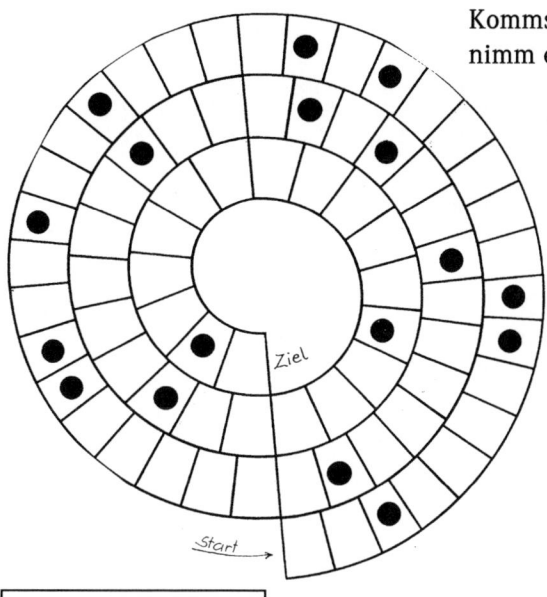

Kommst du auf einen Punkt,
nimm eine Karte.

Ereigniskarten

Du wäschst dich
nur mit Wasser.

Gehe ein Feld zurück.

Du hast Dir vor dem
Essen die Hände
gewaschen.

Gehe 3 Felder vor.

Du knabberst oft
Karotten oder gelbe
Rüben.

Gehe 2 Felder vor.

Deine Zahnbürste hat
schöne gerade
Borsten.

Gehe 2 Felder vor.

Du gehst nie zum
Zahnarzt.

Gehe 4 Felder zurück.

Du hast Schokolade
gegessen und dir
nicht danach die
Zähne geputzt.

Gehe 4 Felder zurück.

Du legst dich mit
Strümpfen ins Bett.

Gehe 3 Felder zurück.

Im Bett isst du noch
zwei Bonbons.

Gehe 3 Felder zurück.

Du putzt dir auch
nach dem Mittag-
essen die Zähne.

Gehe 4 Felder vor.

Du isst oft Äpfel.

Gehe 2 Felder vor.

Du hast dir nur vor
dem Frühstück die
Zähne geputzt.

Gehe 2 Felder zurück.

Beispiel einer sinnvollen Querverbindung von Heimat- und Sachunterricht mit anderen Unterrichtsbereichen

Heimat- und Sach-unterricht	Lesen	Mündlicher Sprach-gebrauch	Schriftlicher Sprach-gebrauch	Musikerziehung
Meine Zähne sehen verschieden aus	Fibeltexte: z. B. Kleeblatt	Rätsel vom Zahn lösen	Niederschrift in Form eines Rätsels: Mein Zahn	Rhythmisches Spre-chen und Begleiten mit
Ich putze meine Zähne richtig	• Ein Zahn wackelt	Hören: Lotta beim Zahnarzt (A. Lind-gren)	Freiwilliges Auf-schreiben von Zahn-geschichten	Handinstrumenten: Zwicke, zwacke
Meine Zähne sollen lange gesund bleiben	• Martin hat Zahn-weh	Erzählen pers. Erleb-nisse:		Lied: Jeder, jeder Kinderzahn
Film: Karies und Baktus	Analyse Z z	• Als ich beim Zahnarzt war • Als ich einen Zahn verlor		

Musikerziehung

Musik machen

Musik erfinden

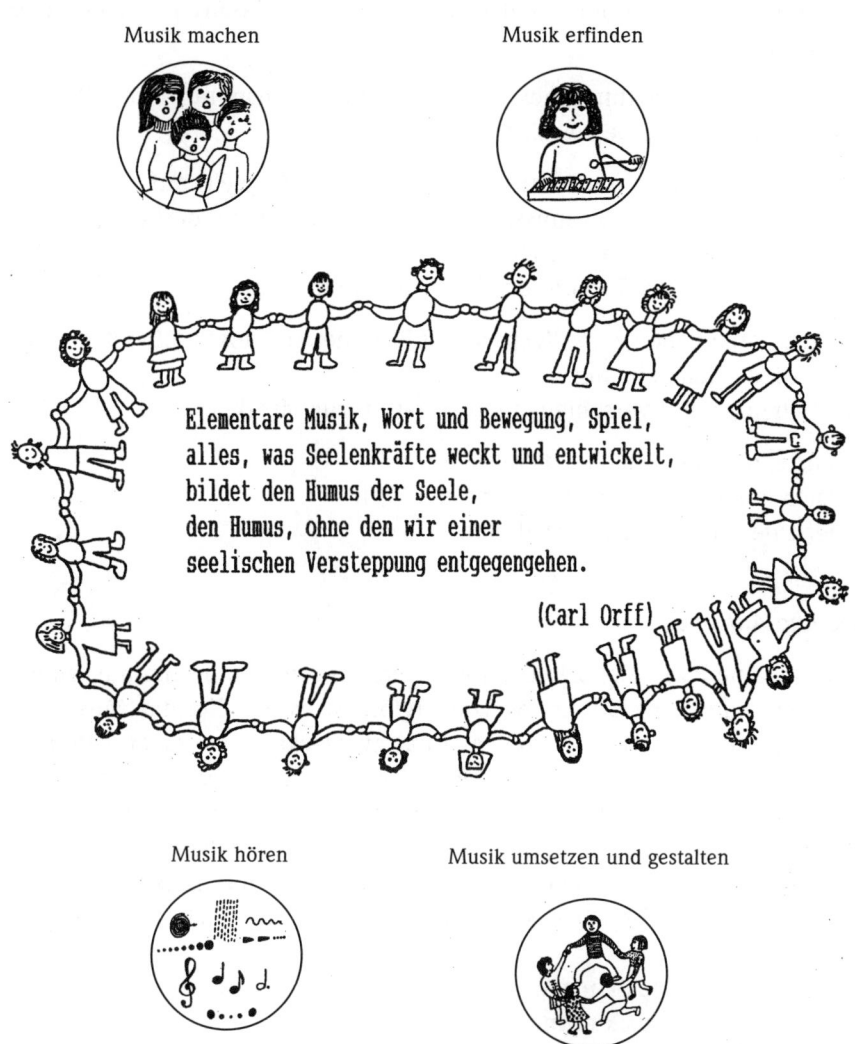

Elementare Musik, Wort und Bewegung, Spiel,
alles, was Seelenkräfte weckt und entwickelt,
bildet den Humus der Seele,
den Humus, ohne den wir einer
seelischen Versteppung entgegengehen.

(Carl Orff)

Musik hören

Musik umsetzen und gestalten

Musikerziehung gehört neben Deutsch, Mathematik, Heimat- und Sachunterricht und Kunsterziehung zum fächerverbindenden Unterricht, der in der 1. Klasse ca. 15 Unterrichtsstunden umfasst. Somit ist Musikerziehung kein losgelöstes Fach, sondern eingebettet in den Ablauf des Schulvormittags. Der Unterricht muss Gelegenheit bieten zu Spiel, Bewegung und musischer Betätigung und darf das Kind hinsichtlich Stillsitzen, Dauer der Aufmerksamkeit und anderer Leistungserwartungen nicht überfordern. Beispiele für die Einbindung der Musikerziehung im fächerverbindenden Unterricht:

- Erstlesen: Ein neu erlernter Buchstabe zieht mit Gesang ins Buchstabenhaus ein

- Erstschreiben: Rhythmisches Sprechen beim Nachspuren eines Buchstabens/einer Buchstabenverbindung

- Heimat- und Sachunterricht: Geräuscheraten/Ratespiele mit Herbstfrüchten: „Eichel, Eichel, du musst wandern" (nach dem Kinderlied „Ringlein, Ringlein, du musst wandern")
Blättertanz, Schneeflockentanz, Blumenduft einatmen

- Mathematik: Bauen eines Kasperls mit Plättchen mit anschließendem Bewegungslied „Hampelmann"
Zählübungen mit verschiedenen Gangarten zur Musik

- Kunsterziehung: Malen zur Musik
Malen einer Szene aus „Peter und der Wolf"
Tierlaute erraten oder nachahmen

Ziele und Aufgaben

Da Musik eine Form menschlichen Ausdrucks ist, die ein bestimmtes emotionales Verhalten, eine Stimmung wiedergibt, ist es das Ziel der Musikerziehung, die schöpferischen Kräfte im Kind zu wecken und zu entfalten und durch den Umgang mit Musik, Liedern, Texten und Tänzen Ausdrucksmöglichkeiten zu entwickeln. Dies kann erreicht werden durch Förderung der Empfindungs-, Wahrnehmungs- und Ausdrucksfähigkeit beim Singen, Sprechen, Darstellen, rhythmischen Bewegen, Musizieren und Musik hören.
Demnach kann das Fach Musikerziehung in vier Lernbereiche eingeteilt werden:
- Lernbereich 1: Musik machen
- Lernbereich 2: Musik erfinden
- Lernbereich 3: Musik hören
- Lernbereich 4: Musik umsetzen und gestalten
Somit werden Elemente der Musik und Formen der Bewegung zusammengeführt und stellen damit eine Verbindung zwischen Musik und Sport her.

*Bedeutung des Faches für den Lern- und Entwicklungsprozess
des Kindes*

Musikerziehung meint ganzheitliche Erziehung

Der Unterricht soll den ganzen Menschen und nicht nur seine Musikalität und seinen Körper bilden. Das Kind soll eine Beziehung zu sich selbst und zu seinem Körper finden. Es soll lernen, besser mit sich selbst umzugehen, sich selbsttätig zu beteiligen und eine unmittelbare Beziehung zu seinem Organismus finden.

Musikerziehung fördert soziale Lernprozesse

Besonders in den Bereichen des Singens, Spielens, Sich-Bewegens lernt das Kind, sich auf einen Partner/eine Gruppe einzustellen, Rücksicht zu nehmen und Verantwortung für den anderen zu tragen, z. B.
- Bewegungsaufgaben mit Spielregel, z. B. Niemanden behindern!
- Bewegungsaufgaben mit Führen und Folgen mit geschlossenen Augen: verlangt Vertrauen zu sich selbst und Verantwortung dem anderen gegenüber
- Gemeinsame Improvisationsaufgaben: Vorstellen eigener Ideen, Abwägen, Modifizieren, Verwerfen, bis zuletzt ein gemeinsames Endprodukt erreicht ist, z. B. eine Klanggeschichte erfinden

Musikerziehung entwickelt und fördert die Kreativität

In der 1. und 2. Klasse müssen Selbsttätigkeit und freies Gestalten beim Musizieren und Sich-Bewegen im Vordergrund stehen.
Kreativ sein bedeutet:
- die Fantasie spielen zu lassen
- Flexibilität zu entwickeln, die es ermöglicht, sich in neue Situationen einzufügen und Neuartiges zu entwickeln,
- Originalität zu entfalten
- Spontaneität zu entwickeln
- Sensibilität zu bekommen, alle Sinne zu aktivieren und die Wahrnehmung zu verbessern,
- Variations- und Improvisationsfähigkeit zu erlangen.

Musikerziehung vermittelt fachliche Inhalte

Durch die methodisch-didaktische Aufbereitung der oben erwähnten Lernbereiche werden die fachlichen Inhalte vermittelt.

Musikerziehung schafft einen psychohygienischen Ausgleich zu den kognitiv ausgerichteten Unterrichtsfächern

Fast alle Unterrichtsfächer verlangen große Aufmerksamkeit, Konzentration und Denkleistungen der Kinder. Das fröhliche Singen, das unbekümmerte Sich-Bewegen, der freudvolle und spielerische Umgang mit Körper- und Orffinstrumenten bewirken hier einen besonders wertvollen Ausgleich. Vor allem das leistungsschwächere Kind, das oft von Misserfolgen geplagt ist, wird dies als Erfolg für sich genießen und damit sein Selbstwertgefühl steigern können. Auch Kinder mit Sprachstörungen haben in diesen Lernbereichen oft keine Probleme. Verhaltensauffällige oder -gestörte Kinder können leichter eingebunden werden.

Mögliche Querverbindungen zu anderen Fächern

Wie schon anfangs erwähnt, ist Musikerziehung ein Teil des fächerübergreifenden und fächerverbindenden Unterrichts. Damit im Schulalltag an die Kinder keine abstrakten musikalischen Übungen herangetragen werden, sondern das Prinzip grundlegender Unterrichtsgestaltung verfolgt wird, gibt der Lehrplan dem Lehrer genügend Hinweise zu Querverbindungen zwischen Musik und anderen Fachbereichen.

Voraussetzungen

Äußere Voraussetzungen

Raum mit Aktionsfläche
entspannte Atmosphäre
Grundinstrumentarium, z. B. das kleine Schlagwerk oder auch selbst gebastelte Instrumente, die immer griffbereit sind
geeignete Aufbewahrungsmöglichkeiten in Schränken oder Regalen
eine angenehme Akustik

Der Lehrer

Der Lehrer muss für das Fach offen sein und Freude an Musik und Bewegung entwickeln, damit der Funke der Begeisterung überspringen kann. Das gelingt nur dann, wenn er selbst locker und entspannt unterrichtet und versucht, eigene Hemmungen abzulegen. Daraus kann sich ein Unterricht entwickeln, bei dem die Kinder mit Kopf, Herz und Hand dabei sind.
Bei der Unterrichtsplanung ist darauf zu achten, dass ein Freiraum für spontane individuelle Gestaltung durch die Schüler bleibt.

Auch Kinder, die bereits Instrumente spielen, wie Flöte, Melodika usw. müssen immer wieder miteinbezogen werden, indem sie geübte Stücke vorspielen oder Lieder begleiten dürfen.

Die Schüler

Die Schüler dieser Altersstufe sind noch sehr spontan und zeigen keine Hemmungen. Die grundsätzliche Bereitschaft, im musischen Bereich etwas vollbringen zu wollen, muss erhalten bleiben und weiter ausgebaut werden. Die Kinder sollen Freude am Singen, Spielen und Sich-Bewegen empfinden können.

Klassenatmosphäre

Ein vertrauensvolles Miteinander, ein gegenseitiges Akzeptieren sind Voraussetzungen für einen reibungslosen Unterrichtsablauf. Der Lehrer muss Abstand nehmen von Wertungen: keine Wertung, ob richtig oder falsch, kein Klassenbester. Die Bereitschaft, aufeinander zuzugehen, bildet die Basis für das gemeinsame Schaffen eines „Ganzen", z. B. eines Tanzes, einer Schallgeschichte.

1. Musik machen

1.1 Singen und Sprechen

• Altersgemäße Lieder
Eine Vielzahl altersgemäßer Lieder findet sich in den jeweiligen Liederbüchern. Besonders beliebt sind bei Kindern dieser Altersstufe Lieder, zu denen sie Bewegungen erfinden können und die sich gut darstellen lassen, wie z. B. Märchenlieder.
Sehr motivierend und der Konzentration dienend sind auch jene Lieder, in denen Wörter durch Bewegungen ersetzt werden oder in Wörtern Buchstaben weggelassen werden.

Beispiele:

Mein Hut, der hat drei Ecken Text volkstümlich.Melodie: neapolitanisch

In diesem Singspiel wird nach und nach in jedem Vers ein neues Wort durch eine Bewegung ersetzt:

Hut = mit der Hand auf den Kopf fassen
Ecke = mit einer Hand gegen den anderen Ellenbogen tippen
drei = drei Finger hochhalten
mein = mit dem Zeigefinger auf sich selbst zeigen
nicht = mit dem Kopf schütteln
der = mit dem Finger wegzeigen

Für die übrigen Worte können auch noch Bewegungen vereinbart werden. Wer nicht aufpasst und statt der Bewegung weitersingt, zahlt ein Pfand.

Aus: Die Mundorgel. Mundorgel Verlag GmbH. Köln/Waldbröl 1982

Auf der Mauer, auf der Lauer mündlich überliefert

Spielidee:
Singt in den weiteren Strophen „Wanz", „tanz", „Wa", „ta", und „W", „t".
Wer nicht aufpasst, muss ein Pfand zahlen.

Aus: Reinhard Horn, Rita Mölders, Dorothea Schröder, Klassenhits. Kontakte Musik-
verlag. Lippstadt 2000

● Merkmale von Melodien
Melodische und rhythmische Merkmale sollen den Kindern bewusst werden,
z. B. durch Sprechen des Textes im Liedrhythmus und Singen auf Tonsilben.
Dabei entdecken die Kinder gleiche Teile im Lied.

● Grafisches Aufzeichnen von Liedmelodien
Melodieverläufe werden zunächst mit der Hand mitgezeigt. Die grafische Notation des Melodieverlaufs ist eine Vorstufe zur Notenschrift.

Beispiel: *Beispiel:*
Weißt du, wie viel Sternlein stehen...   *Wia i bin auf d'Alm ganga*

Aus: ISB, Singen vor allen Dingen. München 1996

● Stimmbildung
Bei jeder Liederarbeitung sind stimmbildnerische Übungen im voraus wichtig.
Sie sollten in eine Geschichte eingebunden werden. So werden die Kinder auf
das folgende Lied bereits eingestimmt.
– *Körperhaltung:* Lockerungsübungen, z. B. auch in Verbindung mit Liedern
  „Ach, wie bin ich müde" (aus: Detlev Jöcker, Lore Kleikamp, 1, 2, 3 im Sau-
  seschritt, Menschenkinder Verlag, Münster)
  Abraham hat sieben Kinderlein (aus Zauberklänge 1/2, Bayerischer Schul-
  buchverlag)
– *Atmung:* In erstarrte Hände hauchen, Blumenduft einatmen, Watte pusten,
  Luftballon aufblasen, Luftballon durch Blasen in der Luft halten, Hecheln
  wie ein Hund, Gähnen
– *Öffnung der Resonanzräume:* Vokal- und Konsonantenbildung: Ah, Oh –
  Staunen, Uh – Fürchten, Ui – Freuen, Hihi-Haha – Lachen, Mmm – Summen
  wie eine Biene, Sss – Zischen wie eine Schlange, ding-dong – Glocken-
  schläge

– *Artikulation:* Z. B. Zungenbrecher:
  Kleine Kinder können keinen Kirschkern knacken.
  Esel essen Nesseln; Nesseln essen Esel nicht.
  Fischers Fritz fischt frische Fische, frische Fische fischt Fischers Fritz.
  Schneiderschere schneidet scharf, scharf schneidet Schneiderschere.

- Sprechgesänge
Sprechgesänge können
– auf einen Ton erfolgen, z. B. Entchen-Rap
– mit der Rufterz, z. B. Begrüßung, Namensrufe
– mit der Leierformel (= einfache, immer wiederkehrende Tonfolge) z. B.
  gesungene Dialoge: Kommst du heut zu mir? – Nein, keine Zeit!

Zwanzig Zwerge   Text und Rhythmus: Wolfgang Hering

1.   2.

Zwan - zig Zwer - ge   ma - chen ei - nen Hand - stand,

3.   4.

zehn   im   Wand-schrank und zehn   am   Sand - strand.

Rechte beim Verfasser

- Reime, Sprechstücke, kurze Gedichte
Dazu eignen sich Reime, die bereits aus dem Kindergarten bekannt sind,
sowie Abzählverse, Fingerspiele und Raps. Das bewusste rhythmische Spre-
chen wird mit Körperinstrumenten oder Schlaginstrumenten begleitet.
- Rhythmische Bausteine
Rhythmen werden mit Hilfe rhythmischer Bausteine erarbeitet. Auf diese
Weise werden die verschiedenen Notenwerte eingeübt (Ganze, Halbe, Viertel,
Achtel). Dazu verwendet der Lehrer Bildkarten mit Tieren, Speisen o. Ä.

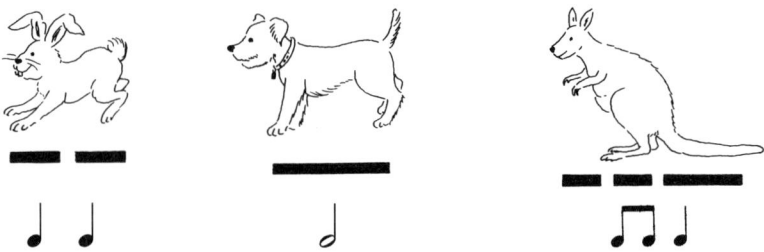

Die rhythmischen Bausteine werden mit den Schülern einzeln geübt und können danach beliebig miteinander kombiniert werden. Anfangs sprechen die Kinder die Tier- bzw. Speisenamen laut mit.

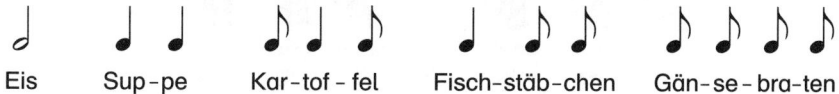

| Eis | Sup-pe | Kar-tof-fel | Fisch-stäb-chen | Gän-se-bra-ten |

1.2 Mit Instrumenten spielen

Körperinstrumente (klatschen, patschen, stampfen, schnalzen) und Percussion-Instrumente sind die idealen Hilfsmittel, um Lieder und Sprechstücke zu begleiten. Durch die relativ leichte Handhabung haben die Kinder sehr schnell Erfolgserlebnisse. Selbst hergestellte Percussion-Instrumente haben hohen Motivationscharakter, wie z. B.
– Rasseln aus Joghurtbechern, gefüllt mit Reis oder Linsen
– Regenstäbe aus Papprollen.

Kinder machen erste Erfahrungen mit Instrumenten, indem sie
• ihre Körperinstrumente ausprobieren und damit verschiedene Geräusche erzeugen, z. B.

Klanggeschichte: Regenwetter
Alle Kinder knien im Kreis, die Hände vor sich auf dem Boden. Der Lehrer sagt: „Es fängt an zu tröpfeln" und klopft sacht mit einzelnen Fingern auf den Boden. Nacheinander setzen alle Kinder mit dem Klopfen ein, bis der Lehrer wieder an der Reihe ist. Während die Kinder weiter „tröpfeln", sagt der Lehrer: „Der Regen wird stärker" und klopft nun mit allen Fingern auf den Boden. Die Kinder übernehmen wieder nacheinander das verstärkte Klopfen. Als Nächstes trommelt der Lehrer mit den Handflächen auf den Boden. Das Trommeln stellt den prasselnden Regen dar und setzt sich wieder reihum fort. Nun flaut der Regen wieder ab, und wird verklanglicht durch starkes Klopfen mit den Fingern, danach sanftes Klopfen bis hin zur Stille.

• Gegenstände und Instrumente nach ihrem Klang erraten, z. B.
„Hören wie eine Katze"
Alle Kinder sind schlafende Katzen, die durch ein bestimmtes vorher vereinbartes Geräusch aufwachen müssen. Andere Geräusche dürfen die Katzen nicht in ihrem Schlaf stören.

- Kurze Verse und einfache Lieder mit Körper- und Schlaginstrumenten begleiten, z. B.

Aus: Fidelio 1. Musik in der Grundschule 1. Westermann Schulbuchverlag GmbH. Braunschweig 2001

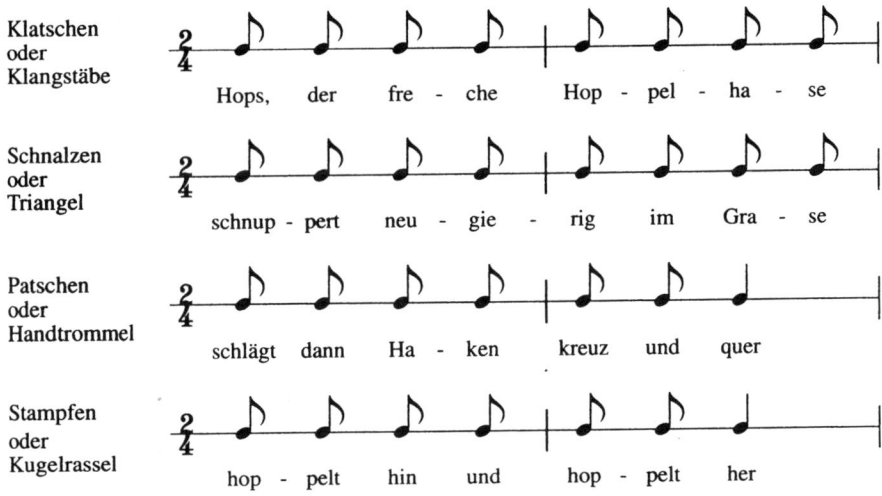

- Einfache Begleitungen mit Stabspielen: Glockenspiel Xylofon, klingende Einzelstäbe

Lieder oder Klanggeschichten können punktuell begleitet werden oder mit einem Bordun (1. und 5. Stufe, z. B. c – g). Dazu muss der Lehrer auf die richtige Schlägelhaltung hinweisen. Die Kinder erkennen, dass die Stabspiele verschieden klingen und dass sich unterschiedliche Anschlagsarten auf den Klang auswirken.

166

Bordun:

Singstimme

Kuk-kuck, sag mir doch, wie-viel Jah-re leb ich noch!

Orff-Instrumente

Aus: Lehrplan für die Grundschule. Verlag J. Maiss. München 1982

Klanggeschichte:

Draußen schneit es sacht in dicken Flocken.	Glockenspiel – Glissando
Peter holt seinen Schlitten aus der Garage.	Guerro
Schnell stapft er zum Schlittenberg.	Stampfen
Dort tummeln sich schon viele Freunde.	Rasseln, Schellenbänder
Hui, und los geht die Fahrt!	Mund: Sch
Das Flockentreiben wird stärker.	Glockenspiel –Xylofon – Glissando Mund: fff
und stärker	zunehmende Lautstärke
und stärker.	zunehmende Lautstärke
Da saust Peter nach Hause.	Schnelles Stampfen
Er reißt das Garagentor auf	Becken
stellt seinen Schlitten ab	Holzblocktrommel
und knallt das Garagentor zu.	Trommel
Endlich ist er wieder im warmen Zimmer.	Handflächen reiben
Nun schaut er gelassen dem Flockentreiben zu.	Glockenspiel – Glissando

2. Musik erfinden

Hier steht das schöpferische Tätigsein der Kinder im Vordergrund. Die Kinder experimentieren mit Klängen, Tönen, Rhythmen, Sprache und Bewegung und können selbst Musik erproben und gestalten. Dazu muss ihnen Zeit gegeben werden, um ihre eigenen Gestaltungsideen auszuprobieren.

Musik erfinden beinhaltet das Experimentieren, das Improvisieren und Gestalten und bezieht sich sowohl auf Instrumente und Klangobjekte als auch auf die eigene Stimme. Das Experimentieren eröffnet dem Kind die Möglichkeit,

Klangfarben und Tonlängen der verschiedenen Instrumente selbst zu erkunden sowie das Repertoire der eigenen Stimme zu erforschen, eine Voraussetzung für das Improvisieren und Gestalten. Mit und ohne thematische Anregungen können nun die ausprobierten Klänge und Klangfolgen zu kleinen Musikstücken (Klangspielen) zusammengefügt werden.

Beispiel: Wie klingt unser Wetter?
– Aus Bildern Hörbilder entstehen lassen unter der Verwendung von Stimme, Gegenständen und passenden Instrumenten, z. B.: Wettergeschichten, Morgengeschichten hörbar machen
– Geräusche mit Zeichen aufschreiben

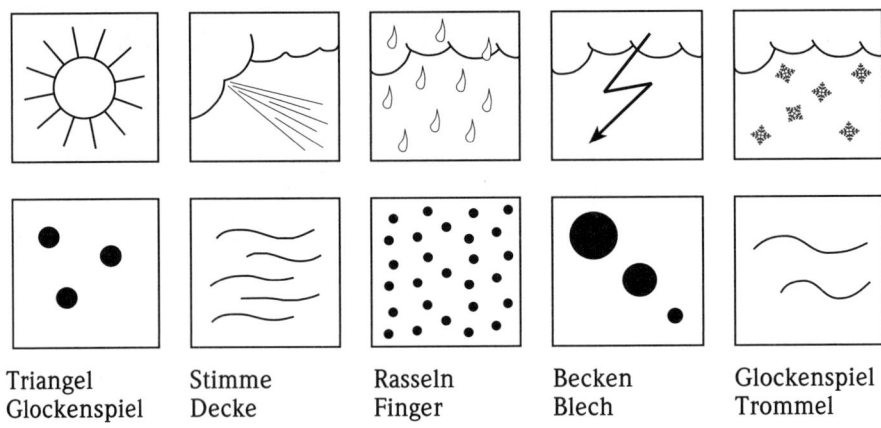

Triangel	Stimme	Rasseln	Becken	Glockenspiel
Glockenspiel	Decke	Finger	Blech	Trommel

Musik erfinden als Lernbereich kann nicht isoliert werden, sondern ist eng verknüpft mit den Lernbereichen Musik machen, Musik hören sowie Musik umsetzen und gestalten. Darüber hinaus lassen sich auch Verbindungen zu anderen Fächern herstellen. So können Texte, (selbst gestaltete) Bilder und Sprechverse Anreiz geben, um Musik zu erfinden.

Beispiele:
• Morgens früh um sechs – mit Körper- und Orff-Instrumenten begleiten
  (Aus: Zauberklänge 1/2. Bayerischer Schulbuchverlag. München 2001, S. 46)
• Frederick – Gestalten einer musikalischen Spielszene
  (Nach dem Buch von Leo Lionni, siehe Zauberklänge 1/2. Bayerischer Schulbuchverlag. München 2001, S. 30)

- Sprechgesang

Zi - tro - nen - li - mo - na - de, die schmeckt fein,

Zi - tro - nen - li - mo - na - de muss schon sein.

Drum komm her, trink sie leer,

wenn du willst, gibt's noch mehr.

- Elfchen verklanglichen, z. B.

Der Bach

grün	Metallofon – Glissando
kleine Wellen	Glockenspiel – einzelne Töne
das Wasser plätschert	Altmetallofon – schweifender Bordun
eine Forelle springt hoch	Triangel
platsch!	Schellentrommel/Klatschen

- Gedichte verklanglichen, z. B.

Das Fischlein im Weiher (Josef Guggenmos)

Vorsprecher:
Weißt du, was das Fischlein im Weiher macht,
wenn es Langeweile hat?
Es steht ganz still
im Wasser.
und nun gib Acht!

Es bläst ein Bläslein aus seinem Mund.	Mund – p-Laut
Das trudelt nach oben;	Glockenspiel oder Triangel
kugelrund,	
erst langsam,	Glockenspiel oder Triangel
dann schneller	Glockenspiel oder Triangel

Aus: *Josef Guggenmos,* Was denkt die Maus am Donnerstag? Deutscher Taschenbuchverlag. München 1971

3. Musik hören

In diesem Bereich, der sehr eng mit den Bereichen Musik machen und Musik erfinden verwoben ist, verschaffen sich die Kinder einen Überblick über Instrumente aus ihrem Umfeld. Die Kinder lernen die Namen der Instrumente und deren Klangeigenschaften durch Ausprobieren kennen. Schüler, die selbst ein Instrument spielen, Blockflöte, Gitarre, usw. dürfen und sollen in den Unterricht einbezogen werden, indem sie vorspielen oder als Hausaufgabe ein eigenes Spielstück oder eine Liedbegleitung vorbereiten. Dies soll für die anderen Kinder ein Anreiz sein, selbst ein Instrument zu erlernen.
Musik begegnet uns überall: Zu Hause, in der Schule, in der Kirche, auf der Straße, im Kaufhaus. Sie wird jedoch meist nicht bewusst wahrgenommen. Das musikalische Gehör der Kinder muss geschult werden.

Möglichkeiten:

1. Geräusche, Töne und Klänge unterscheiden

Schallquellen bestimmen:
Geräuscheraten, z. B. Papier zerreißen, Wasserhahn aufdrehen, mit Schlüssel rasseln, Fenster öffnen ...

Schallrichtung feststellen:
In jeder Ecke steht ein Kind mit einem Klangholz. Die anderen Kinder haben die Augen geschlossen und zeigen mit der Hand in die Schallrichtung.

Schall- und Klangeigenschaften feststellen:
Einzelne Instrumente hören und benennen (geschlossene Augen)
Geräusche erkennen (Kassette)
Sich zur Musik bewegen, wenn abgebrochen wird, erstarren oder eine vereinbarte Haltung einnehmen.

2. Musikalische Werke

Anhören einer Szene aus „Peter und der Wolf" oder „Karneval der Tiere"; sprechen über das Gehörte, szenisch darstellen, Bilder malen
Erkennen von Wiederholungen und gleich bleibenden Abschnitten in einem Lied, z. B.:

170

Es war eine Mutter

1. Es war ei - ne Mut - ter, die hat - te vier Kin - der, den
2. Der Früh - ling bringt Blu - men, der Som - mer den Klee__, der
3. Und wie sie sich schwingen im lus - ti - gen Reihn__, so

Früh - ling, den Som - mer, den Herbst und den Win - ter.
Herbst, der bringt Trau - ben, der Win - ter den Schnee.
tan - zen und sin - gen wir fröh - lich dar - ein.__

Aus der badischen Pfalz. Aus: Stückrath „Nassauische Kinderlieder". Wiesbaden 1931 ff.

4. Musik umsetzen und gestalten

Sich zur Musik bewegen ermöglicht den Kindern, den Raum zu erfassen, Formen der Bewegungen auszuprobieren und sich auf den Anderen einzustellen. Bewegung macht Freude, noch mehr, wenn sie mit entsprechender Musik begleitet wird. So lernen die Kinder einfache Schrittfolgen kennen, mit denen sie zu Liedern und Musikstücken tanzen können.

Spielerische Möglichkeiten der Umsetzung:
Formerfahrungen:
Gegenstände „begreifen" (auch mit geschlossenen Augen), beschreiben, benennen
Raumerfahrung:
Zur Musik den Raum in verschiedenen Richtungen durchqueren;
allein, zu Zweit, in der Gruppe,
schnell, langsam, mit kleinen oder großen Schritten.
Verschiedene Gangarten, bei vereinbarten akustischen Zeichen:
vorwärts – rückwärts
Reaktionsspiele: Auf ein Signal sich zu Gruppen scharen oder z. B. in einer Ecke des Zimmers zusammenkommen
Führen/Folgen:
Sich mit offenen und geschlossenen Augen führen lassen (z. B. Pferd und Kutscher)
Sich zur Musik frei bewegen oder nach Kinderliedern
Gangarten von Menschen, Tieren oder Märchengestalten nachahmen
Sich wie ein Roboter bewegen
Spielen mit Luftballons, Tüchern oder Bällen zur Musik

Aber grüaß di

Material: –
Spieler beliebig
Alter: 6 Jahre...

Die Kinder stehen paarweise im Kreis voreinander. Sie singen das Lied und machen dabei die dementsprechenden Bewegungen. Bei „Aber grüaß di" schütteln sie dem Partner die Hand. Bei „i hob di so gern" umarmen sie sich. Bei „mogst du mi, mog i di" zeigen sie mit dem Finger auf sich und den Partner und bei „tanz ma miteinander, du und i" drehen sie sich händefassend im Kreise. Anschließend gehen die Kinder im Innenkreis zum nächsten Partner daneben. Das Lied kann von vorne beginnen.

Aus: *Bruno Stieren,* Pausenspiele. Prögel Praxis Band 156. Oldenbourg Schulbuchverlag. München 1990

172

Ich will euch begrüßen

Text und Musik: Volker Rosin

1. Ich will euch be - grü - ßen, ich ma - che das so: Hal -
lo! (klatschen) Hal - lo! (klatschen) Schön, dass ihr heut
hier seid und nicht an - ders - wo. Hal - lo! (klatschen) Hal -
lo! (klatschen) Hal - lo, hal - lo, hal - lo! (klatschen)
Hal - lo, hal - lo, hal - lo! (klatschen)

Wie sagt wohl am Morgen die Katze zum Floh? Hallo! Hallo!
Und wie grüßt der Wärter die Affen im Zoo? Hallo! Hallo!

Wollt ihr mich begrüßen, dann macht es auch so: Hallo! Hallo!
Und wenn jeder mitmacht, dann bin ich sehr froh! Hallo! Hallo! ...

Aus: Die Liedermaus. © Moon-Records-Verlag. Düsseldorf

Lieder, Texte, Themen können spielerisch szenisch gestaltet werden. Wenn sich die Kinder noch dazu verkleiden dürfen, spornt dies ganz besonders an.

Möglichkeiten

• Märchenszenen darstellen:
Dornröschen – Lied
Hänsel und Gretel – Sprechgesang: Knusper, knusper, knäuschen, ...

- Naturereignisse darstellen, z. B. Herbstblätter fallen

Eine Gruppe stellt die fallenden Herbstblätter mit Tüchern dar, die andere begleitet mit passenden Klängen oder Geräuschen.

- Schneeflockentanz

- Spiellieder gestalten:

Kommt ein Reitersmann daher

Auf der grünen Wiese

Auf der grünen Wiese

Material: –
Spieler: beliebig
Alter: 6 Jahre

Die Kinder bilden einen Kreis und fassen sich an den Händen. Sie singen und gehen im Kreis herum. Bei den Worten, die gesprochen werden: „Einsteigen! Festhalten!" bleiben die Kinder stehen, lösen die Hände und machen mit den Beinen und Armen die dementsprechenden Bewegungen dazu. Danach fassen sie sich wieder an den Händen und hüpfen im Kreis herum. Bei der Wiederholung ändern sie die Richtung.

3.2.2 Die anderen Fächer

Sporterziehung

Kennzeichnend für das Kind in diesem Lebensalter ist der permanente Bewegungsdrang. Daher darf diesem Bedürfnis nicht nur innerhalb des Sportunterrichts entsprochen werden, sondern auch die tägliche Bewegungszeit innerhalb des rhythmisierten Unterrichts steht in engem Zusammenhang mit dem Sportunterricht, da beide Unterrichtsphasen die gesunde Entwicklung durch Kräftigung des Halte- und Bewegungsapparates zum Ziel haben. Der Sportunterricht allein hat die Aufgabe, die Grundfertigkeiten der Bewegungsabläufe, Grundkenntnisse einfacher Spiele und das Spielverhalten zu vermitteln. Das Kind soll in seiner Anstrengungsbereitschaft, Gestaltungskraft, Selbständigkeit und seinem Sozialverhalten gefördert werden. Um diese Ziele zu erreichen, muss auch dieser Unterricht abwechslungs- und bewegungsreich geplant und gestaltet sein. Denn nur Tummeln, Toben oder Spiele genügen hier nicht.

In der ersten Zeit sollen Kreis- und Singspiele des Kindergartens übernommen werden, um den Übergang zu erleichtern. Das Kind möchte aber nun in der Schule etwas Neues üben und auch Leistung bringen. Daher braucht es konkret gestellte Bewegungsaufgaben. Diese Aufgaben müssen kurz, einfach und lebendig sein. Die noch geringe Ausdauer und Konzentrationsfähigkeit des Schulanfängers müssen ebenfalls berücksichtigt werden.

Damit das Kind seine Bewegungsfantasie entfalten und seine Bewegungserfahrung steigern kann, sollte man es auch die Lösung von Bewegungsaufgaben selbst finden lassen. Vielseitige Bewegungserfahrungen sind wichtiger als eine früh einsetzende Spezialisierung. Bälle, Kleingeräte und Hindernisse werden dabei vorgegeben.

Die fachspezifischen Aufgaben des Sportunterrichts bestehen darin, die motorischen Grundfertigkeiten, die das Kind bei Schuleintritt schon besitzt, wie Laufen – Hüpfen – Springen – Kriechen – Klettern – Steigen – Schwingen – Stützen – Ziehen – Schieben – Heben – Tragen – Stoßen – Balancieren, zu verbessern, am besten durch Darstellen oder Verkörpern von Menschen, Tieren oder Gegenständen.

Besonders im Sport kann das Kind die Erfahrung machen, dass es durch Üben seine Leistung steigern kann. Jedoch dürfen Kinder dieser Klasse nicht einem Leistungsdruck ausgesetzt werden. Durch individuell abgestimmte Aufgaben soll das Kind seine eigene Leistung spürbar verbessern können und dadurch Freude und Motivation zur sportlichen Betätigung auch über die Schulstunden hinaus erhalten.

Jede Minute des knapp bemessenen Sportunterrichts soll der Bewegung zugute kommen. Doch trotz aller Bewegung muss Ordnung herrschen. So müssen den Kindern zu Beginn die besonderen Regeln des Sportunterrichts wie Umkleiden (Ringe und Kettchen abgeben) - der Gang zu Sporthalle oder Sportplatz - das freie Bewegen und Spielen in der Halle - das Sammeln zu Beginn der Stunde - einsichtig erklärt und mit ihnen eingeübt werden, wobei die Sicherheitsunterweisung nicht fehlen darf.

Bei der Auswahl der Spiele sollte darauf geachtet werden, dass möglichst alle

Kinder aktiv sind und nicht nur eines oder zwei.

Die Lehrpläne bzw. Richtlinien bilden die Basis jeder Unterrichtsplanung.

Die Grundstruktur einer Sportstunde sieht folgendermaßen aus:

- Erwärmen, Bereitmachen und Schulung der Grundvoraussetzungen für die Hauptübung
- Bestimmte Bewegungsaufgaben
- Freudvoller Ausklang

Lisa zeigt, wie man balancieren kann.

Ich kann den Handstand!

Lustig ist auch der Zappelhandstand!

Jede Sportstunde soll für die Schüler ein positives Erlebnis sein. Wird im ersten Schuljahr Schwimmunterricht erteilt, so liegt hier der Schwerpunkt auf den Wassergewöhnungsübungen. Erst danach schließt sich der eigentliche Schwimmlehrgang an.

Um dem Kind am Ende des ersten Schuljahres seinen Fortschritt innerhalb des Sportunterrichts bewusst zu machen, kann ein Mini- oder Zwergerlsportfest mit und vor den Eltern durchgeführt werden.

Werken/Textiles Gestalten

Dieser Unterricht wird in der Regel von Fachlehrern erteilt. In Ausnahmefällen kann ihn auch der Grundschullehrer der 1. Klasse übernehmen.

Im Fach Werken/Textiles Gestalten geht es vorrangig um die Optimierung haptisch-visueller Wahrnehmung. Es werden dabei die Wahrnehmungs-, die Empfindungs- und die Ausdrucksfähigkeit des Kindes geschult. Gerade in diesem Fach soll den Schülern ein möglichst großer Gestaltungsspielraum gewährt werden, d. h. eigene Lösungen entdecken und erfinden, Techniken ausprobieren, Materialwiderstand erfahren und zu überwinden versuchen.

Die Werkstücke, die man entsprechend den Lernzielen auswählt, sollen der kindlichen Erlebniswelt entspringen, für das Kind verwendbar sein oder zur sinnvollen Freizeitgestaltung anregen.

Dazu einige Beispiele:

Lernziel: Gestalten mit Naturmaterialien
        Gegenstand: Blättermännchen
Lernziel: Gestalteter Lebensraum
        Gegenstand: Traumstadt
                Tannenbäumchen
Lernziel: Gestalten mit textilem Material (Fäden)
        Gegenstand: Winterbild

Wie man die Herstellung eines Werkstückes auf die kurzen Unterrichtseinheiten der ersten Klasse aufteilt, ist bei den folgenden Beispielen dargestellt.

Gegenstand: Fadenbild - Schneemann

1. UE: Entstehung des Fadens - Aufrollen eines Fadens - Aussehen benennen - Vergleichen verschiedener Fäden
2. UE: Grobe Arbeitsplanung - Wiederholung: Aufdrehen von Fäden - Herstellen von „Watte" - Material- und Werkzeugkunde
3. u. 4. UE: Fäden legen - Aufkleben der Schneemannformen
5. UE: Ausgestaltung - Schneiderregeln - Ausschneiden der Formen - Kleberegeln - Aufkleben der Formen
6. UE: Rahmen der Bilder - Aufhänger anbringen

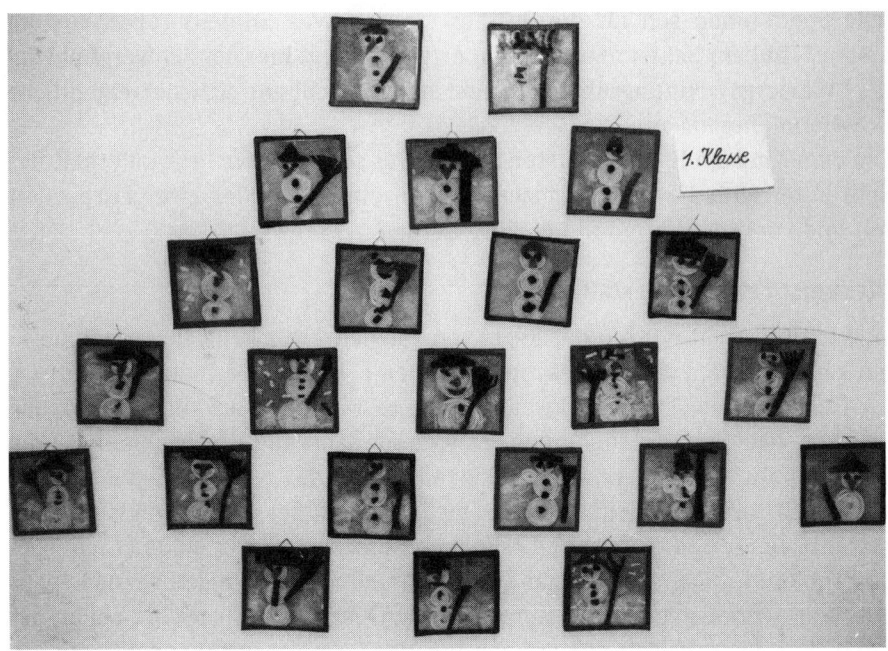

3.3 Besondere Formen des Unterrichts

Auch in der Pädagogik gibt es Moden. Methodik und Didaktik verändern sich, andere Schwerpunkte tauchen auf und treten wieder in den Hintergrund.

Die Kritik an der alten Paukschule führte zu den Forderungen der Reformpädagogik. Wir feiern die Gedenktage dieser Pädagogen, aber viele ihrer Ideen sind auch heute noch nicht realisiert.

Doch zwei Bereiche blühten und gediehen in den letzten Jahren besonders gut: Viele Schulen entwickelten ein qualitätvolles Schulleben, eine niveauvolle Schulkultur. (siehe 3.4 Schulleben)

Viele Lehrer begeisterten sich für offenen Unterricht - offene Formen - offene Phasen des Unterrichts - für Freiarbeit und Projektunterricht. Für viele Kinder ist es selbstverständlicher Schulalltag geworden, in der Freiarbeit freudig und ernsthaft zu lernen.

3.3.1 Offener Unterricht – Freiarbeit

Die Forderung, den Unterricht phasenweise offener bzw. freier zu gestalten, ist auch in dem Beschluss der Kultusministerkonferenz vom 2.7.70 i.d.F. vom 6.5.94 „Empfehlungen zur Arbeit in der Grundschule" enthalten. „Es sind Arbeitsformen zu entwickeln und zu verwirklichen, die allen Schülerinnen und Schülern die erforderlichen individuellen Entwicklungsmöglichkeiten bieten und zugleich Gelegenheiten gemeinsamen Lernens eröffnen.

In unterschiedlichen Unterrichtssituationen sollen die Schülerinnen und Schüler zunehmend die Fähigkeit entwickeln, sich für Inhalte und Methoden, für Sozialformen beim Lernen, für den Arbeitsplatz bzw. die Arbeitsmittel zu entscheiden und ihre Arbeiten selbst zu kontrollieren. Sie können ihren Ideenreichtum und ihre Selbständigkeit vor allem in der Gestaltung der selbst bestimmten Arbeitsphasen (freie Arbeit) und in der Mitgestaltung der Tages- und Wochenplanarbeit entfalten.

Auch individuelle Lernzeiteinteilungen und unterschiedliche persönliche Zugangsweisen sind zu ermöglichen, um mit jedem Kind Lernerfolge zu erreichen, die seinen Fähigkeiten entsprechen.

Die Grundschule kann dieser pädagogischen Herausforderung am ehesten gerecht werden, wenn es ihr von Beginn an gelingt, die Entfaltung produktiver Eigenaktivität in Phasen des Spielens und freien Arbeitens möglichst organisch mit Formen des zielorientierten, differenzierenden Unterrichtens zu verbinden und bei Schülerinnen und Schülern einsichtiges Üben und planmäßiges Arbeiten anzubahnen."[1]

Was ist freie Arbeit?

Freie Arbeit ist Unterricht. Diese Unterrichtsphase muss sehr wohl geplant sein, um ebenso zielgerichtet und effektiv zu sein wie die übrigen Unterrichtsformen. Innerhalb der freien Arbeit hat das Kind die Wahl des Materials, der Sozialform, der Tätigkeit, des Arbeitstempos und des Platzes. Diese Wahlmöglichkeit ist ihm vom Freispiel des Kindergartens oft schon bekannt. Bei der freien Arbeit kommt hinzu, dass das Kind die frei gewählte Arbeit vollenden und möglichst selbst überprüfen soll. Außerdem ist das Spiel- und Materialangebot auf den Unterricht abgestimmt.

Wie fange ich an?

Am leichtesten ist es zu Schulbeginn, da die Kinder es vom Kindergarten her gewohnt sind, sich Spiele und Beschäftigungen selbst zu wählen. Ähnliche und bekannte Spiele aus dem Kindergarten den Kindern in der Vorviertelstunde zur Verfügung zu stellen, ist schon ein erster Schritt zur freien Arbeit. Dieser Unterrichtsbeginn entspricht wiederum einer Forderung des Beschlusses der Kultusministerkonferenz.[2]

„Spielendes Lernen und lernendes Spielen nehmen - wie schon im Kindergarten - dabei einen wesentlichen Teil der Arbeit im Anfangsunterricht ein. Das Spiel kann den Schulanfängerinnen und Schulanfängern Handlungsräume

---

[1] Empfehlungen zur Arbeit in der Grundschule. Beschluss der Kultusministerkonferenz vom 2.7.1970 i.d.F. vom 6.5.1994, 1.3.1 S. 10, 1.3.2 S. 11, 2.3 S. 17
[2] Empfehlungen zur Arbeit in der Grundschule. Beschluss der Kultusministerkonferenz vom 6.5.1994/S. 16

eröffnen, in denen sie sich mit ihrer Lebenswelt auseinandersetzen. Es schafft Gemeinsamkeit, hilft Konflikte lösen, verlangt Sensibilität und Einfühlungsvermögen, regt die schöpferische Fantasie und Gestaltungskraft an und ist zugleich ein wichtiges Erfahrungsfeld für Kinder, um ein Verständnis für die Funktion von Ordnungssystemen und Vereinbarungen zu entwickeln."[1]

Zu diesen Spielen kann aufgrund der neuen Lerninhalte weiteres Material zu einzelnen Lernzielen angeboten werden. Die Einführung jedes neuen Materials erfolgt entweder zuvor im Unterricht, im Gesprächskreis, in der Gruppe oder mit einzelnen Schülern. Bei allmählich wachsendem Angebot an Arbeitsmaterial muss natürlich auch die zur Verfügung stehende Zeit verlängert werden. Das Ende dieser Unterrichtsphase kündigt der Lehrer mit einem akustischen Zeichen (Triangel, Glockenspiel, Spieluhr, Glöckchen, bekanntes ruhiges Musikstück vom Tonträger ....) fünf Minuten vorher an. Das Kind soll in dieser Zeitspanne seine Arbeit in Ruhe beenden, Material aufräumen und noch nicht fertiggestellte Arbeiten unterbrechen und an dafür vorgesehene Plätze bringen. Im anschließenden Gesprächskreis soll jedem Kind Gelegenheit gegeben werden, über seine Tätigkeit bzw. Arbeit zu sprechen. Schon befindet man sich nicht mehr am Start auf dem Weg zur freien Arbeit! Und folgende Erwartung der Kultusministerkonferenz trifft auf die Kinder zu: „Spiel und Freiarbeit machen ihnen deutlich, dass sie in ihren Interessen und ihren Bedürfnissen nach Selbständigkeit ernstgenommen werden."[2]

● **Der Wochenplan**

Mit einem Wochenplan kann der Schüler an die freie Arbeit gewöhnt werden. Der Wochenplan beinhaltet lehrplanbezogene und zielgerichtete Arbeitsaufträge, die sogenannten Pflichtaufgaben, und zusätzliche Wahlaufgaben. Der Schüler kann während der dafür vorgesehenen Zeit entscheiden, in welcher Reihenfolge er die Pflichtaufgaben erledigt und welches Zusatzangebot er noch auswählt. Das Pensum der Pflichtaufgaben muss so bemessen sein, dass jeder Schüler es problemlos schaffen kann und dass ihm auch noch Zeit bleibt für selbst gewählte Aufgaben.

Der Wochenplan kann für die ganze Klasse verbindlich ausgehängt oder jedem Kind einzeln gegeben werden. Der individuelle Wochenplan kann dann ein differenziertes Pflichtprogramm und Hinweise auf besonders geeignete Wahlaufgaben enthalten. Das Arbeitsmaterial soll eine Eigenkontrolle durch das Kind ermöglichen; trotzdem ist eine regelmäßige Durchsicht und Kommentierung der schriftlichen Arbeiten und des einzelnen Wochenplanes durch den Lehrer unerlässlich. Sie dient wie bei den Hausaufgaben der Rückmeldung und Bestätigung.

[1,2] Empfehlungen zur Arbeit in der Grundschule. Beschluss der Kultusministerkonferenz vom 6.5.1994/S. 16

Diese Form des Unterrichts findet wiederum im Beschluss der Kultusminister seine Unterstützung:

„Das freie Arbeiten in unterschiedlichen Formen eröffnet wie das Spiel, aber in eingegrenzterem, zum Teil bereits stärker lernzielorientiertem Rahmen, den Schulanfängerinnen und Schulanfängern Chancen, ihren Interessen nachzugehen und bei der Auswahl und Gestaltung von Lernaktivitäten ihre eigenen Möglichkeiten und Grenzen zu erkennen."[1]

Beispiel für einen Wochenplan in der ersten Klasse:

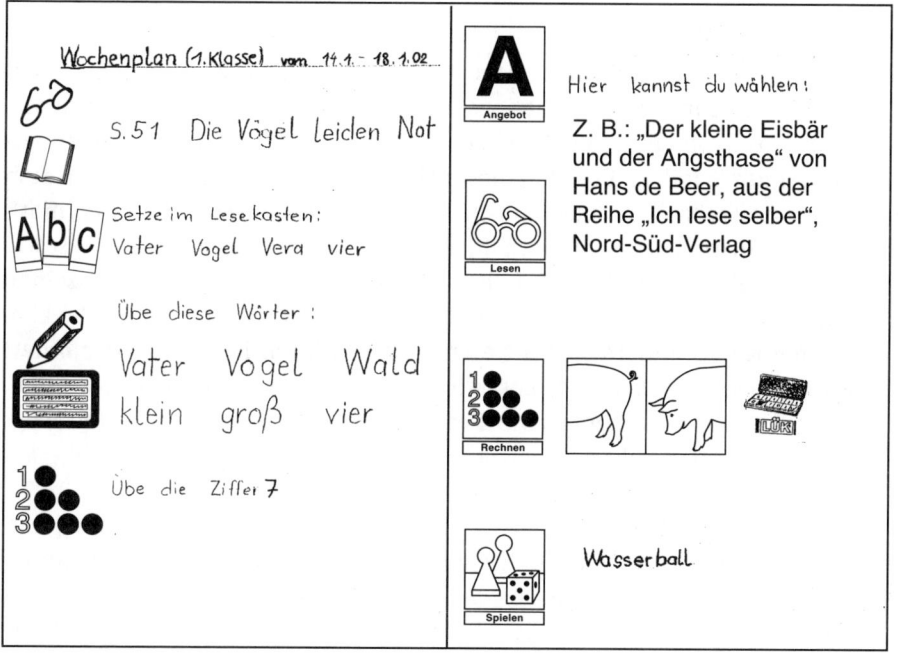

---

[1] Empfehlungen zur Arbeit in der Grundschule. Beschluss der Kultusministerkonferenz v. 6.5.1994/S. 16

Beschränkt sich das Arbeiten, das Beschäftigen mit Arbeitsmaterial oder das Spielen nicht nur auf die Vorviertelstunde oder als Belohnung für eifrige bzw. „brave" Schüler, sondern wird dieser Unterrichtsform jeden Tag eine bestimmte Zeiteinheit eingeräumt, so nimmt jeder Schüler an der freien Arbeit teil und erhält durch sie die entsprechende Lernmotivation und den Lerneffekt. Das Kind wählt sich frei, seinen Bedürfnissen, seinen Interessen und Begabungen entsprechendes Material aus und lernt damit auf die ihm gemäße Art.

Voraussetzungen

Beim Lehrer

Der Lehrer muss sich mit dieser Arbeitsform identifizieren. Er ist nicht mehr Mittelpunkt des Geschehens, sondern wird vielmehr zum Arrangeur, Beobachter von Lern- und Arbeitsprozessen, Berater und Kommunikationspartner des Schülers. Er hat in dieser Unterrichtsphase die Möglichkeit zum genauen Beobachten und Aufzeichnen von Arbeitsverhalten, Lernfortschritt, Anstrengungsbereitschaft, Neigungen und Sozialverhalten sowie Auffälligkeiten einzelner Schüler. Außerdem kann er sich einzelnen Schülern, die seine Hilfe wollen und brauchen, individuell widmen. So können die Kinder innerhalb der freien Arbeit in ihren Begabungen gefördert sowie Lernschwächen oder Lernstörungen rechtzeitig abgefangen werden. Denn Freiarbeit ist niemals nur Beschäftigung der Kinder und keineswegs Erholung für den Lehrer.

Beim Schüler

Einige Regeln, die den Kindern vom Kindergarten her bekannt sind, werden aufgegriffen und der schulischen Arbeitsform entsprechend erweitert: Ich unterhalte mich im Flüsterton. – Ich trage meinen Stuhl vorsichtig. – Wie wähle ich aus? – Ich gehe mit dem Material sorgfältig um. – Ich räume das Material wieder gewissenhaft auf. – Wie suche ich mir Partner? - Wie und wo benütze ich Bastelmaterial? – Wie zeige ich an, dass ich Hilfe brauche? – Wie unterbreche ich meine Arbeit?

Beim Material

Das Material soll einen hohen Aufforderungscharakter besitzen, damit die Kinder allein durch das Material motiviert sind, sich damit zu beschäftigen. Es soll nicht nur aus reinem Übungsmaterial bestehen, sondern verschiedene Schwierigkeitsstufen beinhalten, um alle Kinder anzuregen und zu fördern. Bis auf Arbeitsblätter sollen die Materialien nur einmal vorhanden sein. Die Kinder lernen so, selbständig Absprachen über die Benutzung begehrter Arbeitsmittel zu treffen. Nach Möglichkeit soll das Material eine Selbstkontrolle implizieren. Alle Dinge müssen handlich sein und in ihrer

Größe und Ausführung dem Entwicklungsstand der Altersstufe entsprechen. Jedes Material muss gekennzeichnet und übersichtlich angeordnet sein. Das Kind muss erkennen können, zu welchem Lernbereich das Arbeitsmittel gehört. Die Materialien müssen für die Kinder gut erreichbar und überschaubar in Regalen, auf Tischen, an Fensterbänken oder in Schachteln aufbewahrt werden.

Fertige Materialien für die freie Arbeit bzw. Vorschläge zur eigenen Herstellung von Arbeitsmaterial oder Halbfertigprodukte werden von vielen Verlagen inzwischen angeboten. Es ist die Entscheidung des Lehrers, welchen er den Vorzug gibt. Viele Arbeitsmittel können auch mit Unterstützung der Eltern selbst hergestellt werden. Karten und Spielpläne sollten mit Folie überzogen werden, um über einen längeren Zeitraum hinweg benutzt werden zu können.

3.3.2 Projektunterricht

Projektunterricht gewinnt zunehmend an Attraktivität - jetzt auch in der Grundschule, bereits in der 1. Klasse. Als eine zusätzliche offene Unterrichts- und Lernform ermöglicht Projektunterricht den Schülern individuelles, handlungsorientiertes, praktisches Lernen verbunden mit Verantwortungsübernahme für sich selbst und die Gemeinschaft, ein Lernen, das zur Selbsttätigkeit anregt und zur Selbständigkeit erzieht, ein Lernen mit Kopf, Herz und Hand, ein Lernen mit allen Sinnen.

> „Willst du den Geschmack einer Birne kennen lernen,
> musst du sie verändern,
> das heißt,
> sie in deinem Munde zerkauen."
> *Mao-Tse-Tung*

Projektunterricht in der 1. Klasse kommt dem unterschiedlichen Lern- und Arbeitstempo der Schulanfänger sehr entgegen. Die Kinder wählen die Inhalte gemäß ihren Neigungen und Fähigkeiten selbst aus und entwickeln eigene Lösungsstrategien. Fremdbestimmtes Lernen wird zum selbstbestimmten Lernen. Da Projektunterricht alle Sinne anspricht, werden auch dem schwächsten Schüler Erfolgserlebnisse vermittelt, die wiederum sein Selbstvertrauen stärken und ihn ermutigen zu weiterem Tun. Soziale Tugenden wie Rücksichtnahme, Hilfsbereitschaft, Toleranz, Kooperation, Kameradschaftlichkeit usw. werden durch das gemeinsame Tun gefördert.

Projektunterricht ist keineswegs eine Erfindung unserer Zeit. Die historischen Wurzeln der Projektpädagogik führen bereits auf Dewey (1855 - 1952) und Kilpatrick (1871 - 1965) zurück. Ihr Projektgedanke im ersten Drittel des 20. Jahrhunderts war die Reaktion auf tiefgreifende Wandlungen in der Gesellschaft. Die Zukunft der heranwachsenden Generation war nicht mehr planbar, und so entwickelte sich eine Pädagogik, die es dem Lernenden ermöglichen sollte, sich durch problemformulierendes und problemlösendes, besonders aber durch selbstgesteuertes Handeln seine Lebenswirklichkeit zu erschließen und zu bewältigen.

Was ist Projektunterricht?

Auf der Suche nach Definitionen begegnet man folgenden Aussagen:
  „Demokratie und Erziehung" (Dewey)
  „Planvolles Lernen mit ganzem Herzen" (Kilpatrick)
  „Vorausgeworfenes Wagnis" (H. v. Hentig)
In der neueren Literatur finden sich zahlreiche Definitionsversuche, die eine gewisse Tendenz aufzeigen, aber keine exakte Definition bieten. Begriffe wie „offener Unterricht", „soziales Lernen", „Lernen mit allen Sinnen" und „eigenverantwortliches Lernen" tauchen immer wieder auf.
Projektunterricht ist wohl am besten zu klären mit Hilfe des folgenden Merkmalkatalogs von Flechsig (1975) und Gudjons (1985):

Merkmale des Projektunterrichts	
Flechsig 1975	*Gudjons 1984*
Umweltbezug	Situationsbezug
Problemorientierung	Orientierung an den Interessen der Beteiligten
Integration von Lernen und Handeln	
Fächerübergreifende Information	Selbstorganisation und Selbstverantwortung
Integration von kognitiven, sozialen, affektiven und motorischen Leistungen	Gesellschaftliche Praxisrelevanz
	Zielgerichtete Projektplanung
Produktherstellung	Einbeziehen vieler Sinne
Selbsttätigkeit des Lernenden	Soziales Lernen
	Interdisziplinarität

Aus: *Hänsel, Dagmar,* Das Projekt Grundschule, Beltz, Weinheim 1991

Projekte sind Vorhaben, die folgende Kriterien ganz oder teilweise erfüllen:
  Lehrer und Schüler entscheiden sich gemeinsam für ein Thema
  Der Ablauf ist handlungsbetont
  Alle Sinne werden einbezogen
  Viele Fachbereiche werden berücksichtigt
  Die Methoden sind flexibel
  Lernorte beschränken sich nicht nur auf das Klassenzimmer
  Soziales Lernen steht im Vordergrund
  Die Schüler organisieren möglichst viel selbst
  Ein konkretes Ergebnis wird angestrebt.

Beispiele für Projekte

Obst	Märchen	Umwelt
Herbst	Schnee	Sport und Spiel

Projekte in der Grundschule können durchgeführt werden als

1. klassenbezogenes Projekt:
Der Klassenlehrer, die Fachlehrer der Klasse und die Schüler entscheiden sich gemeinsam für ein Thema.
z. B.: Ein gesundes Pausenbrot

2. klassenübergreifendes Projekt:
Hier arbeiten eine oder verschiedene Klassenstufen an demselben Projektthema.
z. B.: Märchen: „Der Streit um den Regenbogen"

3. Schulprojekt:
Alle Schüler einer Schule beteiligen sich an einem Thema, z. B. in Form einer Projektwoche oder von Projekttagen.
z. B.: Wir sind alle Kinder dieser Welt
Die Projektinhalte sollten auf grundschulgemäßem Anspruchsniveau liegen.
Jedes Projekt sollte darauf ausgerichtet sein, ein Ergebnis zu erreichen, das den anderen Schülern und Lehrern in Form einer Aufführung, Ausstellung, einer Publikation, eines Vortrags, einer gemeinsamen Aktion o.ä. zugänglich gemacht werden kann.
Die Projektwoche sollte nach Möglichkeit auf einen Zeitraum gelegt werden, in dem auch im Freien gearbeitet werden kann.

Der zeitliche Ablauf eines Schulprojekts könnte folgendermaßen aussehen:

Schuljahresanfang:	Festlegen des Rohkonzepts und des Zeitraums
Sechs Wochen vorher:	Sammeln von Ideen und Vorschlägen
Vier Wochen vorher:	Festlegung des Gesamtkonzepts
Drei Wochen vorher:	Vorstellung des Projektangebots
Zwei Wochen vorher:	Projektauswahl durch die Schüler
Eine Woche vorher:	Endgültige Einteilung der Schüler
	Freitag 4. UE: Erstes Treffen der Projektgruppe zur Projektvorstellung
Projektwoche:	Montag bis zur Pause:
	Stundenplanmäßiger Unterricht
	Montag nach der Pause:
	Starten des Projekts
	Dienstag bis Donnerstag:
	Projektarbeit
	Freitag bis zur Pause:
	Vorbereitung der Projektdarstellung
	Freitag nach der Pause:
	Vorstellung der Projektergebnisse

Überfrachtete Lehrpläne, zu wenig Freiraum, zu volle Klassen, zu wenig Platz, eine zu wenig engagierte Elternschaft, die Angst vor dem Schulrat und viele Gründe mehr hört man oft aus dem Kollegenkreis als Argument gegen Projektunterricht. Die Idealform eines Projektunterrichts zu erreichen ist nicht notwendig. Wichtig ist, den Mut zu haben, in den Schulalltag offene Unterrichtsformen einfließen zu lassen und damit den Kindern die Freude am Lernen zu bewahren.

Gefühlspfade

Über die Erde sollst du barfuß gehen.
Zieh die Schuhe aus, Schuhe machen dich blind.
Du kannst doch den Weg mit deinen Zehen sehen.
Auch das Wasser und den Wind.
Sollst mit deinen Sohlen die Steine berühren,
mit ganz nackter Haut.
Dann wirst du bald spüren,
dass dir die Erde vertraut.
Spür das nasse Gras unter deinen Füßen
und den trockenen Staub.
Lass dir vom Moos die Sohlen streicheln und küssen
und fühl das Knistern im Laub.
Steig hinein, steig hinein in den Bach und lauf aufwärts
dem Wasser entgegen.
Halt dein Gesicht unter den Wasserfall.
Und dann sollst du dich in die Sonne legen.
Leg deine Wange an die Erde, riech ihren Duft und spür
wie aufsteigt aus ihr eine ganz große Ruh.
Und dann ist die Erde ganz nah bei dir, und du weißt:
Du bist ein Teil von allem und gehörst dazu.

Martin Auer

Aus: *H.-J. Gelberg (Hrsg.),* Überall und neben dir. Beltz, Weinheim 1986

Gefühlspfad für die 1. Klasse: Obst

Damit die Kinder den Gefühlspfad erfolgreich durchlaufen können, müssen sie in den Tagen zuvor mit diesem Thema befasst sein und schon Vorerfahrungen sammeln. Darum geben wir einen Wochenplan zu diesem Gefühlspfad an:

Wochenplan:

1. Tag:

Wir untersuchen einen Apfel

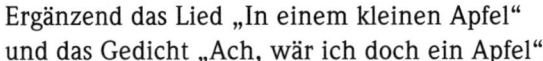

- Teile des Apfels
- wie der Apfel riecht
- wie der Apfel schmeckt
- wir beißen hinein und lauschen auf das Geräusch
- wir stecken die Kerne in eine Schütteldose und hören den Klang

Ergänzend das Lied „In einem kleinen Apfel"
und das Gedicht „Ach, wär ich doch ein Apfel":

> Ach wär ich doch ein Apfel, dann hing ich hoch am Ast,
> und gaukelte und schaukelte, wie's mir gerade passt.
> Und käm die kleine Anna, dann macht ich einen Hops
> und fiel der kleinen Anna genau auf ihren Kopf.

Volksgut

2. Tag:

Wir gehen auf den Wochenmarkt/ins Obstgeschäft und kaufen dort Obst ein *oder* wir haben eine Schale voller Obst (vom Lehrer mitgebracht)

- Anschauen und Benennen der Früche
- Betasten und Beriechen der Früchte
- Rätselspiele mit Obst (z. B. Es ist orange und hat eine rauhe Schale...)

3. Tag:

Wir ordnen das Obst nach verschiedenen Ordnungskriterien, z. B.

- heimische Früchte/Südfrüchte
- Kernobst/Steinobst
- genießbare/ungenießbare Schale
- nach Farben (rote, blaue, grüne, gelbe, ... Früchte)

4. Tag:
Wir machen einen Obstsalat und essen ihn
(wichtig: Kerne und Steine aufheben für den Gefühlspfad!)

5. Tag: Gefühlspfad
Es erweist sich als günstig, wenn die Lehrkraft den Gefühlspfad in einem anderen, freien Klassenzimmer aufbaut. Bei einer großen Klasse ist es außerdem einfacher, wenn der Lehrer/die Lehrerin in einer Stunde nur mit der Hälfte der Klasse den Gefühlspfad durchläuft und eine andere Lehrkraft oder ein Elternteil die zweite Hälfte der Klasse solange im Klassenzimmer beschäftigt. Nach der Stunde wechseln die Gruppen. Anschließend kann man die Parallelklasse oder die Eltern von den Kindern durch den Gefühlspfad leiten lassen.

Beschäftigungen für die „Wartegruppe":

● Mit Zwetschgenkernen oder Nüssen zielschießen in einen Korb
● Ein Bilderbuch zum Thema anschauen
● Eine Fantasiereise in einen Obstgarten machen
● Eine Bastelarbeit zum Thema fertigen

Der **Gefühlspfad** beinhaltet sechs Stationen:

Die Schmeckstation

Essen
Die Kinder bekommen die Augen verbunden und sollen herausschmecken, welches Obst sie in den Mund gesteckt bekommen (Birne, Banane, Apfel, Zitrone, dunkle Trauben, Ananas, Mandarine, Orange). Kontrolle durch Benennen der Früchte durch den Mitspieler.

Die Kinder schmecken mit verbundenen Augen kleine Brotstückchen, die mit verschiedenen Marmeladen mit charakteristischem Geschmack bestrichen sind (Erdbeere, Orange, Kiwi o. ä.).
Kontrolle: Neben dem Brettchen mit den Brotstücken liegt eine umgedrehte Karte mit der entsprechenden Frucht.

Trinken

In Bechern sind verschiedene naturbelassene oder frischgepresste Säfte (Apfel-, Birnen-, Trauben-, Zwetschgen-, Orangen- und Zitronensaft), die von den Kindern mit dem Strohhalm herausgetrunken und „erschmeckt" werden.

Kontrolle: Neben jedem Becher liegt ein Bierfilz, auf dessen Rückseite die jeweilige Frucht gemalt ist.

Die Riechstation

In umklebten Marmeladengläsern liegen Fruchtstückchen (Orange mit Schale, Zitrone mit Schale, Mandarine, Ananas, Banane). Die Kinder sollen den Deckel leicht anheben und die Frucht erriechen.

Kontrolle: An der Unterseite des Marmeladenglases ist die Frucht gemalt.

Die Taststation

In einem Korb oder Karton liegen Früchte (relativ harte, damit sie nicht zu schnell zerdrückt werden können, also z. B. Apfel, Orange, Nüsse, Ananas, grüne Banane), die mit einer Decke abgedeckt sind. Die Kinder ertasten und benennen sie.

Kontrolle: durch Herausholen der Frucht.

In Tastsäckchen sind verschiedene Kerne und Steine (die am Vortag beim Obstsalatmachen aufgehoben wurden). Die Kinder versuchen durch Tasten zu erraten, zu welcher Frucht sie gehören.

Kontrolle: An jedem Säckchen hängt ein Zeichen, dasselbe Zeichen findet sich auf Karten wieder. Auf deren Rückseite ist das entsprechende Obst gemalt.

Die Sehstation

Auf einem Tablett liegen viele Früchte, darunter auch vier Dinge, die kein Obst sind (z. B. Gelbe Rübe, Kartoffel, Ei o. ä.). Die Kinder sollen sie herausfinden.

Kontrolle: Dinge sind verdeckt auf einen Karton gemalt, der daneben liegt.

Ein Puzzle aus einem Obstbild muss zusammengesetzt werden.
Kontrolle durch das Bild selbst.

Ein Suchbild in Folie muss mit dem Folienstift angekreuzt werden (z. B. „Suche die fünf Unterschiede zwischen den beiden Bildern!" o. ä.). Kontrolle auf der Rückseite.

Welchen Weg geht die Raupe im Apfel?
Kontrolle auf der Rückseite.

Die Hörstation
Auf einer Kassette sind Geräusche aufgenommen, die Kinder sollen erraten, um was es sich handelt. (z. B. Walnuss knacken, Haselnuss knacken, in einen Apfel beißen usw.)
Kontrolle: Auf Kassette wird die jeweilige Antwort nach kurzer Bedenkzeit gesprochen.
In Dosen (es eignen sich gut Filmdosen) stecken Steine oder Kerne. Die Kinder sollen durch Schütteln erraten, ob es sich um Steine oder Kerne handelt.
Kontrolle: Auf der Unterseite der Dose ist ein Zeichen, welches sich auf einer mit ✿ bzw. ⬭ gekennzeichneten Liste wiederfindet.

In je zwei Dosen sind gleiche Kerne bzw. Steine. Die Kinder sollen durch Schütteln erkennen, welche Dosen gleich klingen.
Kontrolle: Auf der Unterseite sind die gleichen Zeichen angebracht.

Gefühlspfad für die 1. Klasse: Wald

Vorausgegangen war das Heimat- und Sachunterrichtsthema: Kennenlernen einiger Früchte von wildwachsenden Bäumen und Sträuchern
am Schulort.

Freitag   Waldspaziergang ca. 2 Stunden
Die Kinder haben Sammelsäckchen und eine Lupe dabei.

Spiele:

- Das große Suchen
Eine Feder, drei verschiedene Samen, etwas Rotes, etwas
Spitzes, etwas Weiches, ein Laubblatt, etwas Schönes...

- Memory
In einem Korb liegen 7 Dinge, die die Kinder in der Nähe
finden können (Zeit zum Einprägen).
Die Kinder suchen die Dinge.

- Verstecken
Auf einer Stecke von 15 m werden 10 Dinge versteckt,
die nicht in den Wald gehören. Die Kinder gehen den
Weg und merken sie sich. Dann erst werden die Dinge
eingesammelt.

- Lauschen

- Riechaufgaben

- Mit der Lupe sieht alles anders aus

- Farben sehen

Nur unverderbliche Dinge werden in die Schule zurück-
gebracht. (Viele Zapfen für späteres Wurfspiel)

Montag   - Arrangieren der Dinge auf einem großen Tablett (für
Suchspiel am Freitag)

- Benennen der Dinge

- Rätselspiele mit den Dingen

- Singspiel: Eichel, Eichel du musst wandern

Dienstag
- Waldmärchen erzählen
  Hänsel und Gretel oder Schneewittchen

- Einladung an die Eltern entwerfen

Mittwoch
- Welche Tiere leben in unserem Wald?
  Was tun sie im Herbst/Winter?

- Einladung an die Eltern mit einer Zeichnung versehen

Donnerstag
- Gestalten einer Wegweisertafel für die Eltern

Freitag
- Gefühlspfad
  Den Gefühlspfad legte am Vortag der Lehrer im Filmzimmer an. Die Klasse wurde in zwei Gruppen geteilt. Die „Gefühlspfadgruppe" betreute der Lehrer, die übrigen Kinder ein anderer Lehrer (Mutter)

Angebote für die Gruppe im Klassenzimmer

- Fantasiereise:
  Musik Vivaldi: Der Herbst
- Gemeinschaftsarbeit
  aus Buntpapier
- Tannenzapfenwerfen in Körbe
- Vorlesen: Muck, das Eichhörnchen

Stationen des Gefühlspfades

Barfußweg   Laub
(mit Partner) Rindenmulch
             Kiesel
             Moos

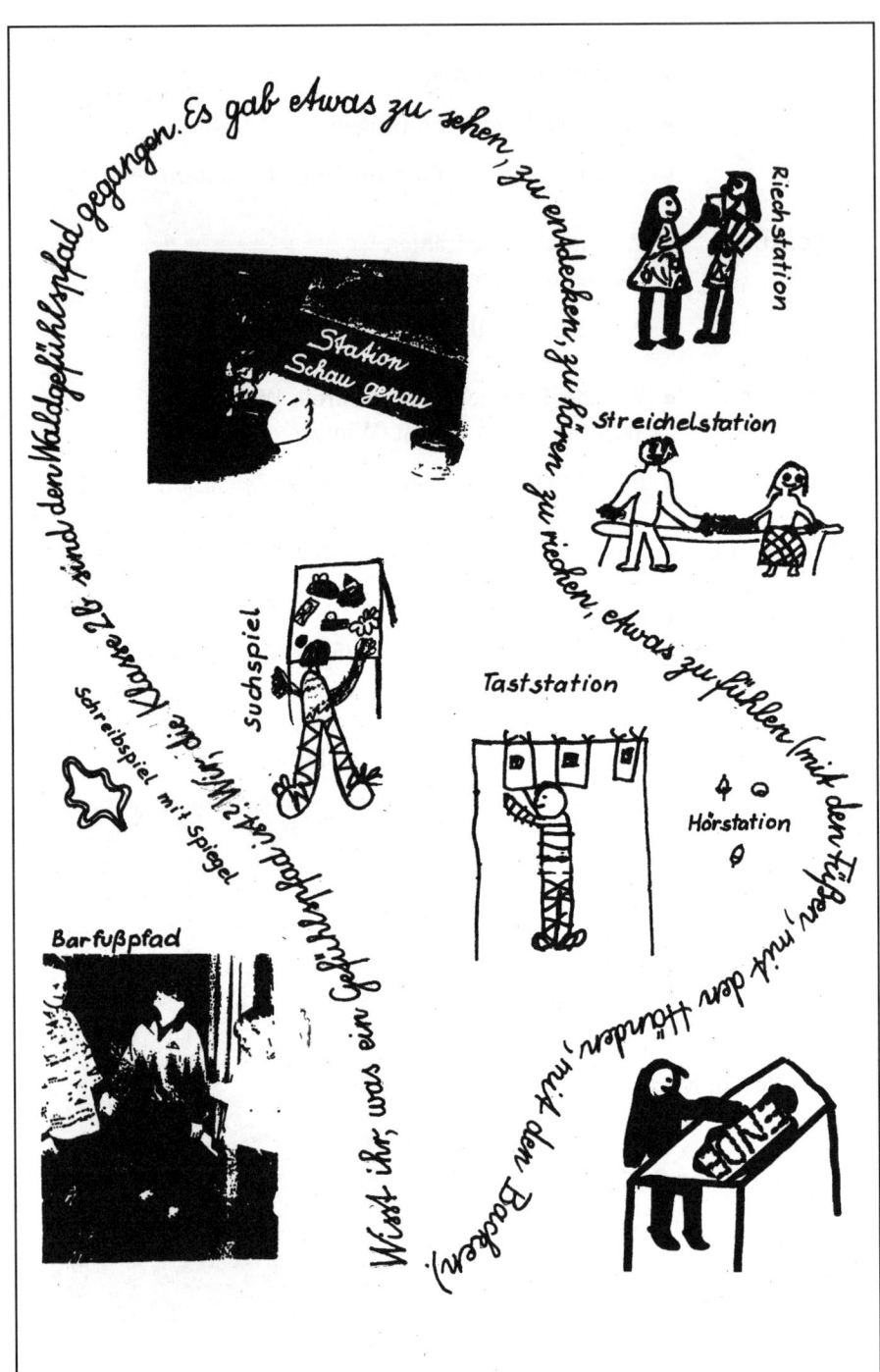

Es gab etwas zu sehen, zu entdecken, zu hören, zu riechen, etwas zu fühlen (mit den Füßen, mit den Händen, mit der Nase). Wisst ihr, was ein Gefühlspfad ist? Wir, die Klasse 2b, sind den Waldgefühlspfad gegangen.

Riechstation

Station Schau genau

Streichelstation

Taststation

Suchspiel

Hörstation

schreibspiel mit spiegel

Barfußpfad

ENDE

194

Tastsäckchen:	Schneckenhaus
(nummeriert	Kastanie
mit Lösung)	Hagebutte (wurde zerquetscht)
	Klette
	Fichtenzapfen
	Stück Holz
	Fichtenzweig

Station:	
Schau genau	Lupen mit:
	Fichtensamen
	Pilzscheibe
	Tannennadel
	aufgeschnittener Hagebutte

Fühlstation:	Tablett mit Handtuch zugedeckt
	Eichel
	Sägespäne
	Hagebutte
	Ahorn-, Eichenblatt
	Tannenzweig
	abgenagter Zapfen

Streichelstation:	Kind mit geschlossenen Augen wird von einem
(mit Partner)	anderen Kind an der Hand oder an der Wange
	gestreichelt
	Grashalm
	Klette
	Feder
	Distelsamen
	Moos

Streichelstation

Riechstation:	in Schraubgläsern, die
	mit Papier bezogen sind
	Tannennadeln
	Pfefferminze
	Walderde
	Pilze

Suchspiel: (mit Lösungsblatt)	Tablett mit Waldsachen darin versteckt Ring rotes Herz Murmel Muschel Porzellanbär Knopf Centmünze
Schreibspiel: mit Spiegel	Eichenblatt Buchenblatt
Hörstation: (Filmdosen mit farbigem Punkt) (4 Schachteln Lösungen unten)	• Welche Dosen klingen gleich? 3 Paare: Eichel Ahornflügel Zapfenschuppen • Was ist in der Schachtel?
Taststation	Eingegipste Eicheln unter einem Tuch versteckt

Liebe Eltern,
wisst ihr, was ein Gefühlspfad
ist?
Wenn ihr Zeit habt, möchte
ich euch am Freitag führen.
Kommt bitte zwischen
9.30 und 10 Uhr
Euer Maxi

Jede Gruppe konnte sich
45 Minuten auf dem Gefühlspfad aufhalten. Anschließend
wurden die Eltern von ihren
Kindern (ebenfalls wieder in
zwei Gruppen) durch den Pfad
geführt.
Abschließend besuchte uns
noch eine dritte Klasse.

3.4 Schulleben

Schüler verbringen viel Zeit in der Schule. Schule soll für die Kinder Lebenswelt sein, eine Welt, in die sie gerne hineingehen, in der sie sich wohlfühlen, in der sie vorbereitet werden auf das Leben in der Gemeinschaft. Der Lehrer trägt somit eine besondere pädagogische Verantwortung.

Schule ist nicht nur eine Einrichtung für reine Wissensvermittlung, sondern in gleichem Maße Raum für Humanität, Verantwortlichkeit, Selbsterfahrung. Hier erfahren und erleben Kinder die Gemeinschaft, lernen den Umgang mit dem Nächsten, werden angeleitet zum Bewältigen von Lebenssituationen, werden erzogen zum mündigen Bürger.

Schule ist Leben, und Leben ist Schule im weitesten Sinn. Schulleben bedeutet das Leben in der Schule, angefangen von der Gestaltung des Klassenzimmers, des Unterrichts, der Interaktion zwischen Lehrern und Schülern bis hin zu sämtlichen Veranstaltungen und Aktionen innerhalb und außerhalb des Schulgebäudes. Ein pädagogisch gestaltetes Schulleben verlangt die Einbeziehung aller an der Schule beteiligten Personen.

In den Präambeln der Lehrpläne der verschiedenen Bundesländer wird auf die Notwendigkeit eines pädagogisch gestalteten Schullebens hingewiesen.

3.4.1 Feste und Feiern

In der Schule muss man nicht lange nach Anlässen suchen, um ein Fest zu feiern, und sei es noch so klein. Man denke nur an den Tagesbeginn oder an die Geburtstage der Schüler, die in der Klasse gefeiert werden.

Bei manchen Lehrern weckt die Absicht, ein Fest zu feiern, Unbehagen. Verständlich, wenn man an die zahlreichen fragwürdigen Erscheinungsformen, z. B. an die Kommerzialisierung des Weihnachtsfestes denkt oder an die Niveaulosigkeit vieler Volksfeste. Feste sprießen wie Pilze aus dem Boden. Viele Kinder erleben die Nikolausfeier mehrfach: Die Nikolausfeier zu Hause, im Verein, in der Pfarrei, vor dem Kaufhaus usw. In Anbetracht dessen wäre es nur sinnvoll, in der Schule Abstand davon zu nehmen.

Trotzdem brauchen Feste und Feiern gerade hier einen besonderen Platz. In der 1. Klasse müssen sich die Kinder erst zu einer Gemeinschaft zusammenfinden. Sie müssen lernen, mit anderen in Kontakt zu treten und eigene Bedürfnisse zurückzustellen. Ein Wir-Gefühl, ein Miteinander muss angebahnt werden. Auch helfen Feste und Feiern, die wachsende Zahl der Ausländerkinder schneller und besser zu integrieren und den Schülern ein Gefühl der Geborgenheit zu geben.

Feste und Feiern können dazu beitragen, eine harmonische Atmosphäre entstehen zu lassen. Sie beleben den Schulalltag, wecken emotionale Kräfte, stärken das Vertrauen zwischen Schülern und Lehrern, ermöglichen grundlegende Sozialerfahrungen und fördern die Kreativität.

Neben der reinen Wissensvermittlung ist Schule auch Ort sozialen Erlebens. Das Miteinanderfeiern, das Innehalten im Schulalltag, das festliche Hervorheben besonderer Ereignisse kann und wird dem Leben in der Schule Vielfalt, Sinn und Reichtum geben. Ein Schulleben braucht seine Höhepunkte und Besonderheiten – ein Ausbrechen aus dem Alltäglichen –, damit es nicht farblos und eintönig wird. Schule soll allen Beteiligten Freude machen, deshalb muss das Miteinander in der Schule gefördert und lebendig gemacht werden. Durch die Stundenkürzung in der 1. Klasse wird der pädagogische Freiraum eingeschränkt, und oft ist er auch schon ausgeschöpft durch Wandertag, Projekte oder besondere Aktionen wie eine Ausstellung zu einem bestimmten Sachthema oder die Zubereitung eines Obstsalates. Trotzdem muss gerade in der 1. Klasse besonderer Wert gelegt werden auf Feste und Feiern, um sich gegenseitig besser kennen- und verstehen zu lernen. Sie helfen, Vertrauen zu fördern und kreative Fähigkeiten wachsen zu lassen. Hier heißt es, Prioritäten zu setzen und auch mal Mut zur Lücke zu haben.

Abgrenzung von Fest und Feier

Die Begriffe „Fest" und „Feier" werden oft gleichbedeutend verwendet. Jedoch unterscheiden sie sich wesentlich:

„*Feste* sind immer bunt, vielfarbig, immer auch unterhaltsam, vielgestaltig und locker im Aufbau und im Ablauf. Sie brauchen viel Raum und Bewegungsfreiheit; sie appellieren zuerst an die Augen, überhaupt an die Sinne, sie steigern sich gerne zu Übermut und in die Freude um der Freude willen." [1]

Im Fest zeigt sich der Mensch offen. Er bestimmt den inhaltlichen und gestalterischen Rahmen.

Die *Feier* hingegen hat besinnlichen Charakter und ist getragen von einem Leitgedanken und einem Anlass, z. B. Geburtstag, Weihnachten ... usw. Hier bestimmt der Leitgedanke den inhaltlichen und gestalterischen Rahmen. Eine Feier ist gekennzeichnet von Würde, Erhabenheit, Ruhe und Besinnlichkeit.

In der Schule werden Fest und Feier nicht streng getrennt, sondern meist miteinander verbunden. So können in einem Fest durchaus besinnliche, ruhige Momente einfließen und bei einer Feier lockere und lustige.

Schulische Feste und Feiern dürfen keine Schaustellung um ihrer selbst willen sein, sie dürfen nicht abgehalten werden, um ein Schulleben zu demonstrieren, das in Wirklichkeit gar nicht existiert. Die richtige Feier kennt (nach Kopp) nur Mitfeiernde und keine Zuschauer. Wenn Feste und Feiern aus dem geglückten Zusammenleben von Schülern und Lehrern einer Schule sowie aus dem gemeinsamen Tun entstehen, sind sie pädagogisch fruchtbar. Schule wird zum Gemeinschaftserlebnis und zum Wohnraum für die Schüler. Ein Fest pro Jahr kann dies jedoch nicht bewirken. Fest und Feier müssen einen festen Platz im Schulleben haben.

---

[1] Eckhardt, W., Das Handbuch für Spiel und Feier, Ansbach o.J., S. 165

Möglichkeiten

Feiern

Morgenfeier
Geburtstagsfeier
Erntedank
Sankt Martin
Advent-, Nikolaus- und Weihnachtsfeier
Friedensfeier
Schulanfangsfeier
Schulabschlussfeier
Schuleinweihungsfeier
Schuljubiläumsfeier

Feste

Herbstfest
Schneefest
Faschingsfest
Frühlingsfest
Spielnachmittag
Sportfest
Grillfest
Buchfest
Interkulturelles Fest
Buchstabenfest
Wald- und Wiesenfest
Jahresabschlussfest

Während eines Schuljahres bieten sich genügend Möglichkeiten an, Feiern und Feste mit allen Kindern der Schule zu gestalten. Der Jahreskreis sowie besondere Anlässe und Aktionen der Schule bieten vielfältige Möglichkeiten zum gemeinsamen Feiern.

Wir planen ein Schulfest

VON DER IDEE BIS ZUR DURCHFÜHRUNG

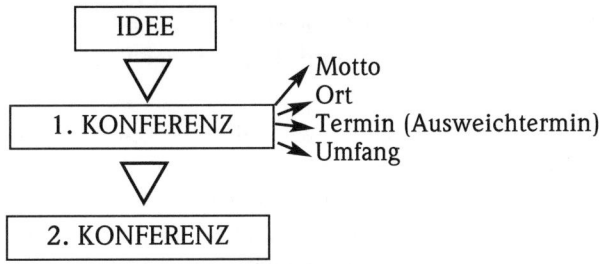

IDEE

▽

1. KONFERENZ
- Motto
- Ort
- Termin (Ausweichtermin)
- Umfang

▽

2. KONFERENZ

▽

Organisatorisches
- Aufgabenverteilung
- Finanzierung (Spenden, Budget, Erlös)
- Sicherheit (Feuerwehr, Sanitäter, Haftung, Genehmigung, Raumbelegung, Betreuung der Sch.)
- Medien (Scheinwerfer, Lautsprecheranlage...)
- Räumlichkeiten und Bestuhlung
- Dekoration (Kulissen, Plakate, Wegweiser, Schmuck...)
- Material (Spielgeräte)
- Programm (Plakate, Einladungen
- Verpflegung (Besorgung und Entsorgung)
- externe Akteure (Zauberer)
- Zusatzveranstaltung (Tombola, Ausstellung...)
- Öffentlichkeitsarbeit (Presse, Fotograf)

Inhaltliches
- genaues Motto festlegen
- Dauer der Feier (von – bis)
- Abstimmung der Beiträge (Art, Dauer, Reihenfolge)
- gemeinsamer Anfang und Schluss (Rahmen)
- Teilnehmer, Gäste
- Musik (Chor, Background)
- gemeinsame Spiele, Wettspiele

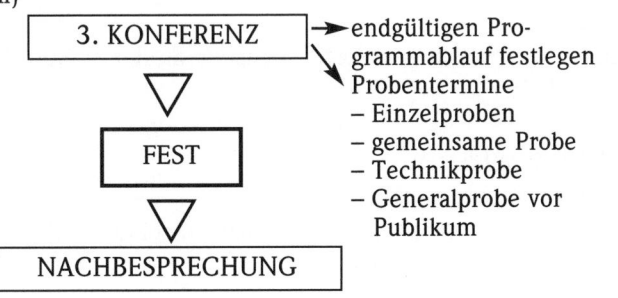

3. KONFERENZ
- endgültigen Programmablauf festlegen
- Probentermine
  - Einzelproben
  - gemeinsame Probe
  - Technikprobe
  - Generalprobe vor Publikum

▽

FEST

▽

NACHBESPRECHUNG

Grundsätze, die bei der Vorbereitung eines Festes beachtet werden sollten:
Idee und Planung müssen aus dem Schulleben herauswachsen
Keine langen Begrüßungsansprachen und Vorreden, denn es soll ein Fest der/für Kinder sein
Raum für Spontaneität einplanen
Spiele, Attraktionen und Darbietungen müssen altersstufengemäß und abwechslungsreich sein
Die einzelnen Darbietungen sollten von kurzer Dauer und gut verständlich sein (ggf. Mikrofon)
Die Größe des Festes sollte überschaubar sein
Die Vorbereitungen der einzelnen Gruppen oder Klassen für alle Mitwirkenden durchschaubar machen, um Überschneidungen zu vermeiden und gegenseitigen Ansporn zu ermöglichen
Festlegen, an wen sich die Einladung richten soll.

Die Morgenfeier

Gestaltungsmöglichkeiten

1. Erzählen
Erzählen vom Wochenende (besondere Aktivitäten; was mir am Wochenende passiert ist: lustige, interessante, auch traurige Erlebnisse;)
„Die freundlichen 5 Minuten" (Wir erzählen, was wir an anderen Kindern mögen)
Lieblingsstofftier / Lieblingsspielzeug: Vorstellen, Erzählen, Fragen
Konkrete Materialien zu Sachthemen: Vorstellen, Berichten

2. Lesen
Vorlesegeschichten (Lehrer; vorbereitetes Lesestück von Schülern)
Lieblingsbücher: Vorstellen; kurze Stücke vorlesen
Literatur zum Sachunterricht: Beiträge aus Lexika, Sachbüchern

3. Gestaltung unter religiösem Aspekt
Lieder
Gebete (auch selbst gestaltet); Wünsche an den lieben Gott
Geschichten

4. Meditative Phasen
Sich bewegen zur Musik
Sich bewusst wahrnehmen (in die Augen schauen...)
Bildbetrachtung mit Musik
Meditationen über Gegenstände

5. Lieder
Guten-Morgen-Lieder (Aber grüaß di..., Hallo, schön, dass du da bist...;
Heut ist ein Tag...; Eben hat es acht geschlagen..;)
Lieder mit Instrumentalbegleitung
Lieder mit Bewegung

6. Spiele
Kreisspiele (Wir schicken einen Guten-Morgen-Gruß; Flüsterpost ...)
Bewegungsspiele am Platz (Jäger schieß; Dracula ...)
Gymnastik mit/ohne Musik

Indianer „Leise Sohle"
Material: –
Spieler: ab 10
Alter: 6 Jahre ...

Die Spieler stehen oder sitzen im Kreis. 2 - 3 Spieler werden zu „Indianern"
bestimmt und stehen außerhalb des Kreises. Die Kreisspieler schließen die
Augen. Die „Indianer" schleichen so leise wie möglich um den Kreis und stellen sich dann hinter einen Mitspieler. Der Spielleiter sagt: „Stopp", und wer
glaubt, hinter ihm würde ein „Indianer" stehen, meldet sich. Wer richtig geraten hat, tauscht seinen Platz mit dem „ertappten" Indianer. Die anderen dürfen sich noch einmal anschleichen.

Die Gestaltung der Morgenfeiern kann auch unter einem Wochenrah-
menthema stehen:
Jahreszeitliche Besonderheiten
Kirchenjahr (Erntedank, St. Martin, Nikolaus ...)
Meine Umwelt
Soziale Aspekte (Ärger, Angst, Streit, Krankheit ...) u.a.

25 Jahre Schule Blumenau

ZUM JUBILÄUMS-SPIELFEST

Am Freitag, dem 19. Juli, ab 14 Uhr

laden wir herzlich ein

Ab 14 Uhr zeigen die Klassen im Turnsaal folgendes Programm:

* Aus den hellen Birken — Grundschulchor

Begrüßung

* Volksmusikstück — Singkreis der Städt. Sing- und Musikschule

* Blumenauer Erstklass-schmankerl — Klassen 1a/1b
* Square Dance — Klasse 4b
* Tipps für Blumenauer Schüler — Klasse 2a
* Gedicht „Pause" — Klasse 2b
* Türkischer Tanz — Klasse 9 TU
* Kinder aus aller Welt stellen sich vor — Klasse 3a
* Wir sind alle Kinder dieser Welt — Grundschulchor

ab ca. 15.30 Vergnügungen
Für alle auf dem Schulhof
bei schlechtem Wetter im Schulhaus
Riesentombola

Für alle Kinder
ca. 15.30 Luftballonsteigenlassen
Das große Stationenspiel mit Stelzenlauf, Pedalo, Nagelbrett, Dosenwerfen, Fallschirmspiele, Sackhüpfen, Schatzsuche

Für die Sportler
16 Uhr Fußball mit Schülern aus den 1./2. Klassen

16.15 h Taekwondo-Vorführung
16.30 h Fußball mit Schülern aus den 3./4. Klassen

17 Uhr Tauziehen

Für alle Künstler   Pflastermalen
Basteln

Für alle Feuerwehr- und Polizeifans kommen die Polizei und die Feuerwehr Großhadern mit einem Löschfahrzeug vorbei.
Für Hungrige und Durstige: gibt es Kuchen, Kaffee, Würstl, Limo, Bier...

Ende der Spiele: 18 Uhr
Ab 18 Uhr werden die Gewinne bei der Tombola ausgegeben (vor dem Handarbeitsraum)

Nach der Gewinnausgabe ist der offizielle Teil beendet. Der Elternbeirat lädt noch zu einem gemütlichen Beisammensein ein.
Es wird gegrillt und Fassbier ausgeschenkt.
Kinder, die sich weiterhin auf dem Schulgelände aufhalten, stehen unter der Aufsichtspflicht der Eltern.

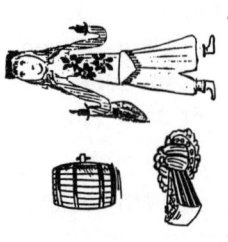

Lasst uns eine Brücke bauen

Blumenauer Grundschüler
gestalten ein Fest für den

F R I E D E N

am 17. März um 10.40 Uhr

Wir feiern Ostern

Vorschlag zum Programmablauf

1. Lied
   - Begrüßungslied: Seid willkommen liebe Gäste
   - Frühlingslied
2. Theaterstück
   - 1./2.Jgst : Der kitzekleine Hase und
                seine Freunde
   - 3./4.Jgst : Die Osterhasen - Story
                (von Tilde Michels)
3. Osterspiele
   - Eierlauf - Eier blasen - Eier kicken
4. Informationen über die Osterzeit
   - ruhiges besinnliches Lied
   - Geschichten vorlesen:
   - Woher kommt das Wort Ostern?
   - Der Ursprung des christlichen Osterfestes
   - Ostern in fremden Ländern
5. Der Osterhase kommt
   - Überraschungen

Wir feiern Ostern

Liebe Eltern:
Wir freuen uns auf Ihr Kommen
am 5. 4. 2001
um 11.00 Uhr in der Aula,
anschließend Ostereiersuche

205

Buchstaben halten Einzug

Nachdem wir in der 1. Klasse alle Druckbuchstaben erarbeitet haben, sollte den Kindern dieser Lernerfolg bewusst werden und einen Höhepunkt im Schulleben bilden. Dazu eignet sich ein Buchstabenfest.

Anregungen zur Gestaltung eines Buchstabenfestes

- **Lieder und Gedichte**
- **Buchstabenrätsel**
  - Tastsäckchen (Holz- oder Sandpapierbuchstaben)
  - Buchstaben mit dem Körper darstellen
  - Buchstabenpuzzle, -memory

- **Spiele auch mit Eltern**
  - Buchstabenschnappen:
    Russisches Brot, gebackene Buchstaben an Leine hängen
  - Dalli-Dalli: Gruppenwettspiel:
    Wer findet die meisten Wörter mit ... ?
  - Buchstabensuppe
  - Schüttelwörter um die Wette ordnen
  - Wörtersuchspiel:
    Aus vorgegebenen Buchstaben möglichst viele Wörter bilden
  - Stadt – Land – Fluss

Name	Tier	Pflanze	Ding

  - Szenische Darstellungen, in denen alle bzw. einige Buchstaben vorkommen, z. B.: Ich bin die Rosi und liebe rote und rosa Rosen.

- **Bastelarbeiten**
  - Buchstaben aus Tonpapier, Schnur, Wollfäden...
  - Buchstaben aus Salzteig
  - Buchstabencollage

- **Kulinarisches**
  - Buchstabensuppe kochen
  - Buchstaben backen

Wie heißt der Buchstabe?

Ertasten von Buchstaben
1) Holzbuchstaben im Sack sollen vom Kind (mit verbundenen Augen) erraten werden
2) Schreibe deinem Partner mit dem Finger einen Buchstaben auf den Rücken. Er muss ihn erraten.
3) Sandpapierbuchstaben oder Wörter auf Pappe sollen von den Kindern ertastet und erraten werden.
4) Forme Buchstaben aus weichem Draht (Pfeifenputzer).

Wir bilden Wörter

Lehrer verteilt Buchstaben (bewusst ausgewählt).
Arbeitsauftrag: Lege aus diesen Buchstaben ein Wort.

———

Lehrer verteilt eine größere Anzahl von Buchstaben.
Arbeitsauftrag: Bilde verschiedene Wörter. Du musst nicht alle Buchstaben verwenden. (Eignet sich auch als Gruppenarbeit)

Die Kinder sitzen im Kreis. K. 1 wirft einen Softball zu K. 2 und sagt einen Laut. K. 2 bildet mit diesem Laut ein Wort. Nun wirft K. 2 den Ball einem anderen Kind zu...

———

Kinder sitzen im Halbkreis und halten einen Buchstaben. Der Lehrer nennt ein Grundwort. Nun stellen sich die Kinder mit den jeweiligen Buchstaben in der richtigen Reihenfolge auf.

Welche Wörter haben sich hier versteckt?

L Z X Y K U H A U S Q U E I S   (Haus, Kuh, aus, Eis)

Prinzessin   (Prinz, es, in)

Mimi und ihre Freunde
laden ein zum großen

BUCH
STABEN
FEST

am Montag, dem 25. Juli um 17 Uhr im Schulhaus.
Bringt bitte Buchstaben zum Essen, Getränke mit
Bechern, für jeden einen Borstenpinsel und recht
gute Laune mit.

Euere Klasse 1c

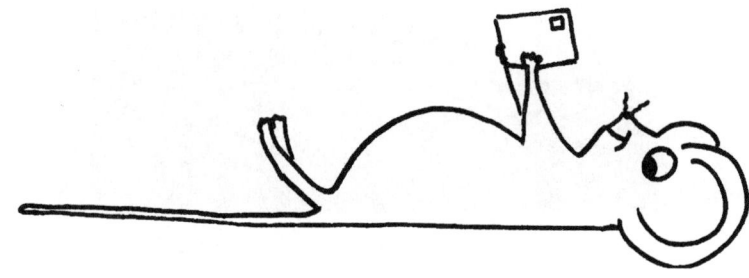

Wir feiern ein BUCHSTABENFEST

Buchstaben kann man turnen!

3.4.2 Schule im Freien

Besonders attraktiv, motivierend und informativ für die Kinder ist das Lernen außerhalb des Klassenzimmers. Wann und wo immer es möglich ist, sollten Lerninhalte vor Ort vermittelt werden. Themen des Heimat- und Sachunterrichts eignen sich besonders gut für das Lernen im Freien. Die unmittelbare Begegnung mit der Wirklichkeit belebt den Unterricht und es gibt kaum eine Maßnahme, die den Unterrichtsstoff wirkungsvoller an die Kinder heranträgt. Aber auch Fächer wie Musikerziehung, Sport, Kunsterziehung, Mathematik und Lesen können, wenn es das Wetter erlaubt, im Freien stattfinden. Auf dem Schulhof aufgemalte Hüpfspiele mit integrierten Buchstaben dienen der Leseerziehung, indem die Schüler die Buchstaben zu sinnvollen Wörtern „erhüpfen".

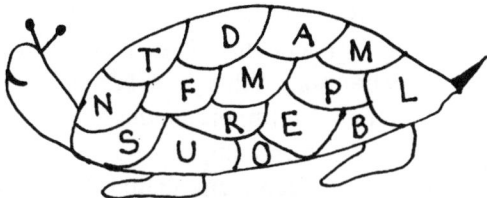

Mit einer aufgemalten Zahlenschlange oder -schnecke können die Schüler Zahlen nennen, Vorgänger und Nachfolger bestimmen, einfache Additions- und Subtraktionsaufgaben lösen usw.

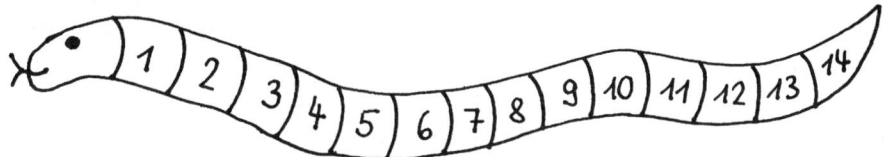

Singen, Tanzen, Bewegen, Spielen, Turnen und Malen sind bei schönem Wetter draußen freudvoller als im Klassenzimmer.
Besonders hohen Motivations- und Informationscharakter besitzen Unterrichtsgänge, Wandertage und Schullandheimaufenthalte. Soziales Verhalten wird hier fast wie von selbst angebahnt.

Der Unterrichtsgang

Beim Unterrichtsgang (Erkundung) wird der Lerngegenstand an seinem originären Ort aufgesucht. Im Gegensatz zur Wanderung und zum Schullandheimaufenthalt besitzt der Unterrichtsgang in erster Linie Bildungscharakter. Arbeitstechniken (Umgang mit der Lupe, mit Messgeräten, usw.) und fachspezifische Arbeitsweisen (Betrachten, Beobachten, Sammeln, Vergleichen,

Unterscheiden usw.) können eingeübt und automatisiert werden.

Möglichkeiten für Unterrichtsgänge in der 1. Klasse
  Mein Schulweg
  Die Verkehrsampel
  Wichtige Verkehrszeichen
  Verhalten der Fußgänger im Straßenverkehr
  Obst im Schulgarten/auf dem Wochenmarkt
  Früchte, Bäume und Sträucher
  Frühblüher im Schulbeet
  Vögel am Futterhaus
  Leben auf der Wiese

Der Unterrichtsgang kann am Anfang, innerhalb oder am Ende einer Lernsequenz durchgeführt werden, je nachdem, ob er Fragen und Probleme aufreißen und Lösungen vorbereiten soll (Anfang), ob er der Problembestätigung, -lösung oder -berichtigung dienen soll (innerhalb der Sequenz) oder ob er sich besser zur Zusammenfassung, Wiederholung und Ausweitung eignet.

Ein Unterrichtsgang bedarf der genauen Planung und Vorbereitung durch den Lehrer: Er beachtet die amtlichen Bestimmungen der Schulbehörden, wählt den didaktischen Ort, bestimmt die Zeitdauer, holt die Genehmigung beim Schulleiter ein, informiert ggf. Fachlehrer und Eltern (bei längerdauernder Abwesenheit von der Schule), kümmert sich ggf. um ein entsprechendes Verkehrsmittel und um eine Begleitperson, wählt die geeignetste, ungefährlichste Wegstrecke, plant Haltepunkte ein, teilt ggf. Gruppen und Gruppensprecher ein, verteilt Beobachtungs- bzw. Handlungsaufträge, bespricht das richtige Verhalten auf der Straße, am Obststand, auf der Wiese usw. und die zweckmäßige Kleidung, bestimmt zuverlässige Kinder, die am Anfang/Schluss der Klasse/Gruppe gehen.

Bei der Durchführung des Unterrichtsgangs weist der Lehrer zuvor nochmals auf bereits besprochene Ordnungs- und Verhaltensregeln hin, überprüft die Kleidung seiner Schüler und zählt die Kinder ab. Auch während des Unterrichtsganges ist immer wieder die Vollzähligkeit zu überprüfen. Der Lehrer führt die Klasse/Gruppe an und bestimmt das Gehtempo, während die Begleitperson das Schlusslicht bildet. Bei längeren Unterrichtsgängen ist es notwendig, sich über das Befinden der Kinder kundig zu machen.

Am Ort angekommen führen die Kinder ihre Beobachtungs- bzw. Arbeitsaufträge aus.

In der Auswertungsphase, die meist im Klassenzimmer stattfindet, werden die Arbeitsergebnisse zusammengetragen, dargestellt und ausgewertet.

Beispiel eines Unterrichtsgangs mit sozialkundlichem Schwerpunkt

Thema: Auf dem Wochenmarkt gibt es verschiedenes Obst

Lernziele: Die Schüler sollen

einige Obstsorten kennen- und unterscheiden lernen

Qualität und Preis vergleichen

das richtige Einkaufen üben

sich situationsgemäß ausdrücken (grüßen, bitten, bedanken, verabschieden)

sich in der Gruppe einigen

Didaktischer Ort: Der Unterrichtsgang findet innerhalb der Lernsequenz statt

1. UE: Im Herbst gibt es viel Obst (Erzählkreis)
2. UE: Mein Pausenapfel
3. UE: Es gibt verschiedene Äpfel
4. UE: Am Obststand (richtiges Einkaufen in szenischer Darstellung)
5. UE: Unterrichtsgang zum Wochenmarkt
6. UE: Auswertung des Unterrichtsgangs
7. UE: Unterscheiden von Kern- und Steinobst
8. UE: Ausweitung auf Südfrüchte
9. UE: Wir bereiten einen Obstsalat

Ziel: Wochenmarkt im Stadtteil

Zeit: ca. 40 Minuten

1. Vorbereitung:

Ziel, Weg und Dauer den Kindern bekanntgeben

Verhalten auf der Straße und am Wochenmarkt besprechen

Arbeitsaufträge wiederholen

Einkaufsgruppen einteilen

Aufgaben innerhalb der Gruppe durch die Schüler verteilen

Geld an die Gruppen verteilen

Haltepunkte vereinbaren

2. Durchführung

Abzählen der Schüler

Gemeinsames Verlassen des Schulgebäudes

1. Haltepunkt an der Eingangstür zur Schule

Abzählen der Schüler

2. Haltepunkt an der Fußgängerampel

Treffpunkt und Standort des Lehrers am Wochenmarkt festlegen

Gruppenweises Einkaufen am Wochenmarkt

Sammeln am Treffpunkt

Abzählen der Schüler

Gemeinsames Verlassen des Wochenmarktes

Rückweg zur Schule mit denselben Haltepunkten wie am Hinweg

3. *Auswertung*

Schildern der Einkaufserfahrungen

Benennen und Vorstellen des eingekauften Obstes durch die Schülergruppen

Auflegen der Obstsorten am Ausstellungstisch

Beschreiben des Aussehens der einzelnen Obstsorten im Stehkreis

Überprüfen des Geschmacks durch Probieren

Zuordnen von Namenskärtchen

Der Unterrichtsgang ist eine wesentliche Bereicherung des gesamten Unterrichts. Das Lernen geschieht in der unmittelbaren Wirklichkeit. Die Kinder werden zu differenziertem Wahrnehmen, Denken, Handeln, Darstellen wie auch Einfühlen und Erleben befähigt.

Die Wanderung

Für alle Volkschulklassen sind zwei Wanderungen im Schuljahr verbindlich vorgeschrieben. Zielsetzungen wie das Herbeiführen von Gemeinschaftserlebnissen, Schaffen eines Wir-Gefühls, gegenseitiges Kennen- und Verstehenlernen, Hilfsbereitschaft, Toleranz und Rücksichtnahme stehen im Vordergrund. Wanderungen in der 1. Klasse dienen in erster Linie dem Erwandern der engeren Heimat: ein Ziel könnte z. B. der am Stadtviertel angrenzende Wald, Park oder Abenteuerspielplatz sein. Das Ziel muss der Altersstufe und dem körperlichen Leistungsvermögen der Kinder angepasst sein; das bedeutet, für Erstklasskinder sind kurze Wegstrecken auszuwählen, mehrere Pausen einzulegen und genügend Zeit zum Spielen und Toben zu geben. Oft fragen manche Kinder schon nach den ersten zehn Gehminuten „Wann sind wir denn endlich da?“, andere wiederum scheinen nie müde zu werden. Deshalb sollte der Lehrer den Wandertag so planen, dass er beiden Typen gerecht werden kann. Spielmaterialien wie Fußball, Softball, Hüpfseile usw. sollten den Wandertag begleiten.

Eine Dauer von insgesamt drei Stunden ist für die Schulanfänger in der Regel genug. Vor allem aber gilt: Vor Einbruch der Dunkelheit müssen die Kinder zurück sein! An der Schule werden die Kinder nach Hause entlassen. Mit Genehmigung der Eltern können die Schüler auch innerhalb des Schulsprengels heimgehen.

1. Vorbereitung

Der Lehrer muss Ziel und Weg genau kennen. Er sollte den Wanderweg vorher schon abgegangen sein. So kann er gefährliche Stellen meiden und passende Rastplätze aussuchen und die Gehzeit einschätzen. Die Vorbereitungen sind ähnlich wie beim Unterrichtsgang. Weiter zu beachten ist noch

Eltern informieren evtl. durch Elternbrief (Ziel, Dauer, Ausrüstung, Proviant, evtl. anfallende Kosten)

Zuverlässige Begleitperson wählen (Elternteil, Praktikant, Lehramtsanwärter), die den Kindern möglichst vertraut ist und respektiert wird. Fragen der Aufsichtspflicht abstimmen!

Verbandsmaterial (Pflaster, Kompressen, Binden, Schere, Dreieckstuch) gehören zur Lehrerausrüstung.

Telefonliste der Schülereltern mitnehmen (Verspätung, Unfall, Verletzung)

Genaue Verhaltens- und Ordnungsregeln aufstellen, z. B.:

Auf der Landstraße gehen wir links und hintereinander.

Wir schubsen, stoßen und drängeln nicht.

Wir verlassen den Rastplatz sauber.

Im Bus essen, trinken und schreien wir nicht.
Wir entfernen uns nicht von der Gruppe. ...

2. Durchführung

Bei der Wanderung ist öfters die Vollzähligkeit zu überprüfen. Der Lehrer geht vorne, die Begleitperson in der Mitte oder hinten. Nach ca. 10 Minuten Gehzeit sollte eine „technische Pause" eingelegt werden, um die Befindlichkeit der Kinder zu erfragen (Pullover an- oder ausziehen, Schuhbänder nachziehen, Druckstellen durch Schuhe oder Rucksack beseitigen, langsamere Wanderer nach vorne nehmen, evtl. weitere Absprachen treffen, usw.). Auf dem Weg zum Rastplatz müssen immer wieder Haltepunkte eingelegt werden, die auch mit gezielten Beobachtungen Hand in Hand gehen können (z. B. Wiesenblumen betrachten, Wildfrüchte und Blätter sammeln, auf Tierlaute horchen, Baumrinden abtasten ...). Die erste längere Brotzeitpause ist spätestens nach einer Stunde notwendig und könnte bei entsprechendem Rastplatz zugleich mit der Spielpause verbunden werden. Dafür ist ausreichend Zeit einzuplanen. Auf dem Rückweg sind die Kinder meist schon ziemlich erschöpft und daher wenig konzentriert. Hier ist das besondere Augenmerk des Lehrers gefragt. Nach Beendigung der Wanderung hat der Lehrer Sorge zu tragen, dass alle Kinder nach Hause gehen können.

3. Auswertung

Am nächsten Tag werden die Kinder in der Klasse ihre Eindrücke schildern, gesammelte Dinge ausstellen, evtl. malen oder aufschreiben, was ihnen besonders gut gefallen hat.

Der Aufenthalt im Schullandheim

Ein Schullandheimaufenthalt gilt als Höhepunkt eines Schuljahres. Er dient dem Erziehungs- und Bildungsauftrag der Schule in ganz besonderer Weise. Durch solch ein Unternehmen werden Kinder die Gemeinschaft bewusst erleben. Viele lernen - zum ersten Mal losgelöst von ihren Eltern - Verantwortung zu tragen und selbständig Entscheidungen zu treffen. Im täglichen Zusammensein trainieren die Kinder ganz automatisch soziale Verhaltensweisen ein. Ein Ziel eines jeden Schullandheimaufenthaltes wird auch sein, auftretende Konflikte evtl. unter Anleitung zu bewältigen und Kompromisse zu suchen. Von hohem Wert ist das gegenseitige Sich-Kennen-und-Verstehenlernen in einem neuen Umfeld und unter anderen Voraussetzungen. Oberstes Gebot sollte auf jeden Fall sein, den Kindern größtmögliche Freiheit zu gewähren und ihre Kreativität und Spontaneität zu fördern. Auf diese Weise kann ein Schullandheimaufenthalt zu einem unvergesslichen Erlebnis werden.

1. Vorbereitung

ein Haus auswählen, das für die Altersstufe geeignete Bedingungen aufweist

auf dem Dienstweg dem Staatlichen Schulamt und dem Schulreferat melden und Genehmigung abwarten

Begleitperson organisieren

Elternabend durchführen (Ziel, Dauer, Kosten, Ausrüstung, Hausordnung, Adressen- und Telefonliste überprüfen, Impfpass der Kinder, Taschengeld, Verkehrsmittel, Abfahrt, Rückkunft, Abholen organisieren, Programmgestaltung)

Elternbrief mit den wichtigsten Informationen ausgeben

Besonderheiten, Gewohnheiten der Kinder in Elterngesprächen oder Fragebogen abklären (z. B. Essgewohnheiten, Vegetarier, Allergien, notwendige Medikamente, Bettnässer, Nachtwandler ...)

- Bus organisieren
- intensive Vorbereitung der Kinder ca. eine Woche vor Abfahrt
- Unterbringung, Zimmerverteilung
- Ausrüstung (zusätzlich Kuscheltier, Taschenlampe, Spiele, Bücher, Instrumente, ...)
- Hausordnung
- Verhaltens-/Ordnungsregeln im Bus, im Heim, im Zimmer
- Programmpunkte bei gutem/schlechtem Wetter
- Brief an die Kinder, um etwaige Sorgen und Ängste abzubauen

2. Durchführung

Nachdem am Abfahrtstag der Abschied von den Eltern geglückt ist (Eltern weinen häufiger als Kinder) und die Kinder im Schullandheim angekommen sind, werden die Zimmer zugewiesen, und die Kinder bringen ihr Gepäck dorthin. Manche Koffer haben enormes Gewicht, so dass die Kinder sich gegenseitig beim Transport helfen. Die anstrengende Arbeit des Bettenüberziehens wird in erster Linie dem Lehrer überlassen bleiben. Nachdem sich die Kinder mit ihrem Zimmer vertraut gemacht haben, ist es erforderlich, die Räumlichkeiten und Gepflogenheiten des Hauses kennenzulernen und mit der Heimleitung bekanntgemacht zu werden. Dabei wird der Herbergsvater auf Regelungen hinweisen, wie Hausschuhe tragen in den Räumen, Tischdienst, Essenszeiten, Getränkeverkauf, usw.

München, den 25. 2. 02

Liebe Eltern,

Vom 11. 3. bis 15. 3. 02 fahren wir in das Schulland-heim Seeheim am Starnberger See. Das Schullandheim liegt direkt am See zwischen Ambach und Ammerland. Ein sehr großes Waldgrundstück – geeignet zum Spielen und Toben – umsäumt das Haus. Die Kinder sind in 3-, 4- und 5-Bett-Zimmern untergebracht. Bettwäsche wird gestellt. Beziehen der Betten könnten Sie zu Haus mit den Kindern schon etwas üben.

Abfahrt: Montag, den 11. 3. um 8.30 Uhr an der Schule.
Rückkunft: Freitag, den 15. 3. zwischen 10.00 und 10.30 Uhr. Bitte organisieren Sie die Abholung Ihrer Kinder untereinander.

Das Geld für den Schullandheimaufenthalt (35 Euro) geben Sie bitte eine Woche vor der Abfahrt bei der Lehr-kraft ab. Die Kosten sollten kein Grund sein, Ihr Kind nicht mitfahren zu lassen. Bei diesbezüglichen Schwie-rigkeiten wenden Sie sich bitte an die Lehrkraft.

Taschengeld: Bitte nicht mehr als 5 Euro und nicht weniger als 2 Euro für die Woche. Außer Getränken gibt es im Heim nichts zu kaufen.

Wichtig zum Mitnehmen:
1. Kleidung: Hausschuhe, Gummistiefel, feste warme Schuhe, Regenkleidung, Socken, Jogginganzüge, evtl. Schneeanzug, Mütze, Handschuhe, Unterwäsche, Waschzeug, Badesachen. Die Kleidung sollte **praktisch** sein!

2. Schulisches: Mäppchen, Wachsmalstifte, Schere, Kleber, Rechenbuch

3. Sonstiges: Kuscheltier, Lesestoff, Taschenlampe, Kassetten, evtl. Tischtennisschläger und -bälle, Gummi-hupf, Karten- und Gesellschaftsspiele, usw.

Bitte versehen Sie alles mit Namen, damit Verwechs-lungen ausgeschlossen werden. Das Schullandheim übernimmt keine Haftung.

Notwendige **Medikamente** bitte am Abfahrtstag ver-sehen mit Namen und genauer Dosierung bei der Lehr-kraft abgeben.

Während unseres Schullandheimaufenthaltes bitte **keine** Telefonanrufe und **keinen** Besuch.

Für weitere Fragen stehen wir Ihnen gerne zur Verfü-gung.

Liebe Judith !

Ich finde es ganz prima von dir, dass du mit ins Schullandheim fährst.
Denn ich weiß natürlich, dass du dich ein bisschen überwinden musst, weil
du noch nicht genau weißt, wie du es ohne Mama oder Papa aushalten
wirst und ob dir der Aufenthalt Spaß machen wird. Ich glaube zwar ganz
bestimmt, dass die Woche so aussehen wird:

Montag	Dienstag	Mittwoch	Donnerstag	Freitag
Auf Wieder-sehen!	☺	☺	☺	Grüß Gott! ☺

Damit es dir inzwischen nicht unheimlich vorkommt, will ich dir ein Ver-
sprechen geben: Du kannst dich im Schullandheim ganz fest auf mich verlassen. Ich werde dir immer helfen, wenn du mich brauchst. Wenn du
Kummer oder Heimweh hast, dann kannst du jederzeit zu mir kommen
und mit mir darüber sprechen.
Vielleicht möchtest du gerne wissen, was passiert, wenn ....

... ich beim Essen etwas nicht mag?   Dann lässt du dir ganz wenig
                                        geben und sagst es mir.

... ich das Essen nicht aufessen kann?   Dann sagst du es mir und
                                           nimmst dir das nächste Mal
                                           weniger.

... ich in der Nacht auf's Klo muss?   Dann gehst du mit der Taschen-
                                         lampe und machst schnell das
                                         Licht an.

... ich mich nicht alleine traue?   Dann weckst du mich oder dei-
                                      nen Bettnachbarn.

... ich aus Versehen ins Bett mache?   Dann sagst du es ganz heimlich
                                         mir. Ich schimpfe dich ganz
                                         bestimmt nicht, sondern bringe
                                         alles für dich in Ordnung.

... ich andere Sorgen habe?   Dann kommst du gleich zu mir
                                und erzählst es mir.

Ich freue mich schon sehr, mit dir wegzufahren, und glaube,
dass es eine ganz lustige Woche wird.

Einen herzlichen Gruß   _Deine Frau_ ...

Bei Erstklasskindern hat es sich bewährt, nach dem Mittagessen eine Ruhe-
pause von ca. einer Stunde einzuplanen. In dieser Zeit halten sich die Kinder
leise in ihrem Zimmer auf, damit alle eine kurze Verschnaufpause haben.

Wenn die Kinder nach dem Abendprogramm mit Liedern, Spielen und der
Gute-Nacht-Geschichte zu Bett gehen, hat der Erstklasslehrer nochmal Hoch-
saison. Er wird jedem Kind einzeln „Gute Nacht" sagen und Heimwehkindern
tröstende Worte und Streicheleinheiten zukommen lassen. Hier ist der Lehrer
tatsächlich Elternersatz.

Der Lehrer sollte die Gestaltung der Woche inhaltlich zwar genau planen, aber
flexibel sein und sich den Bedürfnissen der Kinder, dem Wetter und den Gegebenheiten anpassen. Den Erstklasskindern, besonders den Stadtkindern, sollte
viel Raum für das freie Spielen an der frischen Luft gegeben werden.

Als Programmpunkte bieten sich an: Tagesausflüge, Nachtwanderung, zum
momentanen Heimat- und Sachunterricht passende Versuche, z. B. mit Pflan-
zen, Schnee- und Sportspiele, Spiel- und Tanzlieder, Besichtigungen, Postkarte
schreiben, Projektarbeit (Gestalten eines Märchens), Tagebuch führen, Schnit-
zeljagd, Lagerfeuer usw.

Unsere Woche

Montag	Dienstag	Mittwoch	Donnerstag
Nacht-wanderung	Sägewerk	Wander-tag	Lagerfeuer

Schullandheim Maxhofen
vom 23. 4. bis 27. 4. 2001

Mein Tagebuch
Tobias

Am Rückreisetag kontrolliert der Lehrer nochmals alle Zimmer, nimmt vergessene Utensilien an sich und verteilt sie dann im Bus oder in der Schule an die Eigentümer. Die Kinder werden, wie im vorhinein organisiert, von der Schule abgeholt. Um Kinder, die vergessen wurden (was selten vorkommt), kümmert sich der Lehrer, bis sie abgeholt werden.

Nach einem geglückten Aufenthalt ohne besondere Vorkommnisse sind alle Beteiligten erstmal erschöpft und haben sich das bevorstehende Wochenende redlich verdient.

3. Auswertung

Wenn am Montag danach sich alle wieder in der Schule treffen, ist es zunächst etwas ungewohnt und teilweise verwirrend. Jetzt soll der normale Alltag wieder einziehen. Er wird es auch, aber das Verhältnis zueinander wird lockerer und vertrauensvoller sein. Die Erlebnisse und Erfahrungen werden noch lange in den Köpfen und Herzen der Kinder und Lehrer sein.

Aufsichtspflicht

Schulwanderungen und Klassenfahrten sind schulische Veranstaltungen, deshalb sind sie gesetzlich unfallversichert. Zu den wichtigsten Dienstpflichten des Lehrers gehören die Beaufsichtigung und der Schutz der Schüler. Er muss sowohl Schaden von den ihm anvertrauten Schülern abwenden als auch Dritte vor Schäden durch diese Schüler schützen. Aufsichtspflichtig ist der Lehrer, dem die Schüler anvertraut sind. Dies gilt auch dann, wenn ein Lehrer die Begleitung und damit die Aufsicht freiwillig übernommen hat. Die Aufsichtspflicht umfasst drei wesentliche Komponenten:

Sie soll präventiv, kontinuierlich, aktiv sein

Präventive Aufsicht heißt umsichtig und vorausschauend zu sein. Der Lehrer muss mögliche Gefahrenstellen im Vorfeld erkunden, indem er z. B. den Wanderweg zuerst allein abgeht.

Kontinuierliche Beaufsichtigung bedeutet, dass die Aufsichtspflicht grundsätzlich ununterbrochen ausgeübt werden muss. Da jedoch der Lehrer nicht dauernd alle Schüler im Auge haben kann, müssen sich zumindest die Schüler durch seine Anwesenheit beaufsichtigt fühlen.

Aktive Aufsichtsführung bedeutet, dass der Lehrer darauf achtet, dass seine Weisungen und Warnungen eingehalten werden und er Verbote durchsetzt. (nach Thomas Meiser, in Pluspunkt 2/94)

Im Regelfall genügen gesunder Menschenverstand und die Bereitschaft zu raschem, entschlossenen Handeln, um in jeder denkbaren Situation der Aufsichtspflicht zu genügen.

3.5 Schülerbeurteilung im ersten Schuljahr

3.5.1 Schülerbeobachtung und Leistungserhebung

In jeder Stunde beobachtet der Lehrer seine Erstklässler. Zweimal im Jahr schreibt er Zeugnisberichte über sie.

Beurteilen und Beraten gehören zu den fünf Aufgabenfeldern des Lehrers, die der Strukturplan für das Bildungswesen nennt (Deutscher Bildungsrat). [1]

Schülerbeobachtung und Schülerbeurteilung beinhalten eine Fülle der verschiedensten Probleme. Diese sind beim Erstklasskind besonders schwerwiegend. Sein Verhalten ist noch nicht festgelegt und eingefahren. Es versucht, sich im neuen Lebensraum zu orientieren und zurechtzufinden. Seine Beziehungen zu Klassenkameraden wechseln noch oft. Die Leistungsbeurteilung ist ständig überholt. Die Beobachtung: „Sandra hat große Probleme beim Zusammenlesen der Buchstaben." stimmt zwei Wochen später nicht mehr. Sandra hat den Leselernprozess verstanden und zählt jetzt zu den Lesern der Klasse.

„Alles fließt", dies erschwert die Aufgabe des Lehrers und erfordert in der ersten Klasse besonders intensive Beobachtung. Zugleich bedeutet dies aber auch eine Chance. Hier ist der Punkt, der Schülerbeobachtung und Schülerbeurteilung im ersten Schuljahr so befriedigend für den Lehrer werden lässt. In keiner anderen Klasse sind die Lernfortschritte so groß und können so genau beobachtet werden wie in der ersten. In keiner anderen Klasse kann die Formung und Entwicklung der Gemeinschaft so gut beobachtet werden.

Doch auch Grenzen und Fehler bei der Beobachtung und Beurteilung zeigen im ersten Schuljahr besonders schwerwiegende Folgen.

Informationen, die noch über den Inhalt der folgenden Seiten hinausgehen, finden Sie in dem neu bearbeiteten Band „Lehrer beobachten und beurteilen Schüler" von *A. Langer, H. Langer und H. Theimer.* Reihe Prögel Praxis. Oldenbourg Schulbuchverlag. 2000.

---

[1] Deutscher Bildungsrat 1970, S. 217 f

Auf den kommenden Seiten werden „Beurteilungsfehler" aufgeführt. Der Fachausdruck „Urteilsfehler" wurde aus der Literatur übernommen. Selbstverständlich handelt es sich hier nicht um Fehler im Sinn einer individuellen Schuld des Lehrers, sondern um Tendenzen, die das Urteil eines Menschen beeinflussen können. Jeder ist davon betroffen.

„Tatsächlich glaubte man früher, es sei möglich, Schüler ‚richtig' beurteilen zu können, wenn man nur das dafür nötige Instrumentarium hatte. Diese Ansicht, ein Urteil könne ein Schülermerkmal so richtig erfassen, wie man einen Gegenstand nach Größe, Form und Farbe beurteilt, ist überholt." - „Urteile sind keine Realitätsabbildungen, sie sind nicht ‚wahr' ". [1]

Grenzen und Fehler

Halo-Effekt
(Hof-Effekt, Heiligenschein-Effekt)
Der Halo-Effekt beruht auf dem Übertragen des allgemeinen Gesamteindrucks auf die Beurteilung einzelner Eigenschaften. Dieser Effekt tritt besonders bei Persönlichkeitsmerkmalen auf, die moralisch hoch bewertet sind und nur schwer beobachtet werden können (z. B. Grundstimmung, Gefühlsleben). Der gesamte Eindruck entsteht dabei häufig auf Grund von Sympathie oder Antipathie.

Logische Fehler
Kaum zu trennen vom Halo-Effekt sind die logischen Fehler. Hierbei werden bestimmte Merkmale, die dem Beurteiler logisch zusammengehörig erscheinen, ähnlich bewertet. So wird ein sprachgewandter Schüler als intelligent, eifrig und ordentlich angesehen.

Implizite Persönlichkeitstheorie
In der neuen Literatur werden der „Halo-Effekt", „Logische Fehler" und ähnlich gelagerte Probleme unter dem Begriff „Implizite Persönlichkeitstheorie" zusammengefasst. Darunter versteht man vereinfachte, naive Persönlichkeitstheorien zur Beurteilung anderer Menschen. Am bekanntesten ist die Untersuchung von Hofer. Er schreibt:

„Allgemein betrachtet, haben implizite Persönlichkeitstheorien die Funktion, die menschlichen Beziehungen einer Person und ihre Orientierung in der Umwelt zu erleichtern und die Last der Unsicherheit in neuen Situationen zu verringern. Schwierige und streng genommen unübersehbare Gegebenheiten, die eine Stellungnahme oder rasche Entscheidung erfordern, werden durch

---

[1] *Schwarzer, C.,* Praxis der Schülerbeurteilung. München 1979.

Anwendung eines subjektiven Ordnungssystems überschaubar und verständlicher gemacht." [1]

Auch bei der Schüler-Lehrer-Beziehung entwickelt der Lehrer in seiner Berufsrolle ein vereinfachtes Schema zur Beurteilung der Schülerpersönlichkeit. Oft wird ihm der Vorwurf gemacht, er sehe den Schüler nur durch die sogenannte „Lehrerbrille" und reduziere die diagnostischen Informationen auf solche, die für die Schule bedeutsam sind.

Hofer hat aufgrund empirischer Untersuchungen eine implizite Theorie von Lehrern entdeckt, die einen subjektiven Ordnungsrahmen darstellt, mit dem man die Schülerpersönlichkeit schnell und einfach erfassen kann:

I.   Arbeitsverhalten (mit den Eigenschaften „konzentriert", „pflichtbewusst", „ordentlich")
II. Schwierigkeit („schüchtern", „sensibel", „kompliziert")
III. Begabung („intelligent", „begabt", „einfallsreich")
IV. Dominanz („geltungsbedürftig", „ehrgeizig")
V.   Soziale Zurückgezogenheit („verschlossen", „ungesellig") [2]

Es ist verständlich, dass Lehrer die Tendenz haben, besonders jene Eigenschaften als positiv anzusehen, die ihre Arbeit erleichtern, doch sollte dieser Beurteilungsmechanismus von jedem Lehrer durchschaut werden. Eine implizite Persönlichkeitstheorie ist nicht von vornherein falsch. Wie differenziert die implizite Persönlichkeitstheorie des Lehrers ist, hängt von verschiedenen Faktoren ab:

● Von der Anzahl der Schüler in einer Klasse
● Von den Stunden, die der Lehrer in der Klasse unterrichtet
● Von der Vielfalt der Situationen, in denen er einen Schüler beobachten kann.

Milde-Effekt
(Error of generosity)
Manche Lehrer neigen dazu, alle Schüler milder zu beurteilen, als es die Kollegen tun.

Strenge-Effekt
Umgekehrt gibt es „harte Beurteiler", die ihre Schüler stets strenger bewerten als die anderen Lehrer.

---

[1] Hofer, Manfred, Die Schülerpersönlichkeit im Urteil des Lehrers, Weinheim 1969, S. 12
[2] Zit. Dumke, D., Die Auswirkung von Lehrererwartungen auf Schülerleistungen und Die Schülerbeurteilung; Blätter für die Lehrerfortbildung 1981 7/8

Tendenz zur Mitte
Besonders bei Leistungsnachweisen vermeiden einige Lehrer Extremurteile und verwenden nur die mittleren Notenstufen.

Tendenz zu Extremurteilen:
Im Gegensatz dazu kennen manche Lehrer nur Extremurteile. In ihrer Notenskala fehlt die Mitte.

Reihungs-Effekt
Bei der Korrektur von schriftlichen Arbeiten werden die ersten häufig strenger beurteilt als die letzten.

Schwankungs-Effekt
Bei der Auswertung mündlicher Prüfungen zeigt sich oft ein rhythmisches, periodisches Absinken und Ansteigen der Benotung.

Ähnlichkeitsfehler
Der Ähnlichkeitsfehler besteht in der Annahme des Beurteilers, die zu beurteilenden Personen hätten ähnliche und gleich ausgeprägte Verhaltensmerkmale wie er selbst.

Kontrastfehler
Der Kontrastfehler beruht auf der Tendenz des Beurteilers, der zu beurteilenden Person die seinem eigenen Wesen gegensätzlichen Merkmale zuzuschreiben.

Erwartungshaltung des Lehrers

- Selffulfilling prophecy
- Pygmalion-Effekt (Rosenthal 1968/1971)
- Andorra-Effekt (Schiefele 1974)

Die Erwartungshaltung des Lehrers beeinflusst das Verhalten des Schülers. Welche Bedeutung dem Problem der Lehrererwartung zukommt, zeigt die Fülle der Veröffentlichungen zu diesem Thema. Am bekanntesten ist wohl die Untersuchung „Pygmalion im Unterricht" von Rosenthal/Jacobsen. Sie schreiben im Vorwort: „Die Menschen tun häufiger das, was man von ihnen erwartet, als das Gegenteil. Ein großer Teil unseres Verhaltens wird bestimmt durch von vielen Menschen geteilte Normen oder Erwartungen, die Voraussagen ermöglichen, wie ein Mensch sich in einer bestimmten Situation verhalten wird, selbst wenn wir diesen Menschen nie getroffen haben und wenig darüber wissen, wie er sich von anderen Menschen unterscheidet ... Unsere Voraussage oder Prophezeiung ist möglicherweise selbst ein Faktor, der das Verhalten anderer Menschen bestimmt. Wenn wir zu der Erwartung veranlasst werden, gleich einen liebenswürdigen Menschen kennenzulernen, kann unsere Behandlung beim ersten Treffen ihn tatsächlich zu einem liebenswürdigen Menschen machen. Wenn wir zu der Erwartung veranlasst werden, eine unangenehme Person zu treffen, nähern wir uns ihr vielleicht so voll Abwehr, dass wir sie zu einer unangenehmen Person machen."[1]

Bei seinem berühmten Versuch testete Rosenthal Schüler einer amerikanischen Grundschule. Er teilte den Lehrern mit, aufgrund seiner Untersuchung könne er die Kinder herausfinden, von denen in der nächsten Zeit besondere Lernfortschritte zu erwarten seien. Dann nannte er den Lehrern Namen von Kindern, die rein zufällig aus der Anzahl der Untersuchten herausgegriffen waren. Nach einem Jahr überprüfte Rosenthal die Auswirkungen der manipulierten Lehrererwartungen. Es zeigte sich, dass die von ihm genannten Schüler im Vergleich zur Kontrollgruppe einen überdurchschnittlichen IQ-Gewinn aufwiesen.

Auch andere Untersuchungen bestätigen die Existenz des Pygmalioneffekts. Er läuft in der Praxis nicht nach einem einfachen Ursache-Wirkung-Modell ab, sondern entwickelt sich in mehreren Schritten:

1. Der Lehrer erfährt vom Kindergarten, dass ein Mädchen besonders aufgeweckt ist.
2. Diese Erwartungshaltung wirkt sich auf sein Verhalten aus. Er zeigt sie in seiner Sprache, Mimik und Gestik. Meldungen dieser Schülerin nimmt er sofort wahr, lässt ihr mehr Zeit, wiederholt die Frage oder gibt Hinweise.
3. Die Erstklässlerin übernimmt die Lehrereinstellung in ihr Selbstbild. Sie verändert und korrigiert ihr Verhalten und produziert das Erwartete, das heißt, sie beteiligt sich aufgeweckt und rege am Unterrichtsgeschehen.
4. Der Lehrer beobachtet die eifrige Mitarbeit und sieht seine Erwartungen bestätigt.

Der Kreis ist damit geschlossen.

Bei diesem positiven Beispiel wird deutlich, wie sich die schriftliche Fixierung des Lehrerurteils zur selffulfilling prophecy (Sich selbsterfüllende Prophezeiung) entwickeln kann. Gravierende Folgen hat dies bei einer negativen Festlegung, wenn der Schüler kaum die Chance besitzt, die Rolle eines „schwachen Schülers" oder eines „Klassenkasperls" abzulegen. Dies ist auch der Grund, weshalb einige Autoren jede negative Formulierung im Lehrerurteil als

---

[1] Rosenthal, R., Jacobsen, L., Pygmalion im Unterricht, Weinheim 1971, S. 3

gefährliche Etikettierung und Stigmatisierung ablehnen. „Der sogenannte ‚labeling approach' nimmt an, dass schon die bloße Bezeichnung, die Diagnostizierung einer Schwäche, Störung oder Behinderung negative Wirkung haben kann."[1]

Der Wirkungsgrad des Pygmalioneffekts hängt sicher von der Person des Lehrers und des Schülers ab. Brophy und Good[2] unterscheiden in diesem Zusammenhang drei Typen von Lehrern:

- den proaktiven Lehrer
- den reaktiven Lehrer
- den überreaktiven Lehrer

„Der überreaktive Lehrer übertreibt seine Erwartungen, indem er frühzeitig attribuiert und stereotypisiert. Aus geringen Unterschieden zwischen Schülern macht er große Gegensätze ... Er vergrößert die Unterschiede, statt sie auszugleichen ... Überreaktive Lehrer ‚machen' Unterschiede, sie produzieren Schülerkarrieren."[3]

Dieser Lehrertyp ist für die selffulfilling prophecy besonders anfällig.

Bei den Schülern spielen das Alter und die Selbsteinschätzung eine wesentliche Rolle für die Ausprägung und den Ablauf des Pygmalioneffekts.

Schülerbeobachtung in der ersten Klasse

Schülerbeobachtungen sind besonders im ersten Schuljahr
 die Grundlage für jedes pädagogische Handeln
 die Voraussetzung für eine effektive Unterrichtsgestaltung
 die Basis verantwortungsvoller, aussagekräftiger Zeugnisberichte.

Zur Gewinnung der diagnostischen Informationen gehören drei Schritte: Beobachtung - Beschreibung - Beurteilung.

Beobachtung

„Beobachtung ist aufmerksame, planmäßige, methodische Sinneswahrnehmung." (Lexikon der Pädagogik)

Beschreibung

Der Lehrer soll versuchen, das Verhalten möglichst urteilsfrei so zu beschreiben, wie es beobachtbar ist.

---

[1] Klauer, K., Handbuch der pädagogischen Diagnostik, Düsseldorf 1978, S. 12
[2] Brophy, J. - Good, T., Die Lehrer- und Schüler-Interaktion, München 1976, S. 160
[3] Schwarzer, C., und Schwarzer, R., Praxis der Schülerbeurteilung, München 1979, S. 39

Beurteilung

Aufgrund der Beobachtungen kommt der Lehrer zu seinem Urteil. Er beschreibt dabei zusammenfassend und abstrahierend das Verhalten eines einzelnen Schülers und versucht, dessen persönliche Eigenart zu charakterisieren. Dieser Bewertungsprozess muss sich auf viele „nachweisbare" Beobachtungsdaten stützen und möglichst bewusst und vorsichtig ablaufen.

Arten der Beobachtung

In der Literatur wird oft zwischen verschiedenen Arten der Beobachtung unterschieden:

Die systematische (standardisierte, kontrollierte) Beobachtung.

Die unsystematische (freie, ungebundene, Gelegenheits-) Beobachtung.

Für den Schulalltag ist dies die übliche Form. Die Gelegenheitsbeobachtung kann durch bewussten und gezielten Einsatz verbessert werden.

Bei der offenen (nicht aspektgebundenen) Beobachtung stellt sich der Lehrer z. B. folgende Aufgabe:

„In der kommenden Woche beobachte ich die drei Kinder, die mir bisher am wenigsten aufgefallen sind und von denen ich noch keine Beobachtungsdaten habe."

Bei der Beobachtung unter einem bestimmten Aspekt entschließt sich der Lehrer z. B. dazu:

„In der kommenden Woche werde ich besonders auf Thomas achten. Ich möchte sehen, wie es zu den Raufereien mit den Mitschülern kommt."

Eine für den Schulalltag besonders geeignete Form stellt die Beobachtung der standardisierten Situationen (situational sampling) dar. Hier wird eine immer gleich bleibende Situation zur Beobachtung ausgewählt.

In unseren ersten Klassen eignen sich viele ständig wiederkehrende Situationen für besonders ergiebige Beobachtungen:

In der Pause

In Mal- und Erzählsituationen

In Phasen der freien Arbeit

Bei Einzelarbeit

Bei der Partner- und Gruppenarbeit

Beim stillen Erlesen

Beim Spielen

...

Häufig erweist sich eine Änderung der Beobachterperspektive als günstig. Dadurch kann der Lehrer Einsichten gewinnen, die völlig neu für ihn sind, z. B.:

„Ich notiere mir nächste Woche von Michael, der mir bisher vor allem negativ aufgefallen ist, nur positive Verhaltensweisen."

Die Doppelrolle des Lehrers als Beobachtender und Erziehender

Als weitere Schwierigkeit kommt hinzu, dass der Lehrer mitten im pädagogischen Feld steht. Er beobachtet und nimmt gleichzeitig am Unterricht teil. Durch die Art, wie er den Unterricht gestaltet und strukturiert, erzeugt er teilweise jenes Verhalten, das er als Beobachter wahrnimmt.

Diese Doppelrolle sollten wir Lehrer uns stets bewusst machen - ein Anlass mehr, unsere Beobachtungen kritisch zu kontrollieren. So werden wir unweigerlich zur Selbstbeobachtung und Selbstkontrolle kommen. Das Zitat von Innerhofer: „Ein guter Erzieher sein ist fast gleichbedeutend mit ein guter Beobachter sein" wurde in einer empirischen Untersuchung von F.E. Weinert vom Max-Planck-Institut für psychologische Forschung bestätigt. Das Ergebnis lautet: Eine hohe Diagnosekompetenz des Lehrers hat eine Schlüsselstellung für den Lernerfolg des Schülers. Allerdings nur, wenn der Lehrer seine differenzierten Beobachtungen zum Sozialverhalten, zum Lernverhalten und zum Leistungsstand als Grundlage für sein individuelles, pädagogisches und didaktisches Handeln nutzt.

Schriftliche Fixierung der Beobachtungen

Diese große Bedeutung erfordert im ersten Schuljahr eine besonders gründliche schriftliche Fixierung der Beobachtungen vom ersten Schultag an.
Doch wann hat der Lehrer Zeit dafür?
Am günstigsten ist die sofortige Notation während des Unterrichts in geeigneten, auch bewusst geplanten Phasen. Aufzeichnungen sind natürlich auch in der Viertelstunde nach dem Unterrichtsende oder am Nachmittag möglich. Allerdings geraten bei größerem zeitlichen Abstand einige Beobachtungen in Vergessenheit.

Beobachtungsbogen

Am besten ist der Beobachtungsbogen, den der Lehrer nach seinen eigenen Praxiserfahrungen entwickelt. Er sollte ökonomisch und situationsspezifisch sein, damit der Lehrer mit wenig Arbeitsaufwand konzentriert unterrichten und gleichzeitig alle Einzelheiten der Verhaltensweisen beobachten kann.

Wenn er die für ihn geeignetste Protokollform gefunden hat, sollte er das so entstandene Beobachtungsblatt vervielfältigen.

Als vorteilhaft hat sich erwiesen, alle Beobachtungsblätter, Soziogramme, Strichlisten etc. in einem Ringbuch DIN A4 aufzubewahren. Bei jeder Beobachtung müssen das Datum und die äußere Situation angegeben werden. Beispiel für ein Beobachtungsblatt:

BEOBACHTUNGEN zum Sozialverhalten	
DATUM	BEOBACHTUNGEN
25.9.	Erzählt interessant u. witzig v. Wochenende
28.9.	Wollte beim Morgenkreis (Vorlesen) stören durch Geräusche, besann sich jedoch rasch wieder
2.10.	Vor dem Unterricht Streitereien mit Steffi u. Lisa
4.10.	Steffi u. Lisa weinen nach der Pause u. beschweren sich über Markus. Gespräch mit den Dreien. Offensichtlich arten Neckereien, die alle drei mögen, in Streit aus, wollen sich selbst Lösungen überlegen.
5.10.	M. erzählt stolz nach der Pause, die drei hätten schön gespielt.
17.10.	Findet die Rechenplättchen nicht, wühlt unter der Bank u. in der Tasche, wird immer wütender, tobt. Ich ermahne ihn heftig, er bockt, macht nicht mit, sitzt beleidigt da.
27.10	Steffi weint plötzlich bei der Freiarbeit. M. hat ihr eine Ohrfeige gegeben. Gespräch: Ich finde nicht gut, dass du Steffi eine Ohrfeige gegeben hast. M.: Ich finde nicht gut, dass Steffi „Dummkopf" zu mir sagt. Das finde ich auch nicht gut. Es ist aber kein Grund, die Steffi zu ohrfeigen. Sie hat sich auch schon ent-

SCHÜLERBEOBACHTUNG

NAME _____ GEBURTSDATUM _____

SOZIALE VERHÄLTNISSE

VATER _____
MUTTER _____
GESCHWISTER _____
BESONDERHEITEN _____
_____
_____

AUFFÄLLIGKEITEN _____
_____

KONTAKTE MIT DEM ELTERNHAUS _____

SPRECHSTUNDENBESUCHE AM: _____

BESONDERES _____
_____
_____
_____

Beobachtungs-Bogen

Name : _____ geb.: _____
Geschwister : _____
Wiederholungen : _____
Familienverhältnisse und Besonderes : _____

Beobachtungen im Unterricht

Datum _____

BEOBACHTUNGEN zum Sozialverhalten

DATUM	BEOBACHTUNGEN

Fachspezifische BEOBACHTUNGEN

DATUM	BEOBACHTUNGEN

Tägliche Beobachtung

Datum	Beschreibungen

Laufende Schülerbeobachtung   Schuljahr 2001/2002

Datum _____   Name: _____

232

Schematische Dokumentation

Am einfachsten, am häufigsten und durchaus brauchbar lassen sich Klassen-listen/Schülerlisten, auf denen die Namen der Kinder alphabetisch aufgeführt sind, verwenden. Bei Verhaltensweisen, bei denen es um die Häufigkeit geht, deren Anfang und Ende klar abgegrenzt sind, können sie als Strichlisten eingesetzt werden. (z. B.: Melden)

Beispiel für eine Klassenbeobachtung:

Klasse: 1 a										Schuljahr: 2001/2002	
Fach: Mathe											
Beobachtungssituation: Übungsstunde 9											
Beobachtungsdatum: 8. 2. 02			Beobachtungszeit: 8.45 – 9.30								
Verhalten: Meldeverhalten Meldet sich!											
1. B̶e̶o̶b̶a̶c̶h̶t̶ Michael	‖‖‖	‖‖‖	I								11
2. E̶b̶a̶b̶a̶c̶ Matthias	‖‖‖										5
3. D̶e̶b̶a̶b̶a̶ Till	‖I										2
4. H̶e̶b̶a̶c̶h̶ Thomas	‖‖‖	‖I									7

Kategoriensystem

Um beim Aufnotieren des Verhaltens Zeit zu sparen, ist es möglich, Kategoriensysteme zu verwenden, in denen die zu beobachtenden Verhaltensweisen bereits konkret vorformuliert sind. Dies können vom Lehrer selbst entwickelte oder vorgegebene Stichpunkte sein. In das Beobachtungsprotokoll wird dann nur ein Buchstabe oder eine Zahl für die Verhaltenskategorie eingesetzt.

Beispiel für ein Beobachtungsprotokoll nach dem Kategoriensystem:

Beispiel: Mitarbeit im Unterricht

Zahl:	*Verhaltenskategorie:*	*Abkürzung:*
1	Der Schüler meldet sich	M
2	Er stellt eine Frage	F
3	Er bringt einen Vorschlag zur Unterrichts-gestaltung	V
4	Er übernimmt freiwillig eine Aufgabe	A
5	...	
6	...	

Name: Thomas L.   Klasse/Gruppe: 1 a

Fach: D, M, HSK, D

Beobachtungssituation: Erarbeitender U.

Beobachtungsdatum: 14. 5. – 18. 5. 01   Beobachtungszeit: 8.00 –8.45

Verhalten: Mitarbeit im Unterricht

Mo	A M V M M F M
Di	F M F A M
Mi	V M F M M
Do	F M
Fr	A M M M M

Bemerkungen: _____

Rating - Schätzskalen

Bei der Beobachtung von Schülerverhalten werden häufig Schätzskalen einge-setzt. Beispiel: Arbeitstempo der Schüler

	sehr flott	flott	gleichmäßig	langsam	zu langsam
1. A*****Jonas					
2. C*****Julia					
3. E*****Michael					
4.E*****Ümit					

Diagramme

Beim Sozialverhalten bieten sich verschiedene Diagramme an. Mit ihrer Hilfe lassen sich z. B. Kontaktaufnahme, aktive Beteiligung, Äußerungen der Sympathie ... darstellen.

Beispiel für ein Diagramm: Kontaktaufnahme

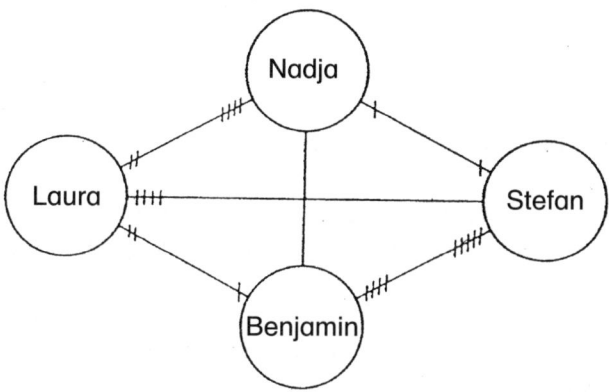

Indirekte Beobachtungen

Die ersten Eindrücke, die ein Lehrer von seinen Schülern bekommt, beruhen auf direkten Beobachtungen. Sie betreffen die äußere Erscheinung der Kinder, ihr Temperament, die Mitarbeit, die Aufgeschlossenheit ... .
Mit diesen ersten Beobachtungen werden nur einzelne Merkmale erfasst und nicht das Kind in seiner Gesamtpersönlichkeit. Hier sind indirekte Beobachtungen Hilfsquellen, auf die der Lehrer immer wieder zurückgreifen kann.
Möglichkeiten der indirekten Beobachtung der Kinder sind:

Arbeiten der Schüler
Schülerfragebögen
Soziogramme
Gespräche mit Kontaktpersonen

Das besondere Problem in der ersten Klasse liegt darin, dass die Schulanfänger erst im Laufe des Jahres lesen und schreiben lernen. Einige Formen der indirekten Beobachtung können deshalb nur in stark vereinfachter Form Anwendung finden.

Alles, was der Schüler schreibt, zeichnet oder malt, sagt etwas über ihn aus. Auch ohne Graphologe zu sein, kann der Lehrer aus der Größe und Richtung der Buchstaben sowie aus dem Schreibdruck Schlüsse ziehen. Die Art, wie ein Lernzielkontrollblatt ausgefüllt wurde, zeigt oft, ob das Kind entspannt war oder unter Druck stand. Die Gestaltung eines Arbeitsblattes erlaubt häufig Aussagen über das Selbstbewusstsein des Schülers.

Vor allem die Bilder, die ein Kind malt, können den Zugang zu seiner Persönlichkeit öffnen. Farbgebung, Einteilung des Blattes, Differenziertheit der Darstellung, Größenverhältnisse usw. lassen auf das Selbstbewusstsein, die Grundstimmung des Schülers schließen. Manche Themen wie z. B. „Baum- und Menschendarstellungen" oder „Meine Familie und ich" eignen sich besonders gut.

Dabei dürfen wir im ersten Schuljahr nie aus den Augen verlieren, dass einige Auffälligkeiten vielleicht nur durch die Anfängersituation und damit verbundene Schwierigkeiten bedingt sind.

Als Hilfe zum Kennenlernen des Kindes wird von manchen Lehrern gern der Schülerfragebogen verwendet. Einfache Formen dieser Fragebögen sind auch schon in der ersten Klasse möglich.

Fragebogen
Beispiel: Selbsteinschätzung der Stellung in der Klasse

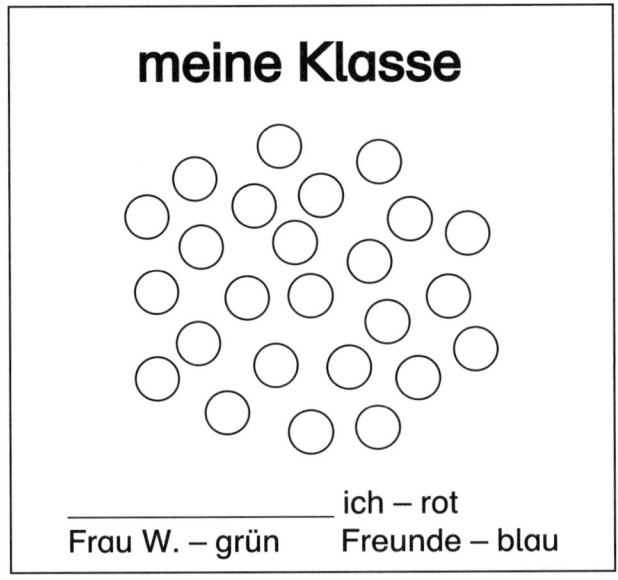

Beispiel: Wohlbefinden in der Schule

Ich finde die Schule

schön   mittel   nicht schön

Pressefoto Michael Seifert, Hannover

Beispiel: Einfacher Fragebogen

Fragen zur Schuleinstellung

Name: _____

✿	Ich finde die Schule	◯ immer schön	◯ manchmal schön	◯ nie schön
☀	Im Pausenhof bin ich	◯ gerne	◯ manchmal gerne	◯ ungern
🦋	In der Schule habe ich Freunde	◯ viele	◯ einen Freund	◯ keinen Freund
♥	Frau K_____ ist	◯ zu streng	◯ gerade richtig	◯ nicht streng genug
♣	Ich finde Freiarbeit	◯ immer schön	◯ manchmal schön	◯ gar nicht schön
☾	Ich mag am liebsten	◯ singen	◯ turnen	◯ malen
△	Ich mache die Hausaufgaben	◯ gerne	◯ weil es sein muss	◯ ungern

Das Soziogramm

Soziometrische Verfahren werden in unseren Schulen häufig zur Gewinnung diagnostischer Informationen eingesetzt.

Die Fragen sollten sich im ersten Schuljahr in jedem Fall aus einer bestimmten Situation des Schullebens ergeben, z. B. neue Sitzordnung, Bildung von Arbeits- und Spielgruppen. Es lassen sich in der Schule immer reale Situationen finden.

Folgende Fragen bieten sich häufig an:

Neben wem möchtest du am liebsten im Erzählkreis sitzen?

Neben wem möchtest du am liebsten im Unterricht sitzen?

Mit welchen Kindern möchtest du in der Gruppe sitzen?

Wer in der Klasse ist dein bester Freund?

Mit welchen Kindern aus der Klasse spielst du am liebsten?

Beispiel: Gruppensitzordnung

Mit welchen Kindern möchtest du in der Gruppe sitzen?

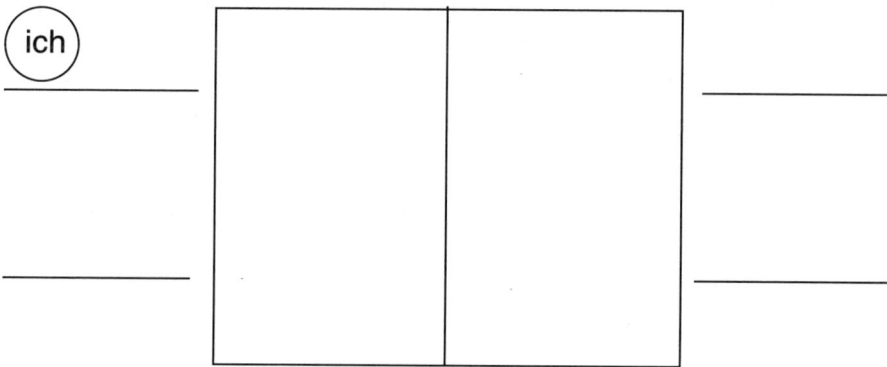

Wegen der Schwierigkeiten beim Lesen und Schreiben muss die Erklärung des Vorhabens besonders gründlich sein, damit die Kinder sicher wissen, worum es geht. Der Hinweis, dass alle Kinder der Klasse gewählt werden können, sollte nicht fehlen. In der Regel lässt man mindestens zwei Partner wählen.

Bei diesen Wahlen müssen wir uns bewusst sein, dass sich vor allem Erstklässler von der momentanen Gefühlssituation stark beeinflussen lassen. Sie sind auch in hohem Maße vom Urteil des Lehrers abhängig.

Die Ergebnisse der Befragung können in verschiedenen grafischen Formen dargestellt werden.

Gespräche mit Kontaktpersonen

Die Notwendigkeit der Kommunikation zwischen allen Erziehungspartnern ist unbestritten. Eltern, Lehrer, Erzieherinnen, Gruppenleiter, alle Personen, die an der Erziehung eines Kindes beteiligt sind, sollten gemeinsam an ihrer verantwortungsvollen Aufgabe arbeiten. Gegenseitige Information ist zum Kennenlernen des Kindes und zur Abstimmung von Erziehungszielen und -maßnahmen notwendig.

Gespräche mit Eltern

Möglichkeiten für Gespräche ergeben sich bei den vorgeschriebenen Eltern-
sprechtagen, Elternabenden und den Sprechstunden. Darüber hinaus bieten
schulische Veranstaltungen, Ausflüge und gesellige Abende Gelegenheiten,
mit den Eltern ins Gespräch zu kommen. Hausbesuche, die am besten geeignet sind, dem Lehrer Einblick in das häusliche Erziehungsmilieu zu verschaffen, sind nur an einigen Schulen üblich.

Gespräche mit Kollegen

Die Kontaktpersonen, mit denen der Lehrer am häufigsten zusammentrifft,
sind die Kollegen. Der Klassleiter sollte zu den Lehrern, die in seiner ersten
Klasse Religion, Ethik, Sport, Textilarbeit/Werken oder anderen Fachunterricht erteilen, engen Kontakt halten. Die Beobachtungen anderer Lehrer in
einem anderen Fach können helfen, dem Kind in seiner Gesamtpersönlichkeit
gerechter zu werden und eigene Beobachtungen kritisch zu hinterfragen.
Diese erscheinen oft nach einem Gespräch mit den Kollegen in einem anderen Licht.

Gespräche mit anderen Personen

Die wichtigsten Gesprächspartner in dieser Personengruppe sind im ersten
Schuljahr sicher die Erzieherinnen des Kindergartens. Diese konnten manchmal jahrelang die Kinder in verschiedenen Situationen beobachten und kennen meist auch die Eltern. Bei den gegenseitigen Besuchen vor Schulbeginn
ergeben sich Gelegenheiten für Gespräche. In vielen Orten finden auch regelmäßig Treffen zwischen Erzieherinnen und Lehrern statt. Im Sinne der Zusammenarbeit zwischen Kindergarten und Schule sind an einigen Schulen
wöchentliche Unterrichtsbesuche der Erzieherinnen in der Schule institutio-
nalisiert.
Auch die Gruppenleiter der Horte und Tagesheime können dem Lehrer beim
Kennenlernen des Kindes helfen. Sie erleben den Schüler in anderer Umgebung und in anderen Situationen.

Direkte Beobachtung

Zur richtigen Einschätzung der Schülerpersönlichkeit bedarf es selbstverständlich der direkten Beobachtung im Unterricht und außerhalb desselben.

Folgende Verhaltensmerkmale können beobachtet werden:

Allgemeines Lernverhalten
Der Schüler begegnet Neuem
Der Schüler verarbeitet Eindrücke
Der Schüler behält Gelerntes

Lernbereitschaft
Der Schüler ist bereit, Leistung zu erbringen
Der Schüler beteiligt sich am Unterricht
Der Schüler lässt sich nicht ablenken
Der Schüler erledigt seine Arbeiten

Individual- und Sozialverhalten
Der Schüler hat Kontakt mit anderen
Der Schüler sieht sich selbst
Der Schüler erlebt die Schulsituation

Besonderheiten der körperlichen und gesundheitlichen Verfassung
Der Schüler hat manuelles Geschick
Der Schüler beherrscht seinen Körper
Der Schüler zeigt Auffälligkeiten
(siehe auch S. 244 ff)

3.5.2 Zeugnisbericht

Die Kritik an der oft Angst auslösenden Ziffernbenotung führte dazu, dass die Zeugnisse für das erste Schuljahr keine Noten mehr enthalten. Dies ist ein Weg, in der Schule Druck abzubauen, sie wieder humaner werden zu lassen und der Pädagogik mehr Raum zu geben. „Wo die Ziffernzensur beginnt, endet die Pädagogik. Ohne ein pädagogisches Beurteilungssystem und damit die Abschaffung der Ziffernzensur kann die Schule ihren Angst machenden Charakter nicht verlieren."[1]

In allen 16 Bundesländern gibt es jetzt in den Zeugnissen der ersten Klassenstufe verbale Beurteilungen. Sie werden Zeugnisberichte oder Lernentwicklungsberichte genannt. Diese Berichte bedeuten eine sehr hohe zeitliche Belastung für die Lehrkraft. In sieben Bundesländern werden sie deshalb nur am Ende des Schuljahres erstellt. Im Saarland und in Nordrhein-Westfalen gehört dabei ein Elterngespräch obligatorisch zum Jahreszeugnis. Zwischenzeugnisse schreiben die Lehrer in sieben Bundesländern. Hamburg und das Saarland sehen zum Ende des ersten Halbjahres Elterngespräche vor.

---

[1] Singer, K., Maßstäbe für eine humane Schule, Frankfurt 1981, S. 52

Länderübersicht – Zeugnisregelungen für die erste Klasse

Beispiele

Land	1. Klasse	
	1. Halbjahr	2. Halbjahr
Baden-Württemberg	–	Berichts-zeugnis
Bayern	Berichts-zeugnis	Berichts-zeugnis
Berlin	–	Berichts-zeugnis
Brandenburg	–	Berichts-zeugnis
Bremen	–	Berichts-zeugnis
Hamburg	Eltern-gespräch	Berichts-zeugnis
Hessen	–	Berichts-zeugnis
Mecklenburg-Vorpommern	Berichts-zeugnis	Berichts-zeugnis

Land	1. Klasse	
	1. Halbjahr	2. Halbjahr
Nieder-sachsen	–	Berichts-zeugnis
Nordrhein-Westfalen	–	Berichtszeugnis mit Elterngespräch
Rheinland-Pfalz	Berichts-zeugnis	Berichts-zeugnis
Saarland	Eltern-gespräch	Berichtszeugnis mit Elterngespräch
Sachsen	Berichts-zeugnis	Berichts-zeugnis
Sachsen-Anhalt	Berichts-zeugnis	Berichts-zeugnis
Schleswig-Holstein	Berichts-zeugnis	Berichts-zeugnis
Thüringen	Berichts-zeugnis	Berichts-zeugnis

Für viele Eltern ist diese neue Form des Zeugnisberichtes unbekannt, sie haben daher oft Schwierigkeiten, die Aussagen richtig zu interpretieren. Meist brauchen sie Anregungen, wie sie mit ihrem Kind über das Zeugnis sprechen können. Darüber hinaus müssen sie auf Elternabenden oder durch Elternbriefe über folgende Punkte informiert werden:

Der Bericht beschreibt die Stärken und Schwächen des einzelnen Kindes in allen Lernbereichen, sein soziales Verhalten und sein Lernverhalten.

Ein Vergleich mit anderen Kindern unterbleibt.

Zeugnisberichte enthalten oft Hinweise, wie vorhandene Defizite überwunden werden können.

Das Zeugnis dient als Motivation, mit dem Lehrer Kontakt aufzunehmen oder bestehenden Kontakt weiter zu pflegen.

Der Lehrer muss beim Erstellen der Zeugnisberichte folgendes beachten:

Damit das Zeugnis von den Eltern mühelos verstanden werden kann, sollte auf Fremdwörter und Fachausdrücke verzichtet werden.

Die Eltern suchen im Zeugnisbericht häufig nach Noten oder setzen bestimmte Ausdrücke einer Note gleich. Deshalb müssen Formulierungen, die einer Zensur entsprechen oder ähneln, vermieden werden.

Jeder Zeugnisbericht sollte in seiner Grundtendenz Ermutigung und Zuversicht ausstrahlen. Defizite werden „mit der gebotenen Behutsamkeit" benannt. Möglichkeiten, diese zu beheben, sollten aufgezeigt werden.

Die Zeugnisse des ersten Schülerjahrgangs mit dem Bericht zum sozialen Verhalten, zum Lernverhalten und zum Leistungsstand stellen erhebliche Anforderungen an den Lehrer. Unverzichtbare Grundlage für diese Berichte sind die schriftlichen Aufzeichnungen der intensiven und kontinuierlichen Schülerbeobachtungen.

Es besteht die Gefahr, dass sich Standardformulierungen einschleichen, die nicht mehr aussagekräftig sind. Besonders Computerprogramme mit vorformulierten Bemerkungen verstärken diese Problematik. Damit geben wir den Eltern keine individuellen Hilfen und die positiven Möglichkeiten der neuen Zeugnisberichte werden nutzlos vertan.

Die folgende Sammlung von Formulierungen soll helfen, einer Schematisierung entgegenzuwirken. Sie ist als Anregung und Hilfe für treffsichere und damit genauere Berichte gedacht.

Zeugnisse richten sich an Schüler und Eltern. Für Kinder der ersten Klasse wird der Zeugnisbericht fast immer unverständlich sein. Nur in einigen Bundesländern (z. B. Hamburg) und an manchen Privatschulen werden die Kinder direkt angesprochen und der Text so formuliert, dass er von ihnen verstanden werden kann. Aber auch die anderen Schüler dieser Klassenstufe möchten wissen, was in ihrem Zeugnis steht. Der Lehrer sollte deshalb den einzelnen Kindern in altersgemäßer Form die Aussagen des Berichtes erklären. Einige Lehrer schreiben neben dem amtlichen ein zweites Zeugnis, das sich speziell an das Kind richtet. Kinder sollen lernen, sich selbst und ihre Leistungen richtig einzuschätzen. Deshalb lassen viele Lehrkräfte die Kinder einen Bericht über sich selbst schreiben.

Zeugnis speziell für das Kind

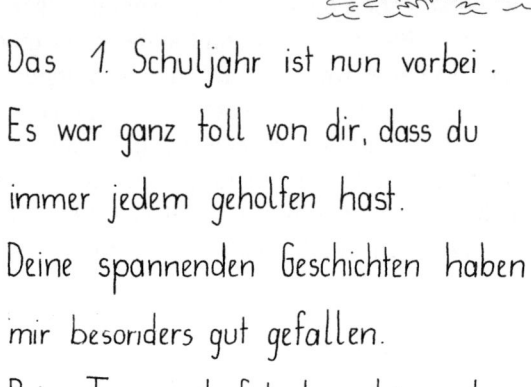

Liebe Bettina!

Das 1. Schuljahr ist nun vorbei.

Es war ganz toll von dir, dass du

immer jedem geholfen hast.

Deine spannenden Geschichten haben

mir besonders gut gefallen.

Beim Turnen darfst du ruhig noch

etwas mutiger werden.

Ich wünsche dir schöne Ferien
und freue mich auf dich im nächsten
Schuljahr!

Deine Frau

Mögliche Formulierungen zum sozialen Verhalten

Selbstgefühl - Grundstimmung
   Der Schüler ist froh (fröhlich, ausgeglichen, ernst, ausgelassen, selbstbewusst, besonnen, einfühlsam, ruhig ...).
   Er muss größeres Selbstbewusstsein entwickeln.
   Er muss mehr aus sich herausgehen.
   Er muss sich mehr zutrauen.

244

Kontaktfähigkeit

Es fällt ihm leicht, Kontakt zu finden (zu schließen, zu knüpfen ...)

Er pflegt regen Kontakt (Spiel-, Lernkontakt) zu seinen Mitschülern.

Er hat ein gutes Einvernehmen mit seinen Klassenkameraden.

Er kommt mit seinen Klassenkameraden problemlos (immer friedlich) aus.

Er nimmt selbständig Kontakt auf.

Er nimmt zögernd Kontakt zu seinen Mitschülern (und Lehrern) auf.

Sie sucht von sich aus wenig Kontakt.

Im Umgang mit ihren Klassenkameraden (Mitschülern, Lehrern) verhält sie sich aufgeschlossen (freundlich, höflich, rücksichtsvoll, hilfsbereit, kameradschaftlich, zurückhaltend, abwartend, ängstlich, schüchtern, unbeherrscht, stürmisch, aggressiv).

Sie findet schnell Spiel- und Lernpartner.

Sie ist gern bei wilden Spielen dabei.

Sie ist kontaktscheu, wird aber von den Mitschülern als Partner geachtet (geschätzt).

Sie lässt sich leicht von anderen Kindern beeinflussen.

Sie braucht besondere Zuwendung vom Lehrer.

Zusammenarbeit

Sie übernimmt gern (oft, freiwillig ...) Aufgaben für die Gruppe (Klasse) und führt sie selbständig und zuverlässig aus.

Sie kann schon vernünftig (gezielt, sinnvoll ...) mit einem Partner zusammenarbeiten.

Sie hat noch nicht gelernt, mit anderen Kindern zusammenzuarbeiten.

Er sucht keinen Kontakt und arbeitet lieber allein.

Bereitwillig hilft er anderen (langsameren) Kindern.

Er kann seine eigene Meinung wortgewandt vertreten.

Es fällt ihm noch schwer, andere Meinungen anzuhören (auf andere Meinungen einzugehen).

Mitschülern zuzuhören, fällt ihm noch schwer.

Anderen Kindern kann er nur schlecht zuhören.

Konfliktverhalten

Sie hat sich schnell an die Schulsituation gewöhnt.

Sie ist friedfertig (einfügsam, verträglich, kameradschaftlich, freundlich ...).

Die erforderlichen Ordnungen des Schullebens werden akzeptiert (einsichtig angenommen, kritisch angenommen, willig eingehalten ...).

Die nötigen Ordnungen versucht er zu umgehen.

Es fällt ihr noch schwer, sich an die erforderlichen Ordnungen (an vereinbarte Regeln) zu halten.

Sie ordnet sich in die Gemeinschaft willig (leicht, problemlos, unauf-
fällig ...) ein.

Sie hat (noch nicht) gelernt, Konflikte verbal zu lösen.

Es fällt ihr schwer, Konflikte friedlich zu lösen.

Er reagiert oft unangemessen (aggressiv ...).

Bei Auseinandersetzungen verliert er oft die Beherrschung.

Er ist häufig an Auseinandersetzungen beteiligt.

Er kann seine Bedürfnisse nicht selbständig durchsetzen.

Er sucht oft Hilfe beim Lehrer.

Ärger und Enttäuschung kann er noch nicht angemessen äußern.

Er kann seine Aggressionen noch nicht kontrollieren.

Wortgewandt vertritt er seine Meinung.

Lernverhalten

Allgemeines Arbeitsverhalten

Sie ist lernwillig.

Sie ist anstrengungsbereit.

Freudig und interessiert geht sie auf die unterrichtlichen Aufgaben zu.

Ihre Anstrengungsbereitschaft ist groß (gering, wenig ausgeprägt ...).

Sie zeigt Lernfreude (Arbeitsfreude).

Sie zeigt Freude am Unterricht (an allen Unterrichtsbereichen).

Durch eigene Ideen trägt sie wesentlich zum Unterricht bei.

Durch treffende Beiträge gibt sie dem Unterricht oft wesentliche Impulse.

Neue Aufgaben nimmt er freudig (interessiert, nur zögernd) in Angriff.

Dem Unterrichtsgeschehen folgt er interessiert (aufmerksam, konzentriert,
ausdauernd, wenig interessiert ...).

Er stellt sich den Aufgaben mit Freude (Begeisterung, wachsender Begeisterung, nur zögernd ...).

Er braucht genaue Anweisungen.

Er braucht oft helfende Führung.

Es fehlt an Gründlichkeit im Lernen und Arbeiten.

Er zeigt wenig Eigeninitiative.

Konzentrationsfähigkeit

Sie kann sich dauerhaft (lange, nicht lang genug, nur schwer, schlecht ...)
konzentrieren.

Seine Ausdauer beim Malen (beim Schreiben ...) ist groß.

Sie ermüdet rasch und fängt dann an zu spielen (zu stören, beschäftigt sich dann mit anderen Dingen ...).
Er verliert leicht die Lust.
Er lässt sich leicht ablenken.

Beteiligung am Unterricht
Eifrig und unermüdlich wirkt sie am Unterrichtsgeschehen mit.
An ihren treffenden Beiträgen zeigt sich, dass sie den Unterrichtsstoff versteht und mitdenkt.
Die Mitarbeit hängt stark von ihrem Interesse und ihrer Stimmung ab.
Sie weiß viel, hat aber oft nicht den Mut, sich zu äußern.
Er ist gelegentlich unaufmerksam, beteiligt sich aber auch oft engagiert am Gespräch.
Er arbeitet ... im Unterricht mit.
Er setzt sich im Unterricht ... ein.
Seine aktive Mitarbeit ist ...
Am Mathematikunterricht nimmt er .... teil.
Am mündlichen Unterricht (am Unterrichtsgespräch) beteiligt er sich ...
selbständig, lebhaft, konzentriert, ausdauernd, zielstrebig, rege, eifrig, unermüdlich, immer, mit großem Einsatz, engagiert, wenig, zu wenig, selten, mit wechselndem Eifer, mit wechselndem Interesse, wechselhaft ...

Arbeitsverhalten bei schriftlichen Arbeiten
Sie muss immer wieder zur Weiterarbeit aufgefordert werden.
Durch ihr allzu flottes Arbeitstempo unterlaufen oft Flüchtigkeitsfehler.
Er arbeitet ...
Schriftliche Arbeiten erledigt er ...
selbständig, konzentriert, ausdauernd, zielstrebig, sauber, sorgfältig, flott, willig, zügig, gewissenhaft, pflichtbewusst, nur zögernd, langsam, oft zu langsam, viel zu langsam ...

Erledigung der Hausaufgabe
Er fertigt die Hausaufgaben ..
Ihre Hausaufgaben erledigt sie ...
gewissenhaft, sorgfältig, regelmäßig, zuverlässig, pünktlich, mit geringer Sorgfalt, zu wenig sorgfältig ...
(immer, oft, stets, meist, gelegentlich, häufig, nicht immer, selten ...)

Leistungsstand

Lesen

Er beherrscht die Laute und Lautzeichen.

Er kennt die erarbeiteten Buchstaben (nicht, sicher).

Er hat Mühe, verschiedene Laute zu unterscheiden.

Er verwechselt noch häufig ähnlich klingende Laute.

Er verwechselt noch oft verschiedene Lautzeichen.

Er kann die Lautfolge von Buchstaben noch nicht erfassen.

Er beherrscht den Auf- und Abbau von Wörtern.

Er kann neue Wörter und kurze Texte erlesen (flüssig, langsam, meist stockend, selten).

Wörter mit schwierigen Buchstabenverbindungen kann er noch nicht selbständig erlesen.

Das Zusammenlesen der Buchstaben gelingt ihm nur mühsam, so dass er den Sinn oft nicht mehr versteht.

Das Zusammenlesen längerer Wörter bereitet noch Schwierigkeiten.

Das Zusammenlesen gelingt nur teilweise.

Er hat das Zusammenlesen erfasst, liest aber noch langsam (stockend).

Das Lesen gelingt schon flüssig.

Er liest flüssig und ausdrucksvoll.

Er kennt alle Buchstaben, liest flüssig und sinnerfassend, aber noch zu langsam.

Er liest unbekannte Sätze und einfache Texte selbständig vor.

Einfache fremde Texte werden sinnerfassend gelesen.

Auch unbekannte Texte versteht er sofort.

Er kann fremde Texte lesen und den Inhalt genau wiedergeben.

Der Schüler liest flüssig und erfasst den Sinn des Gelesenen selbständig.

Auch schwierige Texte kann er fließend lesen.

Er beherrscht schon das zeilenübergreifende Lesen.

Beim Lesen neuer Texte beachtet er auch schon die Satzzeichen.

Er liest flüssig, doch muss der Vortrag noch ausdrucksvoller werden.

Ganze Texte liest sie selbständig (flüssig, sinnerfassend ...) vor.

Sie beherrschte schon bei Schuleintritt die Lesetechnik.

Der Leselernprozess vollzog sich etwas mühsam, ist aber jetzt abgeschlossen.

Anregungen

Er muss versuchen, sich auch am Leseunterricht aktiv zu beteiligen.

Zusätzliche häusliche Übungen können helfen, die Unsicherheiten schnell abzubauen.

Das Auf- und Abbauen der Buchstaben bedarf noch intensiver Übung.

Intensive (tägliche) Übung im lauten Vorlesen ist unbedingt (dringend) erforderlich.

Das laute Vorlesen muss er noch eifrig üben, um sicherer zu werden (mehr Sicherheit zu gewinnen).

Schreiben

Die Druckbuchstaben schreibt er im richtigen Bewegungsablauf.

Beim Schreiben hält er die Bewegungsrichtung ein.

Er kann Wörter (Sätze) gut lesbar in Druckschrift schreiben (abschreiben, aufschreiben).

Er hat die grundlegenden Formen der Schreibschrift erfasst und führt sie in richtigem Bewegungsablauf aus.

Er kann Wörter (kurze Texte) gut lesbar und zügig in Schreibschrift ab- und aufschreiben.

Die Buchstaben in Schreibschrift beherrscht er sicher und kann sie in Wörtern anwenden.

Seine Stifthaltung ist immer noch verkrampft und sein Schreibtempo zu langsam.

Die Buchstaben schreibt er im Detail oft noch ungenau.

Schwierige Buchstabenverbindungen sind ihm noch nicht geläufig.

Schreibrichtung und Buchstabengröße einzuhalten, fällt ihm noch schwer.

Er schreibt gleichmäßig und flüssig.

Schriftliche Arbeiten werden selbständig und ansprechend ausgeführt.

Um seine Fingerfertigkeit (Handgeschicklichkeit) zu üben, soll er zu Hause oft basteln (kneten).

Das Gleichmaß ihrer Schrift hängt von der aufgewendeten Mühe (Sorgfalt) ab.

Rechtschreiben

Bekannte Wörter kann er (nicht) fehlerfrei schreiben.

Einfache Wörter (kleine Texte) schreibt er richtig aus dem Gedächtnis auf.

Wörter aus dem Grundwortschatz schreibt er (meist) fehlerlos.

Geübte Wörter prägt er sich gut ein und schreibt sie fehlerlos.

Das Auf- und Abschreiben geübter Texte gelingt mit wenigen Fehlern (fällt ihm leicht, schwer, bereitet noch Schwierigkeiten).

Er beherrscht die Technik des richtigen Abschreibens.

Sie verwechselt (verdreht) oft noch Buchstaben.

Durch gezielte Übungen konnte sie ihre Fehlerzahl bei Nachschriften erheblich vermindern.

Mündlicher Sprachgebrauch

Persönliche Erlebnisse erzählt er anschaulich und lebhaft (folgerichtig, wortgewandt).

Er gibt einfache Sachverhalte richtig wieder.

Persönliche Erlebnisse kann er anschaulich erzählen.

Sprachlich geschickt stellt er Beobachtungen dar.

Einfache Gesprächsregeln zu beachten, fällt ihm leicht (noch schwer).

Besonderes Geschick (besondere Freude) zeigt er beim darstellenden Spiel.

Es fällt ihm noch schwer, Wünsche in Worte zu fassen.

Er wendet den erlernten Wortschatz richtig an.

Sachverhalte kann er anschaulich erklären.

Er leistet oft Beiträge zum Gruppengespräch.

Er beantwortet Fragen bereitwillig.

Beim Gespräch fällt es ihm noch schwer, anderen Kindern zuzuhören (sie anzuhören).

Im Erzählkreis ergreift er selten das Wort.

Ihre Erzählbereitschaft ist noch gering.

Beim Erzählen drückt sie sich klar (anschaulich, lebendig ...) aus.

Ihr geringer aktiver Wortschatz erschwert die Beteiligung am Gespräch.

Mathematik

Den erarbeiteten Zahlenraum hat er erfasst.

Die erarbeiteten Zahlenbegriffe hat er erfasst.

Den Schritt zur Abstraktion hat er (noch nicht) bei allen Rechenarten vollzogen.

Er hat eine klare Zahlvorstellung und kann die Aufgaben im Zahlenraum bis 20 sicher lösen.

Er rechnet flott und sicher.

Er beherrscht den erarbeiteten Zahlenraum und löst die Aufgaben sicher.

Sicher und geläufig rechnet er im erarbeiteten Zahlenraum.

Im Zahlenraum bis 20 rechnet er flott und fehlerfrei.

Er rechnet sicher, solange die Aufgaben nicht vom geübten Schema abweichen.

Mathematische Beziehungen zu erfassen, fällt ihm leicht (schwer).

Er hat klare Zahlenbegriffe und geht sicher mit ihnen um.

Bei der Lösung mathematischer Aufgaben zeigt er zwar oft Unsicherheiten, kommt aber mit Hilfe konkreter Dinge zu brauchbaren Lösungen.

Mit Hilfe von Anschauungsmaterial gelingt es dem Schüler, die Plus- und Minusaufgaben langsam aber fehlerfrei zu lösen.

Ohne konkrete Hilfen vermag er mathematische Aufgaben kaum zu lösen.

Zur Lösung von Minusaufgaben braucht er Anschauungsmaterial und viel Zeit.

Das Umdenken von einem Rechenvorgang auf einen anderen fällt ihm noch schwer.

Alle Rechenoperationen werden sicher gelöst.

Auch Sachaufgaben kann er selbständig lösen.

Einfache Sachaufgaben kann er selbständig durchdenken und lösen.

Beim Problem lösenden Denken zeigt er Erfolg versprechende Ansätze.

Im Umgang mit Zahlen gewinnt sie mehr Sicherheit.

Er löst die Aufgaben weitgehend sicher.

Sie braucht lange, bis sie einen mathematischen Sachverhalt (mathematische Zusammenhänge) versteht.

Mathematik: Anregungen

Zusätzliche häusliche Übungen im Rechnen können helfen, die Unsicherheiten schneller abzubauen.

Aufgaben mit Zehnerübergang muss er noch eifrig üben, um sicher zu werden.

Heimat- und Sachunterricht

Durch eigene Beiträge bereichert er den Heimat- und Sachunterricht.

Dem Heimat- und Sachunterricht folgt er mit sichtbarer Freude.

Besonderes Interesse zeigt er an biologischen Themen.

Bei sozialkundlichen Themen zeigt er anhaltendes Interesse.

Mit großem Eifer sammelt er Material für den Heimat- und Sachunterricht.

Seine Sachmappe gestaltet er besonders sorgfältig.

In Heimat- und Sachunterricht erkennt er rasch Zusammenhänge und behält auch Einzelheiten im Gedächtnis.

Musisches

An musischen Tätigkeiten zeigt sie viel Freude (große Begeisterung).

Musische Tätigkeiten sprechen die fantasievolle Schülerin sehr an.

Anregungen zu musischer Betätigung greift sie mit Freude auf.

In sämtlichen musischen Fächern zeigt sie Freude und Können.

An den musischen Lernbereichen beteiligt sie sich gern (freudig, eifrig, geschickt, wenig, selten ...).

In Kunsterziehung zeigt er viel Fantasie (ein sicheres Form- und Farbgefühl, ein gutes Farb- und Formempfinden).

Mit Freude und Geschick widmet sie sich gestalterischen Aufgaben.

Ihre Zeichnungen gestaltet sie harmonisch (farbenfroh, liebevoll, detailliert ...).

Beim Zeichnen und Malen zeigt sie Ideenreichtum und Geschick.

Beim Zeichnen verwirklicht sie eigene Ideen.

Er malt farbenfrohe, fantasievolle Bilder.

Er zeichnet und malt mit viel Freude.

Besonders geschickt malt er mit Wasserfarben.

Bei seinen Zeichnungen gibt er sich viel Mühe.

Beim Malen und Zeichnen soll er mehr Selbstvertrauen entwickeln.

Viel Freude und Interesse zeigt er an Musik.

Er singt gern.

Er hat eine schöne Stimme.

Er kann eine einfache Melodie sofort richtig nachsingen.

Er ist rhythmisch sicher.

Er zeigt viel Geschick im Umgang mit Orff-Instrumenten.

Der Sportunterricht bereitet ihm viel Freude.

Viel Eifer (Einsatzfreude) zeigt sie beim Sportunterricht.

Beim Sport ist er wendig (gewandt) und ausdauernd.

Im Sport zeigt sie bei allen Übungen große Körperbeherrschung.

Beim Ballspiel zeigt er großes Geschick.

Bei Wettspielen setzt er sich voll ein.

Es fällt ihm noch schwer, Arm- und Beinbewegungen zu koordinieren.

Teilweise zeigen sich bei ihm noch Koordinierungsschwierigkeiten.

Sport kommt seinem Bewegungsdrang sehr entgegen.

Von den musischen Tätigkeiten gefällt ihr besonders der Sport.

Im Sport zeigt sie Geschick, Wendigkeit und Ausdauer.

Beispiele für Zeugnisberichte

1. Schuljahr - Zwischenzeugnis

Die freundliche, besonnene Schülerin hat zu anderen Kindern zahlreiche Gesprächskontakte, obwohl sie von sich aus selten die Initiative ergreift. Einsichtig hält sie sich an vereinbarte Regeln. Sie fasst schnell auf und folgt stets aufmerksam und interessiert dem Unterrichtsgeschehen. Unermüdlich setzt sie sich ein und leistet wesentliche Beiträge. Eine besondere Vorliebe zeigt sie für sachkundliche Themen. Judith kennt alle erarbeiteten Buchstaben, liest auch unbekannte Texte selbständig vor und versteht ihren Sinn. Das Lesetempo muss nur noch etwas flüssiger werden. Ihre Hefte und Arbeitsblätter gestaltet sie meist ordentlich, die Schrift ist aber noch nicht gleichmäßig und steht nicht genau in den Zeilen. Im Zahlenraum bis sieben rechnet sie alle Aufgabenarten auch ohne konkrete Hilfen recht sicher. Sie zeichnet gern farbenfrohe, differenzierte Bilder. Judith besucht den Französischunterricht.

Philipp ist ein ernsthafter, williger Schüler. Er sucht gern Kontakt mit Lehrern. Mit Kindern kommt er jedoch schwer ins Gespräch und findet oft keine Spielpartner. Er folgt dem Unterricht mit großer Aufmerksamkeit und setzt sich auch teilweise aktiv ein. Erlebnisse schildert er oft weitschweifig. Die Technik des Zusammenlesens hat er verstanden, liest auch unbekannte Texte selbständig vor und versteht ihren Sinn. Das Tempo muss er noch etwas erhöhen. Er gibt sich große Mühe, seine Hefte und Arbeitsblätter sauber zu gestalten. Beim Schreiben kann er sich nur schwer daran gewöhnen, den Stift richtig zu halten. Seine Schrift ist aber trotzdem gleichmäßig, jedoch schreibt er sehr langsam. Im erarbeiteten Zahlenraum kommt er mit anschaulichen Hilfen meist zur richtigen Lösung. Aufgaben, die vom üblichen Schema abweichen, fallen ihm schwer. Besonders gern beteiligt er sich an Musik. Er besucht den Französischunterricht.

Andreas ist ein ruhiger, zutraulicher Schüler, der sich schnell an die Schulsituation gewöhnt hat. Mit den anderen Kindern kommt er gut aus. Er hält sich einsichtig an vereinbarte Regeln. Dem Unterricht folgt er aufmerksam, beteiligt sich aber noch wenig am Gespräch. Er muss immer wieder ermuntert werden, sich aktiv einzusetzen. Die Technik des Zusammenlesens hat er rasch verstanden. Auch unbekannte Texte liest er selbständig vor und versteht ihren Sinn. Vor allem bei längeren Wörtern wird sein Lesetempo zu langsam. Er soll deshalb täglich laut üben. Seine Hefte und Arbeitsblätter führt er überwiegend ordentlich. Beim Schreiben fühlt er sich oft unsicher und seine Buchstaben stehen nicht genau in der

Lineatur. Den erarbeiteten Zahlenraum hat er erfasst und löst die verschiedenen Aufgaben meist richtig. Mit Freude und Energie beteiligt er sich am Sport. Er besucht den Französischunterricht.

Benjamin ist ein freundlicher Schüler, der zu anderen Kindern rasch Kontakt findet. Teilweise versucht er, vereinbarte Regeln zu umgehen, verhält sich aber auch immer wieder einsichtig.
Er fasst schnell auf und zeigt Interesse am Unterrichtsgeschehen, lässt sich jedoch noch leicht ablenken. Darunter leiden sein Arbeitstempo und seine aktive Beteiligung am Gespräch.
Er hat die Technik des Zusammenlesens verstanden. Unbekannte einfache Texte liest er selbständig vor und versteht ihren Sinn. Er schreibt gleichmäßig und genau und gestaltet seine Hefte und Arbeitsblätter in ansprechender, übersichtlicher Form. Den erarbeiteten Zahlenraum hat er erfasst. Er löst die Gleichungen auch ohne Hilfsmittel meist richtig. Kleine Rechengeschichten zu durchdenken, fällt ihm schwer. Viel Geschick zeigt er im Umgang mit den Orff-Instrumenten. Am Sportunterricht beteiligt er sich freudig und geschickt.

David ist seit dem Schulbeginn viel selbstsicherer geworden. Er fühlt sich jetzt im Klassenverband wohl und knüpft schnell Kontakte zu anderen Kindern. Er findet zahlreiche Spiel- und Lernpartner. Am Unterricht zeigt er Interesse, muss aber vor allem in letzter Zeit oft zu konzentrierter Mitarbeit ermuntert werden.
Er zeigt Freude am Lesen und trägt auch unbekannte Texte schon recht flüssig vor. Seine Hefte und Arbeitsblätter gestaltet er meist ordentlich. Die Druckschrift hat er schnell erlernt, jedoch sind die Buchstaben oft nicht gleichmäßig und stehen nicht genau in den vorgesehenen Zeilen. Den erarbeiteten Zahlenraum hat er erfasst. Er geht geschickt mit den Hilfsmitteln um und löst die verschiedenen Aufgaben meist richtig. Am Sportunterricht beteiligt er sich mit großem Bewegungsdrang. Die übrigen musischen Lernbereiche interessieren ihn weniger.

Alexander ist ein stiller, zurückhaltender Schüler, der zu anderen Kindern nur wenig Kontakt sucht. In der Pause beteiligt er sich gern an wilden Spielen. Einsichtig hält er sich an die Regeln des schulischen Zusammenlebens. Dem Unterricht folgt er stets aufmerksam. Er beteiligt sich viel zu wenig am Gespräch, obwohl er oft eigene Ideen hat.
Er kennt alle erarbeiteten Buchstaben und liest diese richtig zusammen. Um sein Tempo erheblich zu steigern, muss er noch eifrig üben. Seine Hefte und Arbeitsblätter gestaltet er ordentlich. Es fällt ihm noch sehr schwer, Buchsta-

ben und Zahlen gleichmäßig, formgetreu und genau in die Lineatur zu schreiben. Den Zahlenraum bis sieben hat er erfasst. Mit anschaulichen Hilfen gelingt ihm die Lösung der verschiedenen Aufgaben meist richtig. Er beteiligt sich gern am Sportunterricht und malt farbenfrohe Bilder. Alexander besucht den Französischunterricht.

1. Schuljahr - Jahreszeugnis

Stefan kann zu seinen Mitschülern hilfsbereit und freundlich sein. Es fällt ihm aber oft noch schwer, in passender Weise Kontakt aufzunehmen. Er hält sich meist an vereinbarte Regeln. Am Unterricht ist er häufig interessiert. Seine Konzentration und seine Ausdauer lassen jedoch rasch nach. Darunter leiden seine mündliche Mitarbeit und auch die schriftlichen Arbeiten. Er liest unbekannte Texte selbständig vor und bemüht sich um sinnvolle Betonung. Geübte Wörter schreibt er weitgehend fehlerfrei. Die Buchstaben in Schreibschrift gelingen ihm zunehmend einheitlich, aber oft zu groß. Seine Hefte und Arbeitsblätter gestaltet er jetzt etwas gleichmäßiger. Im Zahlbereich bis 20 rechnet er auch Aufgaben mit Zehnerübergang ohne Hilfsmittel und recht sicher. Er beteiligt sich gern an allen musischen Lernbereichen.

Je vertrauter Manuel die Schulsituation wurde, um so lebhafter wurde er. Immer wieder musste er an die schulischen Verhaltensregeln erinnert werden. Da sich Manuel nicht über einen längeren Zeitraum konzentrieren konnte und ihm das Stillsitzen schwerfiel, war seine Mitarbeit im Unterricht sehr schwankend. Seine Beiträge waren nicht immer auf das Thema bezogen. Bei schriftlichen Arbeiten benötigte er viel Zeit. Aufgrund vieler häuslicher Übung gelang Manuel das Erlesen fremder Texte fast fließend. Das Bemühen um eine sorgfältige und gleichmäßige Schrift hat in den letzten Monaten merklich nachgelassen. Bekannte Wörter konnte er noch nicht fehlerfrei schreiben. Persönliche Erlebnisse erzählt er knapp und wortkarg. Manuel hat große Schwierigkeiten in Mathematik, was auf eine noch nicht klare Zahlvorstellung zurückzuführen ist. Er benötigte viel Anschauung und soll regelmäßig üben. Die Hausaufgaben erledigte er meist pünktlich. Sport kam seinem Bewegungsdrang sehr entgegen.

Daniela war eine aufgeschlossene, höfliche Schülerin, die sich ihrer Klassenkameraden gerne annahm und ihnen stets tröstend zur Seite stand. Im Unterricht war sie aufmerksam. Ihre Konzentration ließ aber dann rasch nach, wenn es um neue Lerninhalte ging. Das fiel besonders in Mathematik auf, wo sie leicht der Mut verließ. Der Zehnerübergang mit Zahlzerlegung und das Rechnen mit Zehnerzahlen bereitete ihr Schwierigkeiten. Im Lesen hat sie große Fortschritte gemacht. Auch fremde Texte erliest sie fließend und sinnerfassend. Ihre Schrift ist gleichmäßiger und flüssiger geworden. Wortbilder prägte sie sich gut ein. Im mündlichen Ausdruck zeigte sie sich wortgewandt, Erlebnisse schilderte sie ausführlich. Bei Gedichtvorträgen setzte sie gezielt Gestik und Mimik ein. Die Hausaufgaben erledigte sie zuverlässig. Im Umgang mit den Orff-Instrumenten bewies sie Rhythmusgefühl. Am Französischunterricht nahm sie teil.

Matthias hat zahlreiche Gesprächs- und Spielkontakte, die jedoch nicht immer friedlich verlaufen. Er muss häufig ermahnt werden, sich an vereinbarte Regeln zu halten. Im Unterricht zeigt er gute Denkleistungen und auch Interesse. Er kann sich oft nicht auf seine Aufgaben konzentrieren und nimmt dann mit anderen Kindern Kontakt auf. Deshalb ist seine Mitarbeit viel zu wenig beständig. Schriftliche Arbeiten erledigt er in hohem Tempo, vergisst dabei aber, auf eine ordentliche, übersichtliche Darstellung zu achten. Sein Interesse am Lesen, sein Textverständnis und sein mündlicher Vortrag sind ausgezeichnet. Wortbilder prägt er sich rasch ein. Die Buchstaben in Schreibschrift hat er rasch und gleichmäßig erlernt. Im Zahlbereich bis 20 löst er alle Aufgabenvariationen flott und sicher. Sachaufgaben kann er selbständig durchdenken. Freudig und mit großem Bewegungsdrang beteiligt er sich am Sportunterricht.

Andreas Stimmungslage hat sich in den letzten Monaten deutlich stabilisiert, so dass sie im Umgang mit ihren Mitschülern gelassener und sicherer und dadurch selbst ausgeglichener geworden ist. Im Unterricht beschäftigte sie sich zwar noch gerne mit anderen Dingen, konnte aber nach Aufforderung immer wieder in das Unterrichtsgeschehen einbezogen werden. Ihre Arbeitsweise war aufgrund ihrer leichten Ablenkbarkeit viel zu langsam und oberflächlich. Im Lesen hat sie große Sicherheit gewonnen. Neue Texte erliest sie fast fließend. Ihr Schriftbild ist etwas besser geworden, doch dürfen ihre Bemühungen nicht nachlassen. Andrea ist erzählfreudig, spricht aber oft nicht in vollständigen Sätzen. Im Rechnen hatte Andrea besondere Schwierigkeiten beim Zehnerübergang mit Zahlzerlegung. Die Hausaufgaben erledigte sie pünktlich, aber nicht immer sorgfältig genug. Ihre Zeichnungen waren oft unvollständig.

Thomas ist ein freundlicher Schüler, der im 2. Halbjahr zu anderen Kindern wesentlich öfter Kontakt aufgenommen hat. Er zeigt sich dabei ausgleichend und verträglich. Beim Unterrichtsgespräch ist er recht einsilbig und gehemmt.

Er muss versuchen, sich etwas mutiger und lebhafter daran zu beteiligen. Thomas hat seine Lesefertigkeit stark verbessert. Sein Vortrag soll nur noch etwas flüssiger und ausdrucksvoller werden. Die Buchstabenformen und ihre Verbindungen in Schreibschrift prägt er sich schwer ein. Hefte und Arbeitsblätter gestaltet er nicht sorgfältig genug. Das Auswendigschreiben geübter Wörter gelang ihm noch nicht fehlerlos. Aufgaben im Zahlenraum bis 20 rechnet er auch mit Zehnerübergang meist richtig. Am Sport beteiligt er sich mit Freude und Geschick. Zu den übrigen musischen Lernbereichen findet er wenig Zugang.

4. Zeitlicher Überblick über das erste Schuljahr

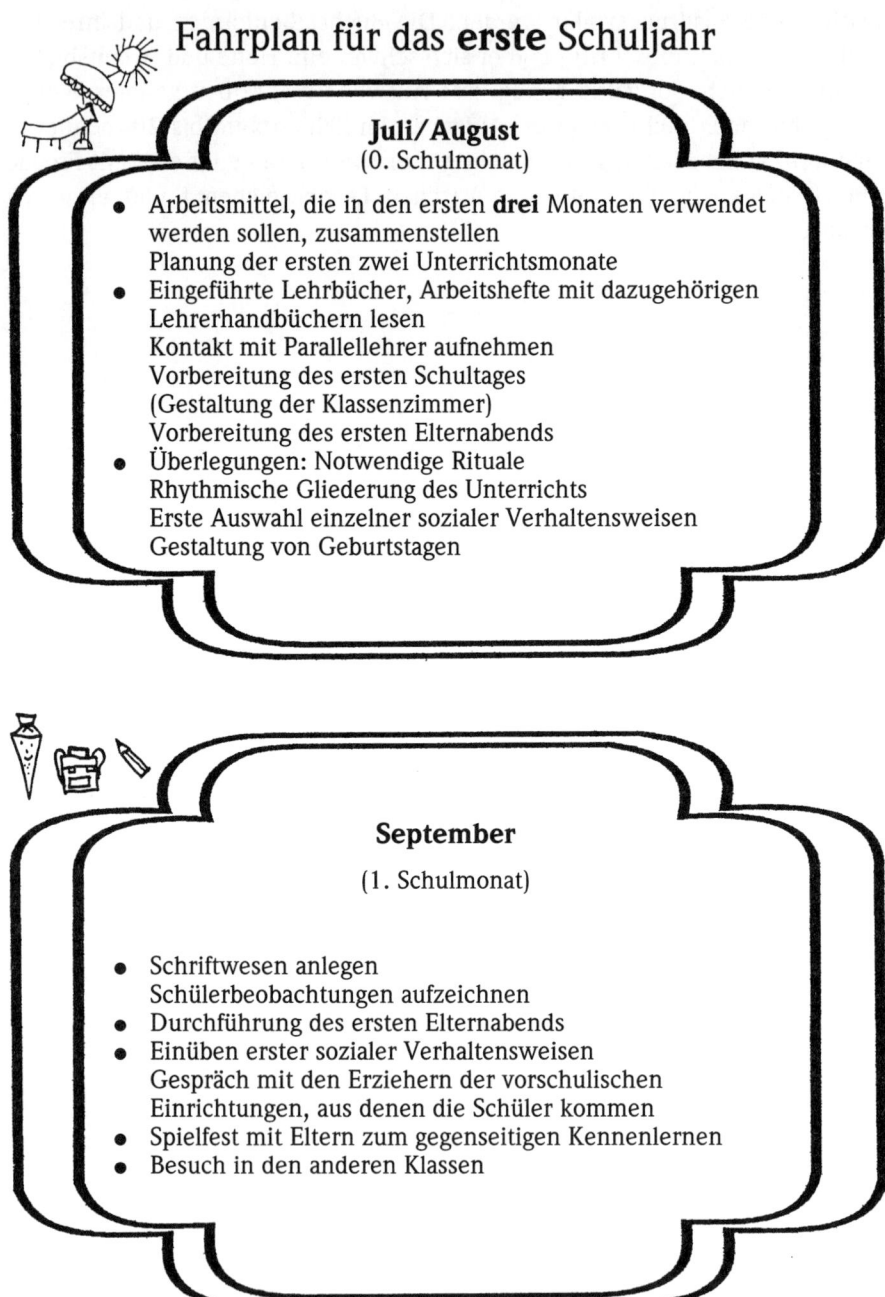

Fahrplan für das **erste** Schuljahr

Juli/August
(0. Schulmonat)

- Arbeitsmittel, die in den ersten **drei** Monaten verwendet werden sollen, zusammenstellen
  Planung der ersten zwei Unterrichtsmonate
- Eingeführte Lehrbücher, Arbeitshefte mit dazugehörigen Lehrerhandbüchern lesen
  Kontakt mit Parallellehrer aufnehmen
  Vorbereitung des ersten Schultages
  (Gestaltung der Klassenzimmer)
  Vorbereitung des ersten Elternabends
- Überlegungen: Notwendige Rituale
  Rhythmische Gliederung des Unterrichts
  Erste Auswahl einzelner sozialer Verhaltensweisen
  Gestaltung von Geburtstagen

September

(1. Schulmonat)

- Schriftwesen anlegen
  Schülerbeobachtungen aufzeichnen
- Durchführung des ersten Elternabends
- Einüben erster sozialer Verhaltensweisen
  Gespräch mit den Erziehern der vorschulischen
  Einrichtungen, aus denen die Schüler kommen
- Spielfest mit Eltern zum gegenseitigen Kennenlernen
- Besuch in den anderen Klassen

258

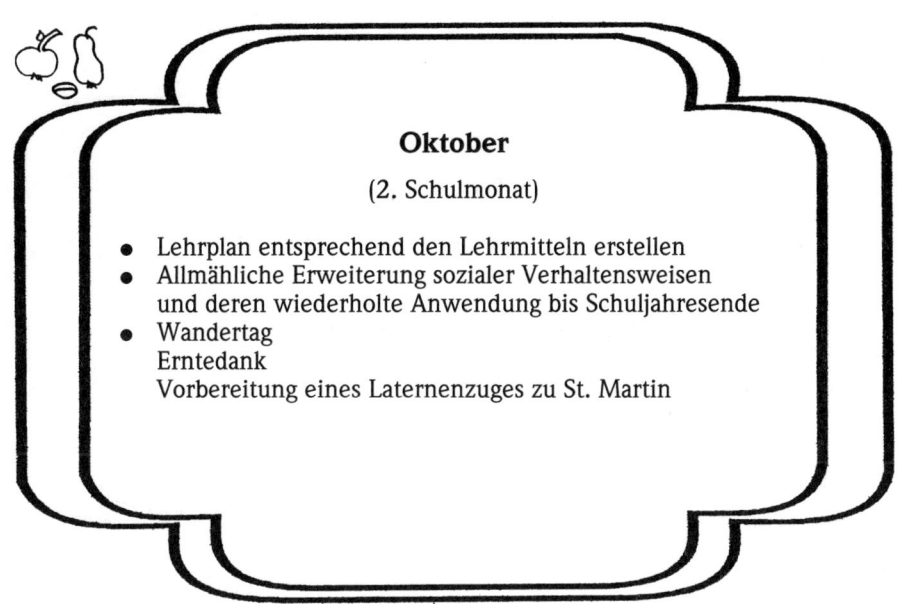

Oktober

(2. Schulmonat)

- Lehrplan entsprechend den Lehrmitteln erstellen
- Allmähliche Erweiterung sozialer Verhaltensweisen und deren wiederholte Anwendung bis Schuljahresende
- Wandertag
  Erntedank
  Vorbereitung eines Laternenzuges zu St. Martin

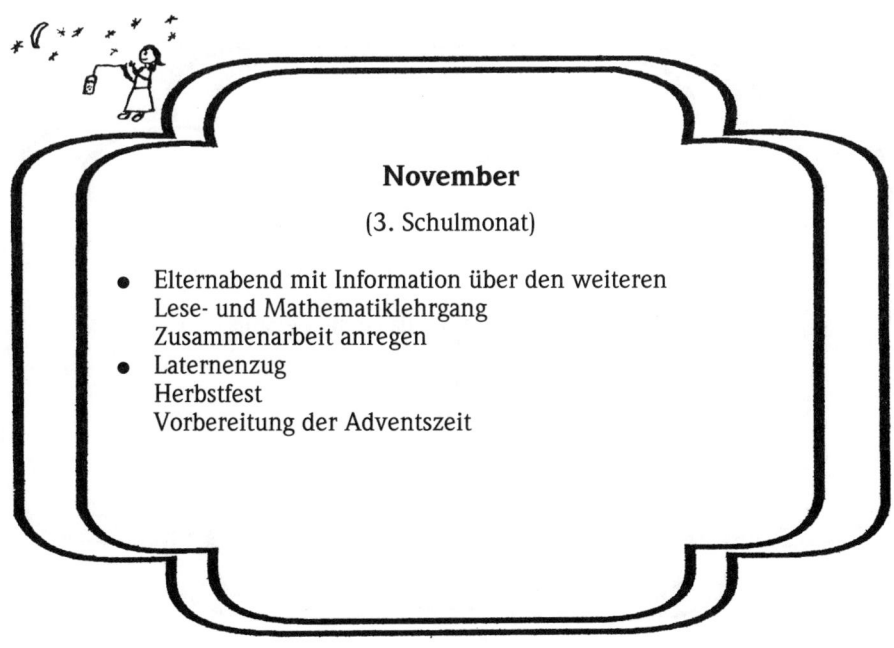

November

(3. Schulmonat)

- Elternabend mit Information über den weiteren Lese- und Mathematiklehrgang
  Zusammenarbeit anregen
- Laternenzug
  Herbstfest
  Vorbereitung der Adventszeit

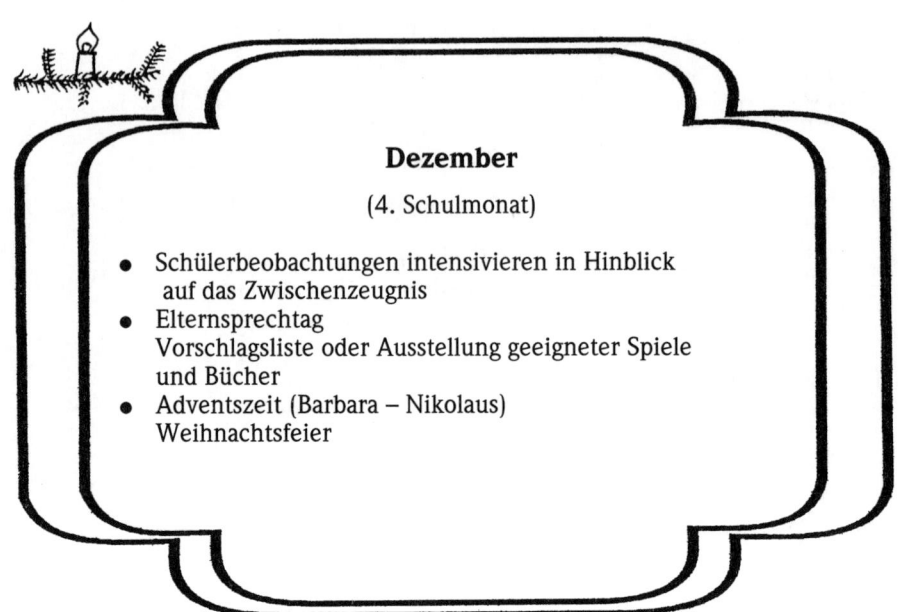

Dezember

(4. Schulmonat)

- Schülerbeobachtungen intensivieren in Hinblick
  auf das Zwischenzeugnis
- Elternsprechtag
  Vorschlagsliste oder Ausstellung geeigneter Spiele
  und Bücher
- Adventszeit (Barbara – Nikolaus)
  Weihnachtsfeier

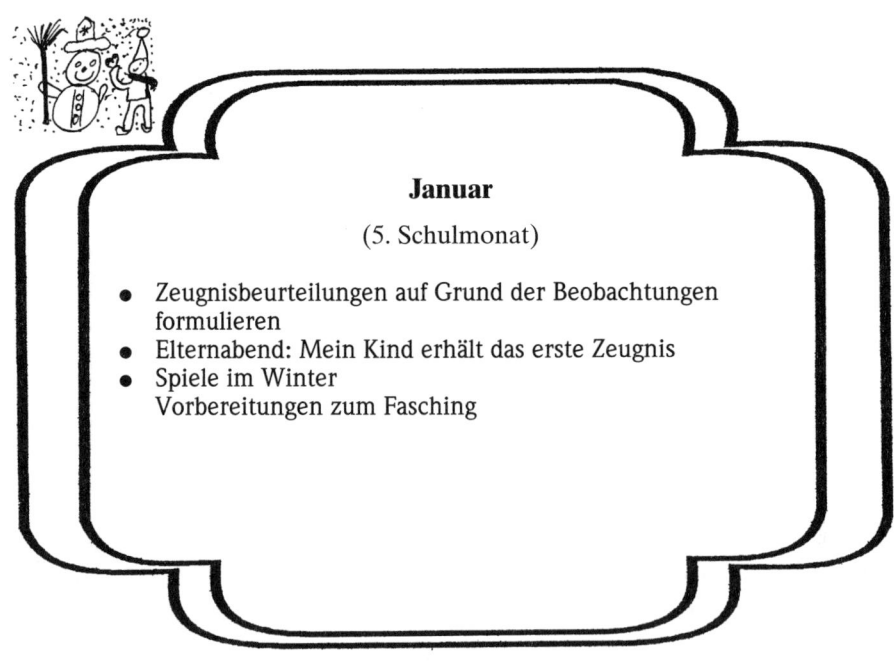

Januar

(5. Schulmonat)

- Zeugnisbeurteilungen auf Grund der Beobachtungen
  formulieren
- Elternabend: Mein Kind erhält das erste Zeugnis
- Spiele im Winter
  Vorbereitungen zum Fasching

Februar

(6. Schulmonat)

- Zwischenzeugnis erstellen
  Kinderzeugnis schreiben
- Winteraustreiben
  Faschingsfest
  Zeugnisfest

März/April

(7./8. Schulmonat)

- Informationsabend für die Eltern der zukünftigen Schüler
- Kontaktaufnahme zu vorschulischen Einrichtungen, die von den zukünftigen Erstklasskindern besucht werden.
- Elternabend: Schule – Freizeit – Hausaufgaben
  in der Sommerzeit
- Frühlingssingen
  Osterfeier

Mai/Juni/Juli
(9./10./11. Schulmonat)

- Schuleinschreibung – Schulreife-Überprüfung
  Schnuppertag für zukünftige Schulanfänger
  1. Schultag im neuen Schuljahr planen
- Jahreszeugnis erstellen
  Kinderzeugnis schreiben
  Materialliste für die 2. Klasse erstellen
  Schriftwesen abschließen
- Elternabend mit Jahresrückblick und Planung für das
  2. Schuljahr
- Elternsprechabend
- Gemeinsamer Jahresrückblick und neue Vorsätze
  - ABC-Fest
    Sommerfest in der Schule
    Wandertag
    Jahresabschlussfeier

Literaturverzeichnis

Akademie für Lehrerfortbildung, Die Gestaltung des Rechtschreibunterrichts in der Grundschule, Dillingen 1990

Akademie für Lehrerfortbildung, Deutsch in der Grundschule, Dillingen 1990

Akademie für Lehrerfortbildung, Materialgeleitetes Lernen, Dillingen 1991

Akademie für Lehrerfortbildung, Mathematik in der Grundschule, Dillingen 1992

Akademie für Lehrerfortbildung, Musik- und Bewegungserziehung, Dillingen 1979

Arbeitskreis Grundschule im MLLV, Feste und Feiern in der Schule, München 1992

Bairlein, S., Freiarbeit in der Heimat- und Sachkunde, 1. Jahrgangsstufe, Donauwörth 1990

Bartl, A. u. M., Spiele, Feste, Feiern in der Schule, München 1988

Brügelmann, H., Kinder auf dem Weg zur Schrift, Konstanz 1989

Buggle, F., Die Entwicklungspsychologie Jean Piagets, Stuttgart 1993

Cornell, J., Mit Kindern die Natur erleben, Mühlheim an der Ruhr 1991

Dennison, P. u. G., Brain-Gym, Freiburg im Breisgau 1992

Fisgus, C., Kraft, G., Hilf mir es selbst zu tun! Montessori-Pädagogik in der Regelschule, Donauwörth 1994

Gerg, K., Musik - Sprache - Bewegung, München 1992

Greil, J., Rechtschreiben in der Grundschule, Donauwörth 1989

Hagenbusch, A., Das schulbereite Kind, Donauwörth 1985

Haupt, U., Schmaus, L., Winterstetter, S., Praxis des Sportunterrichts in der Grundschule, München 1987

Herbert, M., Meiers, K., Leben und Lernen im ersten Schuljahr, Stuttgart 1980

Herbert, M., Meiers, K., Typische Situationen im Anfangsunterricht, Stuttgart 1985

Heuß, G., Erstlesen und Erstschreiben, Donauwörth 1993

Klippert, H., Pädagogische Schulentwicklung, Weinheim 2000

Langer, A. u. H., Theimer, H., Lehrer beobachten und beurteilen Schüler, München 2000

Mang, B., Poth, A., Rechnen mit Lust, 1. Jahrgangsstufe, Puchheim 1991

Maras, R., Unterrichtsgestaltung in der Grundschule heute, Donauwörth 1992

Menzel, W., Lesen lernen - schreiben lernen, Braunschweig 1990

Ministerium für Kultur und Sport, Baden-Württemberg, Handreichung für die Feststellung der Grundschulfähigkeit, Stuttgart 1990

Müller, C., Singen, spielen, komponieren, Braunschweig 1992

Naegele, I., Portmann, R., Kalb, P., Schulanfang, Weinheim 1993

Priebe, H../Röbe, E., Blickpunkt Grundschule, Donauwörth 1992

Redaktion im Max-Planck-Institut für Bildungsforschung, Das Bildungswesen in der Bundesrepublik Deutschland, Reinbek 1990

Regelein, S., Lernspiele für die Grundschule, Ansbach 1980

Rosenthal, R., Jacobsen, L., Pygmalion im Unterricht, Weinheim 1971

Schnitzer, A., Schwerpunkt Schulleben, München 1979

Schenk-Danziger, L., Entwicklungspsychologie, Wien 1988

Sekretariat der Ständigen Konferenz der Kultusminister in der Bundesrepublik Deutschland, Empfehlungen zur Arbeit in der Grundschule, 1994

Staatsinstitut für Frühpädagogik, Vom Kindergarten zur Schule, Freiburg 1985

Staatsinstitut für Schulpädagogik und Bildungsforschung, Empfehlungen zur Aufnahme des Kindes in die Grundschule, Donauwörth 1994

Staatsinstitut für Schulpädagogik und Bildungsforschung, Empfehlungen zur Zusammenarbeit von Kindergarten und Grundschule, Donauwörth 1989

Staatsinstitut für Schulpädagogik und Bildungsforschung, Das linkshändige Kind, Donauwörth 1993

Staatsinstitut für Schulpädagogik und Bildungsforschung, Handreichung zur Einführung des Lehrplans für die Grundschule, München 2001

Steiner, D., Versteh dein Schulkind, Weinheim 1994

Stieren, B., Pausenspiele, München 1990